Hauf

DIE TEMPLER UND DIE GROSSE GÖTTIN

Monika Hauf

DIE TEMPLER UND DIE GROSSE GÖTTIN

Patmos Verlag Düsseldorf

Die Deutsche Bibliothek – CIP-Einheitsaufnahme

Hauf, Monika:
Die Templer und die Große Göttin / Monika Hauf –
1. Aufl. – Düsseldorf : Patmos-Verl., 2000
ISBN 3-491-72428-7

1. Auflage 2000

Umschlaggestaltung: Volker Butenschön, Lüneburg
Satz: Utesch GmbH, Hamburg
Druck und Bindung: Bercker GmbH, Kevelaer
ISBN 3-491-72428-7

INHALTSVERZEICHNIS

EINLEITUNG

Wenn ein Autor über ein bestimmtes Thema ein zweites Buch schreibt, das auch ohne weitergehende Sekundärliteratur lesbar sein soll, muß er immer eine Gratwanderung vollführen. Auf der einen Seite muß er davon ausgehen, daß Leser, die sich für dieses Thema interessieren, eventuell den ersten Band gelesen haben. Sprich: Er darf sich nicht wiederholen. Auf der anderen Seite muß der Folgeband so gestaltet sein, daß er auch für »Einsteiger« in dieses Thema verständlich ist.

Mein erstes Buch, »Der Mythos der Templer«[1], liefert eine detaillierte Beschreibung der Kreuzzüge und ihrer Hintergründe: Warum der Kreuzzugsgedanke gerade Ende des 11. Jahrhunderts aufkam, wie sich das fränkische Königreich von Jerusalem entwickelte und wieder verfiel. Es beschreibt die farbenprächtige Epoche, in der sich die einheimische Bevölkerung, die europäischen Kreuzritter und Einwanderer, das Imperium von Konstantinopel, eroberungslustige türkische und arabische Volksgruppen aus dem Norden und Süden sowie die Mongolen gegenüberstanden. Es schildert das politische und religiöse Klima, in dem sich Koalitionen aus Christen und Moslems bildeten, die gemeinsam gegen andere Christen und Moslems kämpften.

Denn nur unter Berücksichtigung dieses speziellen Hintergrundes ist das Phänomen der militärischen Orden verständlich. Der erste und berühmteste darunter war der Orden der Tempelritter. Zweihundert Jahre lang übte er nicht nur bedeutsamen Einfluß auf die Geschichte des Heiligen Landes aus, sondern hatte auch seine Finger am Puls der europäischen Politik.

Aber wenn die Templer heute noch ein Begriff sind, dann in erster Linie aufgrund ihres tragischen Untergangs. Denn über

1 Walter Verlag, Solothurn / Zürich, 1995, Taschenbuchausgabe 1998

Nacht verschwanden sie nicht nur von der politischen Bühne, sondern gingen gänzlich unter. Der »Mythos der Templer« erläutert, wie es dazu kam. Und geht natürlich auch auf die Mutmaßungen, die Legenden ein, die sich darum herumranken. Wußten die Templer von ihrer geplanten Verhaftung und hatten Vorkehrungen getroffen? Schützten sie ein Geheimnis? Lebte der Orden insgeheim weiter? Wenn ja, wo? Was haben die Templer mit den Freimaurern und Rosenkreuzern zu tun?

All diejenigen, die hierüber detailliert informiert werden wollen, seien auf den »Mythos der Templer« verwiesen.

Das vorliegende Buch beschäftigt sich mit einem anderen Aspekt der Geschichte des Templerordens: der Frage, ob die Templer Anhänger einer allmächtigen Muttergottheit waren, wie sie in der Antike als Kybele, Magna Mater, Isis, Ishtar und Astarte beziehungsweise später in Gestalt der Venus und Aphrodite verehrt wurde.

Diese Frage steht zwar schon länger im Raum, wurde jedoch nie so richtig ernstgenommen. Obwohl sie sich eigentlich aufdrängt. Es ist allseits bekannt, daß die Templer die Jungfrau Maria innig verehrten. Bestandteil dieser Marienverehrung ist der Kult der sogenannten Schwarzen Madonnen, selbst wenn dieses Phänomen gerne zur exotischen Randerscheinung herabgespielt wird. Und von diesen ist es nur mehr ein Schritt bis zur Verehrung der alten Erd- und Muttergöttinnen.

Dieses Buch erläutert folgende Punkte:

- warum die ersten Gottheiten der Menschheit Göttinnen waren;
- warum die Verehrung der Jungfrau Maria lediglich die Spitze eines Eisberges ist;
- wie sich die Verehrung eines weiblichen Prinzips konkret im Orden der Tempelritter äußerte;
- wie sich diese Verehrung in den Anklagen gegen den Templerorden niederschlug und sogar zum Untergang des Ordens beitrug;
- was die Verehrung dieses weiblichen Prinzips mit dem Heiligen Gral zu tun hat.

Offiziell hat der Orden der Tempelritter vor siebenhundert Jahren aufgehört zu existieren. Diese Untersuchung stützt sich also in erster Linie auf Indizien. Es wäre müßig, nach dieser langen Zeitspanne unwiderrufliche dokumentarische Beweise suchen zu wollen. Was nicht bedeutet, daß keinerlei Beweise existieren. Sie präsentieren sich lediglich in anderer Form.

Denn wenn diese Theorien stimmen, wenn die Templer tatsächlich ein allmächtiges weibliches Prinzip verehrten, müßte sich dieser Kult auch bei den Organisationen erhalten haben, die hartnäckig immer wieder als die Erben der Templer genannt werden: Alchemisten, Rosenkreuzer und Freimaurer – und andere. Und er hat sich erhalten, wie wir anhand von Texten und Ritualen belegen werden. Dies ist so, obwohl die »regulären« Freimaurer sich bis zum heutigen Tag weigern, Frauen aufzunehmen.

DIE GESCHICHTE

Die Kreuzzüge

Wir haben in der Einleitung erläutert, daß der Folgeband zu einem bestimmten Thema immer zwei Herren dienen muß. Auf der einen Seite dem Leser, der mit dem Thema bereits vertraut ist, auf der anderen dem Leser ohne Vorwissen. Um das Phänomen des Ordens der Tempelritter und ihres geistigen Umfeldes zu illustrieren, kommen wir nicht umhin, ihre Geschichte kurz aufzurollen. Zur Instruierung des unbedarften Lesers und zur Wiederholung für den Experten.

Der Hintergrund der Geschichte des Templerordens ist die Zeit der Auseinandersetzungen zwischen Christentum und Islam in Europa und im Nahen Osten. Denn in dem Zeitraum, in dem der Templerorden agierte, unterstand ein Großteil der Iberischen Halbinsel den Mohammedanern. Ebenso wie die Ostküste des Mittelmeeres, für die Christen das Heilige Land der Bibel. Und um dieses ging es bei den Kreuzzügen. Denn während die Iberische Halbinsel als Privatangelegenheit der Spanier betrachtet wurde, galt das Heilige Land als Anliegen der gesamten Christenheit. Es war seit altersher eines der beliebtesten Wallfahrtsziele.

Der erste Kreuzzug zur Befreiung des Heiligen Landes, speziell der Stadt Jerusalem, fand 1096–1099 statt. Er war ein Erfolg: 1098 wurde Antiochia, im Juli 1099 die heilige Stadt Jerusalem erobert. Die Frage, wie man die Pilgerwege auch künftig schützen könnte, war bald beantwortet. Es etablierten sich nämlich mehrere Kreuzritterstaaten: Tripolis im heutigen Libanon, Antiochia und Edessa in der heutigen Türkei. Der krönende Höhepunkt war die Gründung des Königreiches Jerusalem. Aber erst nachdem die wichtigsten Hafenstädte am Mittelmeer in den Händen der Kreuzritter waren, konnten die neugegründeten fränkischen Reiche etwas aufatmen. Akkon eroberten sie 1104, Tripolis 1108, Tyrus 1124, Ascalon sogar erst 1153.

Nur war dieser Zustand alles andere als statisch. Bereits 1144 hatten die Mohammedaner Edessa zurückerobert. Was zum zweiten Kreuzzug führte: 1147–1149. Das Ergebnis: ein Fehlschlag. Danach kümmerte sich Europa beinahe vierzig Jahre lang nicht mehr um *Outremer*, wie die christlichen Staaten »jenseits des Meeres«, so die wörtliche Übersetzung, genannt wurden. Allerdings war die Lage alles andere als friedlich und laufend fanden Scharmützel statt. Das christliche Europa wachte erst auf, als Sultan Saladin (1137–1193) 1187 die heilige Stadt Jerusalem eroberte. Der dadurch veranlaßte dritte Kreuzzug ist, obwohl er ebenfalls nur drei Jahre dauerte, von 1189–1192, für die meisten »der Kreuzzug« an sich. Denn er ist nicht nur mit dem Namen Saladin verbunden, sondern auch mit Herrschern wie dem deutschen Kaiser Friedrich Barbarossa (1121–1190) und dem englischen König Richard Löwenherz (1157–1199).

Weniger als zehn Jahre später fand der vierte Kreuzzug statt, 1202–1204. Und ab hier wird die Zählung uneinheitlich. Manche rechnen die Auseinandersetzungen zwischen 1218 und 1221 als fünften Kreuzzug, andere siedeln diesen erst 1228–1229 an. Der äußerst kontroverse Protagonist dieses Kreuzzugs war Friedrich II. von Hohenstaufen (1194–1250), der deutsche Kaiser, der sich 1229 selbst zum König von Jerusalem krönte.

Zu seiner Zeit gehörte Jerusalem wieder den Christen, wenn auch nur bedingt. Aber 1244 fiel die heilige Stadt endgültig an die Mohammedaner. Der siebte Kreuzzug (1249–1250) änderte daran nichts. Das Schicksal des christlichen *Outremer* war besiegelt. 1291 fiel Akkon, seit dem Verlust Jerusalems Hauptstadt des fränkischen Königreiches. Die noch in christlicher Hand verbliebenen Festungen wurden in den darauffolgenden Monaten evakuiert.

Damit gilt die Geschichte *Outremers* als beendet. Nur war sie es noch nicht ganz. Es war ausgerechnet eine Festung der Templer, auf der vor Tortosa gelegenen Insel Ruad, welche sich bis

1303 halten konnte. Und ohne die Ritterorden, speziell die Templer, wäre das Unternehmen vermutlich schon lange vor dem zweiten Kreuzzug zu Ende gewesen. Es war ihnen zu verdanken, daß *Outremer* überhaupt beinahe zweihundert Jahre lang existierte.

Die Gründe hierfür waren vielfältig. Auf der einen Seite setzten die europäischen Herrscher ihre nationalen Machtkämpfe auch im Heiligen Land fort. Auf der anderen waren die Barone und Fürsten *Outremers* untereinander uneinig. Gleichzeitig kollidierten ihre Vorstellungen mit denen der immer wieder neu eintreffenden Kreuzritter aus Europa, die von den Verhältnissen vor Ort keine Ahnung hatten. Eine extrem hohe Kindersterblichkeit, speziell unter den Knaben, machte *Outremer* aber von einem permanenten Zuzug dieser Kreuzritter abhängig. Und in diesem Klima entstanden die mönchischen Ritterorden.

Diese Orden waren, symbolisch gesehen, der Leim, welcher diese beiden Komponenten, die niedergelassenen Siedler und die temporären Kreuzritter, zusammenhielt – so gut es ging. Sie bestanden aus Männern, größtenteils aus dem Adel, die einerseits die mönchischen Gelübde von Armut, Gehorsam und Keuschheit abgelegt hatten, andererseits jedoch als Ritter kämpften. Während die anderen Kreuzritter sich entweder nach erledigter Pflicht nach Europa zurückzogen, am liebsten mit Beute beladen, oder aber nach einem Lehen in *Outremer* strebten, waren die Ritterorden auf beiden Kontinenten zu Hause. Sie kannten die Situation in *Outremer* und wußten, wie wichtig es war, auch zwischen den Kreuzzügen in Europa neue Mitglieder zu werben. Reiche Schenkungen an sie beweisen, wie sehr sie es schafften, die Europäer für die Belange *Outremers* zu sensibilisieren.

Der Orden der Tempelritter

Der bekannteste dieser völlig neuartigen Orden – eigentlich war Klerikern das Blutvergießen untersagt – waren die Tempelritter. Ihr Name rührt daher, weil ihr Hauptquartier seit der Gründung des Ordens 1118 im Tempelbezirk von Jerusalem lag. Zehn Jahre später bestätigte das eigens einberufene Konzil von Troyes, der Hauptstadt der französischen Champagne, den Orden offiziell.

Seine Mitglieder waren bekannt, befreundet und verwandt mit den wichtigsten Männern ihrer Zeit. Der heilige Bernhard von Clairvaux[2] befürwortete das neuartige Konzept des Ordens, Mönche und Ritter zu vereinigen. Sein Onkel André de Montbard war einer der Gründer des Templerordens. Richard Löwenherz verließ das Heilige Land als Templer verkleidet. Seine Nachfolger und die französischen Könige ließen sich gleichfalls von Tempelrittern als Berater oder Vermögensverwalter unterstützen, auch in Europa. Robert de Craon, Oberhaupt der Tempelritter zwischen 1136 und 1149, war ein Mitglied des französischen Königshauses.

Aber die Templer beschränkten sich nicht auf die reine Verwaltung der ihnen überlassenen Güter, sie veranlaßten, daß ihr Geld im Umlauf blieb. Sie sind die eigentlichen Erfinder des bargeldlosen Zahlungsverkehrs, von Scheck und Wechsel. Natürlich sorgten sie dafür, daß sie selbst bei diesen Transaktionen verdienten.

Das Oberhaupt des Templerordens, genannt Großmeister, war, einmal gewählt, ausschließlich dem Kapitel seiner Würdenträger beziehungsweise dem Papst selbst gegenüber verantwortlich. Und das, obwohl die Templer in allen europäischen Ländern Niederlassungen besaßen. Aber überall waren sie ein Staat im Staate – speziell in Frankreich. Während der Kreuzzüge beziehungsweise der Kämpfe um *Outremer* fiel dies nicht allzusehr ins Gewicht, weil sie in Europa eigentlich nur als »Gäste« betrachtet wurden, deren Augenmerk auf Jerusalem gerichtet war. Allerdings lösten sie sich nach dem Untergang des fränkischen Königreiches in *Outremer* nicht auf. Denn immer wieder diskutierten weltliche und geistliche Fürsten die Notwendigkeit und die Voraussetzungen eines neuen Kreuzzuges. In der Zwischen-

2 Bernhard von Clairvaux (1090–1153), Zisterziensermönch, Heiliger und Kirchenlehrer, Prediger des zweiten Kreuzzugs

zeit saßen die Templer in ihren Komtureien – so nannte man ihre bedeutenden Niederlassungen – und warteten ab. Da diese hervorragend verwaltet waren und andererseits die Kosten für den Krieg in *Outremer* wegfielen, wurden sie immer reicher.

1306 zog sich der letzte Großmeister der Templer, Jacques de Molay, von Zypern nach Paris zurück. Offizieller Anlaß war die Besprechung eines eventuellen neuen Kreuzzuges. Nur vermuten manche, daß den Templern etwas anderes vorschwebte: ein eigener Ordensstaat, wie ihn ihre Kollegen, die anderen Ritterorden, bereits realisiert hatten.[3] In einer Gegend, in der sie ohnehin zahlreiche Komtureien hatten: dem Languedoc. Eine Landschaft in Südfrankreich, die bis zu den Katharerkreuzzügen (1208–1244)[4] ein relativ unabhängiges Fürstentum dargestellt hatte und die Herrschaft der französischen Krone nur widerwillig duldete. Solche Ambitionen der Templer mußten der französischen Monarchie als Bedrohung erscheinen.

Hinzu kam, daß der damalige französische König, Philipp IV., genannt der Schöne, bei den Templern in Paris hoch verschuldet war. 1305 mußte er sich bei einem Aufruhr des Volkes von Paris, das gegen seine permanenten Geldentwertungen rebellierte, in den »Temple« flüchten: die uneinnehmbare Kommandozentrale des Tempels. Manche meinen, daß ihm dort der Reichtum des Ordens etwas zu ostentativ vorgeführt wurde.

3 Die Deutschherren gründeten in Preußen einen eigenen Ordensstaat mit der Hauptstadt Marienburg. Den Johannitern, auch Hospitaliter genannt, gelang ein Gleiches in Rhodos beziehungsweise später Malta.

4 Die Katharer waren eine mittelalterliche Sekte, deren Lehren von denen der Kirche Roms in einigen bedeutsamen Punkten abwichen. Die Gestalt Jesu nimmt zwar einen wichtigen Platz in ihren Schriften ein, allerdings glaubten sie nicht an die Notwendigkeit seines Opfertodes am Kreuz. Damit zeigt ihre Lehre einen deutlich gnostischen Einschlag. Die Gnosis, wörtlich Erkenntnis, war eine Strömung des frühen Christentums, in der nicht der Glaube selig machte, sondern eine intuitive Erkenntnis der Gottheit selbst. Die meisten gnostischen Gruppen, wie auch die Katharer, gingen von einer strikten Trennung zwischen Gut und Böse aus. Da ein gütiger Gott unmöglich für all das Böse auf der Welt verantwortlich sein konnte, mußte diese Erde mit allem, was auf ihr lebte, also die gesamte Materie, eben vom Teufel stammen. Was eine Lobpreisung des Schöpfergottes ausschloß. Da die römische Kirche sich damals speziell im Languedoc durch eine unvorstellbare Korruption auszeichnete, gewann die Lehre der Katharer gerade dort immer mehr Anhänger. Was Papst Innozenz III. (Pontifikat 1198–1216) im Jahre 1208 dazu veranlaßte, zu einem Kreuzzug gegen die Katharer aufzurufen, einer der Kreuzzüge von Christen gegen Christen.

Am 13. Oktober 1307 ließ er in einer Nacht-und-Nebel-Aktion alle Templer seines Landes verhaften. Wie ihm dies gelang, ist bis heute ein Rätsel. Viele gehen deshalb davon aus, daß die Templer über die geplante Verhaftung genauso Bescheid wußten wie über alle anderen Belange des Reiches.

Nach der Verhaftung versuchte Philipp IV. es so darzustellen, als sei diese Maßnahme mit der Kirche abgestimmt gewesen, mehr noch, als habe er sie auf deren Wunsch hin veranlaßt: weil die Tempelritter zu Ketzern geworden seien. Zumindest der damalige Papst, Klemens V. (Pontifikat 1305–1314), hatte jedoch keine Ahnung von dem geplanten Unternehmen. Und das, obwohl er seine Wahl mehr oder weniger Philipp verdankte. Er protestierte gegen die Verhaftung der Templer und fügte sich nur dem Zwang.

Briefe Philipps an seine Kollegen auf Europas Thronen fordern diese auf, ebenfalls gegen die Templer vorzugehen. Er selbst hat bereits begonnen, die gefangenen Templer zu foltern, um Geständnisse zu erpressen. Geständnisse, welche sein Vorgehen im Nachhinein rechtfertigen und beweisen sollen, daß der Orden als solcher von der Kirche abgefallen ist und damit nicht mehr als ihr Mitglied zu gelten hat.

Der berüchtigte Prozeß gegen die Templer endet damit, daß der Orden 1312 beim Konzil von Vienne aufgehoben wird: mittels apostolischer Vollmacht des Papstes, aber ohne Begründung. Und das, obwohl seit fünf Jahren Akten gegen ihn zusammengetragen worden waren.

Viele Templer hatten die ihnen zur Last gelegten Vergehen unter der Folter oder aus Angst vor dieser gestanden. Manche nahmen diese »Geständnisse« wieder zurück. Und wurden daraufhin als »rückfällige Ketzer« auf dem Scheiterhaufen verbrannt.

Jacques de Molay, der letzte Großmeister, ging ähnlich vor. Er soll die Punkte der Anklage zuerst zugegeben und seine Brüder aufgefordert haben, seinem Beispiel zu folgen. Später bestritt er seine Aussage. Als ihm 1314 das Urteil verlesen wurde – lebenslange Haft – raffte er sich zu einer letzten Empörung auf. Keiner der Punkte der Anklage sei wahr, der Orden sei immer rein und schuldlos gewesen.

Er wußte, was ihn daraufhin erwartete. Philipp der Schöne ließ ihn noch am gleichen Tag den langsamen Tod auf dem Scheiterhaufen sterben. Es war der 18. März 1314.

Viele halten Jacques de Molay für einen Trottel und für einen Feigling. Hier ist nicht der Anlaß, auf diese Fragen einzugehen. Auf jeden Fall müssen wir ihm zugute halten, daß er als Held starb.

Die Punkte der Anklage

Soviel zur Geschichte der Kreuzzüge und des Templerordens. Wenn wir nunmehr auf die Punkte der Anklage eingehen, dann deshalb, weil sie einen direkten Bezug zu unserem Thema haben. Denn wenn diese Anklage auch später in einhundertsiebenundzwanzig Fragen gegliedert wurde, im Prinzip lassen sich die Vorwürfe wie folgt zusammenfassen:

– Die Templer verleugneten Gott und Christus.
– Bei der Aufnahmezeremonie werde der neue Templer gezwungen, ein Kruzifix zu bespucken und zu beschimpfen, ja, sogar mit Füßen zu treten.
– Ebenso tauschten der Aufzunehmende und der Aufnehmende »infame Küsse« aus. Nicht genug, der neue Templer werde darauf hingewiesen, daß Homosexualität zu den üblichen Praktiken des Tempels gehöre; sie werde nicht nur geduldet, sondern gefördert.
– Die Templer verachteten das Altarsakrament, konkret: Sie ließen bei der Heiligen Messe die Wandlungsworte aus.
– Die Würdenträger der Templer maßten sich an, die Sünden ihrer Untergebenen zu verzeihen.
– Der spektakulärste Aspekt der Anklage war jedoch der berüchtigte Baphomet. Die Templer begnügten sich nicht damit, einen Teufelskult und Hexerei zu betreiben, sie verehrten ein bestimmtes Idol, das Baphomet heiße.

Zahlreiche Templer gestanden unter der Folter den einen oder anderen Anklagepunkt, teilweise nur bedingt, um die eigene Haut zu retten. Sie hätten Gott verleugnet, aber nur mit dem Mund, nicht mit dem Herzen, sie hätten absichtlich neben das Kruzifix gespuckt, sie hätten zwar von homosexuellen Praktiken gehört, aber solche nie praktiziert.

Diese Geständnisse haben nichts zu bedeuten, sagen die einen. Weil sie durch die Folter erzwungen waren. Das stimmt, bis zu einem bestimmten Grad. Der Templer Aimery de Villars (oder Villiers-le-Duc, die mittelalterlichen Schreibweisen von Eigennamen sind nicht sehr einheitlich) nahm am 13. Mai 1310 vor einer päpstlichen Kommission seine unter der Folter und den Schergen des Königs gegenüber gemachten Geständnisse zurück. Allerdings sei er am Vorabend auch Zeuge geworden, wie vierundfünfzig seiner Brüder zum Scheiterhaufen geführt wurden. In diesem Moment, so gab er an, hätte er sogar zugegeben, Gott getötet zu haben, nur um nicht ihr Schicksal zu teilen.

Experten haben auch eine durchaus logische Erklärung für die sogenannte »Verzeihung der Sünden«, welche während der Versammlungen der Templer gewährt wurde. Sie beziehe sich lediglich auf Verstöße gegen die Regel, eine durchaus legitime Angelegenheit, und habe nichts mit dem Bußsakrament zu tun, das auch im Templerorden nur von Klerikern gespendet werden konnte.

Genauso ist unbestreitbar, daß bestimmte Punkte hochgespielt wurden beziehungsweise recht wenig mit dem Orden der Tempelritter zu tun hatten. Bestimmte Standardanklagen ziehen sich durch die gesamte Geschichte der Inquisition, von den Kreuzzügen gegen die Katharer über den Prozeß gegen die Templer bis zu den Hexenverbrennungen.

Nur ist genauso unbestritten, daß die ursprünglichen Anklagen nicht allein der Phantasie des französischen Königs entsprangen, sondern von Renegaten des Ordens stammten. In erster Linie fällt der Name von Esquin de Floyrans, dem ehemaligen Koprior der Komturei Montfauçon, der wegen verschiedener Vergehen aus dem Orden ausgeschlossen worden war.

Wobei im übrigen bereits die Tatsache, daß Floyrans seine Verleumdungen überhaupt verbreiten konnte, davon zeugt, daß sich eine gewisse Laschheit in den Templerorden eingeschlichen hatte. Theoretisch hatte ein aus dem Orden ausgeschlossener Tempelritter nämlich einem der strengen Mönchsorden beizutreten. Falls er sich weigerte, mußte er damit rechnen, daß ihn seine ehemaligen Mitbrüder gefangensetzten.

Floyrans brachte seine sensationellen Enthüllungen bereits 1305 auf den Markt, anders kann man es nicht nennen. Allerdings bot er sie zuerst Jakob II. (1267–1327) an, dem König von Aragón. Da dieser an dem Handel kein Interesse zeigte, wandte Floyrans sich schließlich an Philipp den Schönen. Und der zeigte sich begeistert. Der Orden der Tempelritter war die mächtigste Organisation der Christenheit, Floyrans mußte sich seiner Sache sehr sicher sein, wenn er wagte, seine Fundamente anzugraben. Sonst wäre das Unternehmen einem Selbstmord gleichgekommen.

Genauso können wir davon ausgehen, daß seine Zeitgenossen auf eine gewisse Weise innerlich bereits vorbereitet waren. Nicht auf einen Frontalangriff gegen den Orden, aber zumindest auf solche Anklagen. Wir wollen nicht untersuchen, inwiefern die mittelalterlichen Sprichworte »Saufen und Fluchen wie ein Templer« oder »Hütet euch vor den Küssen der Templer« apokryph sind, was manche behaupten. Aber irgendeinen Anflug von Schwefelgeruch müssen die Templer gehabt haben. Man kann sich sogar des Eindrucks nicht erwehren, daß sie diesen Ruf pflegten.

Seltsam ist, daß sie gerade mit Homosexualität assoziiert werden. Denn das heute noch weit verbreitete Vorurteil gegenüber Homosexuellen, daß es sich entweder um verweichlichte und verweiblichte männliche Wesen oder aber Mannweiber handelt, ist zwar falsch, aber nicht neu. Die Templer galten als die Sturmtruppe des Okzidents. Wie konnten gerade sie mit Homosexualität assoziiert werden? Das werden wir in einem späteren Kapitel noch untersuchen. Halten wir vorläufig fest: Allein die Tatsache, daß ein solcher auf den ersten Blick unglaublicher Vorwurf auftauchen konnte, zeigt, daß er irgendeine reale Basis haben mußte. Ihren deutschen »Kollegen« in Preußen und im Baltikum, dem Orden der Deutschherren, werfen zahlreiche Historiker ein geradezu unmenschliches Vorgehen gegenüber der einheimischen Bevölkerung vor. Einschließlich Vergewaltigung und Entführung von Frauen. Aber es sieht nicht so aus, als sei je der Vorwurf der Homosexualität erhoben worden.

Andererseits sah die Strafordnung der Templer das Vergehen des Umgangs mit Frauen vor, es muß also vorgekommen sein. Nur warf ihnen anscheinend niemand Unzucht im großen Stil vor.

Wenn wir also alle sensationellen Ausschmückungen weglassen und die Anklage auf ihre einfachsten Punkte reduzieren, bleibt folgendes übrig:

– Das Auslassen der Wandlungsworte, die Schmähung des Kruzifixes und das Infragestellen des Bußsakramentes ließen sich ohne weiteres erklären, wenn die Templer nicht von der Göttlichkeit Jesu überzeugt gewesen wären und demnach auch nicht an die Gnadenmittel einer von ihm gegründeten Kirche glaubten.
– Weiterhin sieht es tatsächlich so aus, als hätten die Templer ein alternatives Prinzip verehrt, das auch eine neue Definition der Geschlechterrolle beinhaltete.

Christen oder Ketzer?

Untersuchen wir als erstes den Vorwurf, die Templer hätten – als Orden, wohlgemerkt – von der Natur Jesu eine ketzerische Vorstellung gehabt.

Was wir dabei nicht vergessen dürfen, ist die Tatsache, daß die Lehren der Kirche nicht seit den ersten Jahrhunderten des Christentums getreu überliefert sind, sondern sich erst langsam herauskristallisierten. Für den modernen Katholiken, zumindest für den kirchengläubigen, ist das Dogma von der Transsubstantiation selbstverständlich. Er glaubt daran, daß sich bei den Wandlungsworten des Priesters die Hostien und der Wein in Leib und Blut Christi verwandeln, die er durch die Heilige Kommunion empfangen kann. Zumindest verlangt die katholische Kirche von ihm, daß er dies glaubt.

Einen Juden – und Jesus war schließlich Jude – entsetzt dieser

Gedanke. Nicht nur, weil er kannibalisch ist. Der Verzehr von Blut ist schließlich bei frommen Juden heute noch tabu. Tiere müssen dort auf eine spezielle Art geschlachtet werden, »geschächtet«, um rituell rein zu sein. Die ersten Judenchristen hätten sich vor Grausen geschüttelt, wenn diese Vorstellung damals schon vorgeherrscht hätte.

So darf es uns nicht erstaunen, daß die Lehre von der Transsubstantiation erst 1215, beim 4. Laterankonzil, zum Dogma erhoben wurde, zu einem unabänderlichen Glaubenssatz der katholischen Kirche. Zu diesem Zeitpunkt sah sich die Kirche, unter anderem durch die Bedrohung durch die Lehren der Katharer, veranlaßt, ihre Position ideologisch zu definieren.

Fünfzig Jahre später, 1264, führte Papst Urban IV. (Pontifikat 1261–1264) auf Veranlassung einer Nonne namens Juliana das Fronleichnamsfest ein. Juliana (1192–1258), später für ihre Bemühungen seliggesprochen, hatte bereits um 1230 aufgrund von Visionen gepredigt, Jesus wünsche einen Feiertag, an dem er in Brotgestalt verehrt werde.

Diese Daten beweisen eindeutig, daß die Lehre von der Transsubstantiation beziehungsweise der körperlichen Anwesenheit Jesu in der Hostie während der ersten hundert Jahre der Geschichte des Templerordens nicht verbindlich war. Und vermutlich setzte sie sich auch nicht von heute auf morgen durch.

Eine strittige Frage ist, inwiefern sich konkret die Lehren der Katharer im Schoße des Templerordens ausgebreitet hatten. Manche behaupten, der Großmeister Bertrand de Blanchefort (laut manchen Aufstellungen der vierte, laut anderen der sechste Großmeister, Amtszeit 1153–1170) entstammte einer katharischen Familie des Languedoc. Andere bestreiten dies genauso entschieden und stellen generell in Abrede, daß der Orden dort so mächtig war, wie einige meinen.

Allerdings ist nachweisbar, daß die Erben der Templer alles taten, um die Erinnerung an sie auszulöschen. In Nordeuropa war der Orden der Johanniter der Erbe der templerischen Komtureien. Und an vielen Orten bestand die erste Aktion der Johanniter darin, die typischen runden oder polygonen Kirchen der Templer abzureißen und durch rechteckige zu ersetzen. Manche Autoren sind sogar der Ansicht, Indizien für gefälschte Dokumente entdeckt zu haben, die beweisen sollten, daß ein bestimmter Ort gar nie den Templern gehört hatte.

Nach beinahe tausend Jahren werden vermutlich die Anhänger der These, der Orden sei in den ersten zehn Jahren nach dem Konzil speziell im Languedoc gewachsen, genauso um Beweise verlegen sein wie ihre Gegner. Fest steht einerseits, daß die Templer dort Schenkungen erhielten. Und zwar schon recht früh. Im unmittelbaren Anschluß an das Konzil von Troyes (1128), das ihren Orden kirchlich abgesegnet hatte, sandten die Templer Botschafter in alle Länder Europas, um für diesen Orden zu werben. Überall wurden ihnen nicht nur Geldbeträge übergeben, sondern auch Ländereien überschrieben. Der Languedoc bildete keine Ausnahme.

Und das, obwohl sich unter den Adeligen tatsächlich zahlreiche Katharer befanden. Man geht davon aus, daß etwa dreißig Prozent der *Parfaits*, der katharischen Prediger, die sich zu strenger Enthaltsamkeit verpflichtet hatten, Adelige waren, darunter zahlreiche Frauen.

Weiterhin ist unbestritten, daß sich die Templer während der Katharerkreuzzüge passiv verhielten, soweit es ihnen möglich war, und auf Beobachtung beschränkten. Ob sie sogar verfolgten Katharern in ihren Reihen Aufnahme gewährten, lassen wir da hingestellt.

Bis zu einem gewissen Grad trägt bestimmt auch die Kriegsflagge der Templer dazu bei, daß sie mit den Katharern assoziiert werden. Denn die Katharer waren Dualisten: Sie gingen von Gegensätzen aus. Gut und Böse, Geist und Materie, standen sich auf einem kosmischen Schauplatz gegenüber. Und die Kriegsflagge der Templer, der berühmte Beauséant, war schwarz und weiß.

Das Siegel der Templer

Genauso umstritten wie das Verhältnis der Templer zu den Katharern ist das zu den Exkommunizierten. Die in lateinischer Sprache gehaltene Regel, die sie nach dem Konzil von Troyes 1128 erhielten, schrieb ihnen vor, sich von Exkommunizierten fernzuhalten. Etienne de Ferté, der Patriarch von Jerusalem, änderte 1131 diese Regel noch etwas ab. 1139 unterstellte die Bulle »Omne datum optimum« die Templer direkt dem Papst; jede weitere Einflußnahme des Patriarchen oder der Bischöfe war damit ausgeschlossen. Und als die Templer selbst ihre Regel um das Jahr 1140 ins Französische übersetzten, führten sie eine Änderung durch, welche seitdem Ströme von Druckerschwärze fließen ließ: Sie empfahlen ausdrücklich den Kontakt mit exkommunizierten Rittern. Natürlich offiziell mit dem Zweck, diese mit der Kirche zu versöhnen und dann als Soldaten im Heiligen Land einzusetzen. Aber diese Aufforderung, mit Exkommunizierten zu verkehren, rückte die Templer dem Verständnis ihrer Zeitgenossen nach in die Nähe des Leibhaftigen.

Der damals gepflegte, aber immer noch populäre Reliquienkult beruht auf dem Glauben an Sympathiezauber. Wir gehen darauf in einem späteren Kapitel noch eigens ein. Die Reliquien eines Heiligen zu berühren ließ einen Teil seiner himmlischen Kraft auf den Hilfesuchenden überströmen. Logischerweise mußte der Kontakt mit »Unheiligen«, »Verdammten«, genauso abfärben. Zumal die Templer auch in Gegenden verkehrten, die ansonsten dem Interdikt unterlagen, wo also aufgrund einer Strafmaßnahme der Kirchenbehörden keine kirchlichen Zeremonien stattfinden durften. Die Templer hatten das Recht, dort einmal pro Jahr die Messe lesen zu lassen – verbunden mit einer Kollekte. Dieses Privileg sollen sie ausgenutzt haben.

Ein weiterer strittiger Punkt ist das seltsame Siegel der Templer, das zwei Reiter auf einem Pferd zeigt. Diejenigen, welche die Templer als treue Söhne der Kirche und unschuldige Opfer eines habgierigen Königs und eines schwachen Papstes betrachten, sehen dahinter ein Symbol für die ursprüngliche Armut des Ordens: Zwei Ritter hätten sich jeweils ein Pferd teilen müssen.

Nur stimmt dies nicht. Denn die ersten Templer residierten schon 1118 in einem Schloß: König Balduin von Jerusalem hatte ihnen einen Seitenflügel seines eigenen Palastes als Wohnstatt zugewiesen. Und bereits laut der ursprünglichen Regel, die das Konzil von Troyes 1128 ausarbeiten ließ, hatte jeder Tempelritter Anrecht auf drei Pferde. Das war kein Luxus, sondern eine Notwendigkeit. Während der Feldzüge mußte er schließlich Gepäck mit sich führen: Zelt, Proviant, Geschirr. Für den eigentlichen Sturmangriff züchtete man spezielle Pferde, welche das Gewicht des Ritters samt seiner Ausrüstung zu tragen hatten. Diese *destriers*, Schlachtrosse, mußten äußerst kräftig sein. Aber ein doppeltes Gewicht hätten auch sie kaum verkraftet.

Abgesehen davon sei dieses Siegel nicht zu Anfangszeiten des Ordens entstanden, sondern erst etwa hundert Jahre später, als der individuelle Templer zwar ein Armutsgelöbnis abgelegt hatte, der Orden an sich jedoch immer reicher wurde.

Irgendwann entstand auf jeden Fall die Legende, es stelle zwei Templer dar, von denen sich der eine Jesus, der andere dem Teufel verschrieben hatte. Und als der Jesus treue Templer in der Schlacht verwundet wurde, der »teuflische« Templer hingegen diese Schlacht unbeschadet überstand, habe auch sein Gefährte das Lager gewechselt.

Andere denken beim Anblick dieses Siegels an die sogenannten Dioskuren, die Zwillingsbrüder aus der griechischen Mythologie. Sie heißen Kastor und Pollux und waren die Söhne einer Sterblichen namens Leda, welche der griechische Gott Zeus in Gestalt eines Schwanes verführt hatte. Kastor war sterblich, Pollux hingegen teilte die Unsterblichkeit seines Vaters. Um ihre innige Bruderliebe zu belohnen, versetzte Zeus sie nach dem Tod Kastors als Sternbild Zwillinge an den Himmel.

Manche sehen in diesem suggestiven Siegel eine weitere Bestätigung der These, daß die Templer dualistischen Lehren huldigten. Sie interpretieren das Siegel als eine Anspielung auf die Lehre der Bogomilen, eine den Katharern verwandte gnostische

Sekte, aus dem Balkan stammend. Denn diese gingen von zwei Söhnen Gottes aus, von denen Satanael, der ältere, die Welt erschuf, die also, wie auch bei den Katharern, negativ ist. Sein jüngerer Bruder, Jesus, kam ebenfalls auf die Erde, um den Menschen wieder den Weg zum Himmel zu öffnen.

Isoliert gesehen handelt es sich um Kuriositäten. Aber gemeinsam betrachtet stellen sie durchaus Indizien dar, daß sich in den Reihen der Templer eine Lehre ausgebreitet hatte, welche die Grundlage des in Rom gepflegten Christentums in Frage stellte. Entweder, weil sie die göttliche Natur Jesu in Abrede stellte oder aber sie nicht als einmalig betrachtete.

Homosexualität

Daneben existiert jedoch noch eine recht krude Interpretation des templerischen Siegels von zwei Reitern auf einem Pferd. Der innige Körperkontakt der beiden Männer stelle nichts anderes als die reale Vorliebe der Templer dar. Zumal die erhaltenen Vorschriften bezüglich ihres Klosterlebens es tatsächlich für nötig halten, die Templer darauf hinzuweisen, daß sie nicht zu zweit auf einem Pferd ausreiten durften. Diese Passage wäre überflüssig, wenn sie sich nicht auf reale Geschehnisse beziehen würde.

Womit wir beim nächsten Punkt der Anklage gegen die Templer wären: Homosexualität, damals Sodomie genannt, weil schon die Bewohner von Sodom und Gomorrha diesem Laster gehuldigt hätten.[5] Sodomie wurde im christlichen Mittelalter mit dem Tode bestraft. Sie galt als schlimmere Sünde als Vergewaltigung oder sogar Inzest. Und laut Regel der Templer führte dieses Vergehen unausweichlich zum Ausschluß aus dem Orden.

Was ist also von diesem Vorwurf zu halten?

Die Logik gebietet uns, davon auszugehen, daß Homosexualität im Orden der Tempelritter verbreitet war. Verboten oder

5 Inzwischen hat sich die Bedeutung dieses Wortes geändert. Lexika definieren es nunmehr als widernatürliche Unzucht mit Tieren.

nicht, sie existiert nun einmal seit altersher. Wie moderne Zoologen inzwischen festgestellt haben, sogar im Tierreich – neben anderen Varianten des Sexualverkehrs, die man lange Zeit als »widernatürlich« verteufelte, weil sie nur von einigen »Perversen« unter den Menschen praktiziert würden.

Ziehen wir genauso in Betracht, daß gerade die Schwere der Strafe für das Praktizieren von Homosexualität beweist, daß sie damals weit verbreitet gewesen sein muß. Manche meinen, sie habe speziell im 12. Jahrhundert infolge des den Priestern aufgezwungenen Zölibats[6] zugenommen. Wenn es sich um einzelne isolierte Fälle gehandelt hätte: wäre es nicht einfacher gewesen, sie unter den Tisch zu kehren? Riskierte man nicht, daß manchem sein »Anderssein« erst bewußt wurde, wenn ihn eine genaue Beschreibung dieser »Sünde« damit konfrontierte? Beziehungsweise ihm eine Möglichkeit aufzeigte, seine zweifellos vorhandenen Triebe abzureagieren?

Homosexualität blüht speziell überall, wo Menschen gleichen Geschlechts kasernenartig zusammenleben. Warum also nicht in den Komtureien der Templer? Und die Begründung, die ein Templer während des Prozesses vorbrachte, klingt plausibel: Beziehungen zu Frauen wären nicht zu vertuschen gewesen und hätten dem Ansehen des Ordens geschadet. So lief alles hinter den Kulissen ab.

Interessant ist auch das Zeugnis eines Mannes, den viele für eine Art modernen Templer halten. Weil er in ihrer ehemaligen Einflußsphäre zu Hause war und genauso eine Synthese von Abendland und Morgenland praktizierte, wie es manche Zeitgenossen den Templern vorwarfen. Es ist die Rede von Lawrence von Arabien, alias Thomas Edward Lawrence (1888–1935).[7] Schon vor dem Ersten Weltkrieg hatte er das Heilige Land zu

6 Theoretisch existierte es schon länger, wurde jedoch nur lasch gehandhabt. In den ersten Jahrhunderten des Christentums war es umgekehrt: ein Priester, speziell ein Bischof, mußte verheiratet sein – sonst geriet er in den Verdacht, der gnostischen Lehre anzuhängen. Die Gnostiker predigten nämlich gegen Ehe und Fortpflanzung.

7 Der Spitzname Lawrence von Arabien rührt daher, weil seine Begeisterung für die arabische Sprache und Kultur ungeheuchelt war und weit über das hinausging, was seine Pflichten als Mitarbeiter verschiedener britischer Behörden dort von ihm verlangten.

Fuß durchstreift, um für die Universität eine Arbeit über die Architektur der Kreuzfahrer und ihren Einfluß auf die militärische Architektur Europas abzufassen. Hierfür analysierte er die Bauweise von ungefähr fünfzig Burgen in Syrien und Palästina, darunter viele der Templer. In seinem Buch »Die sieben Säulen der Weisheit« schildert er auch, wie natürlich und sogar hygienisch es ihm während des Krieges selbst erschien, wenn sich die jungen Männer seiner Umgebung gegenseitig befriedigten. Er bestätigt die Aussage der gefangenen Templer, das Klima *Outremers* verlange eine solche Abkühlung der Sinne.

Das antike Griechenland und das alte Rom hatten Homosexualität als eine von vielen verschiedenen Arten von Sexualität unverblümt praktiziert. Das Rom der Cäsaren wurde zum Rom der Päpste, welche Homosexualität verteufelten. Aber es gab noch ein zweites Rom, Ostrom: Byzanz. Dort war Homosexualität nach wie vor gang und gäbe, ebenso wie im Einflußbereich seiner Kultur. Und diesem waren auch die Gebiete unterworfen, in denen die Templer agierten.

Laut den Zeugnissen mittelalterlicher maurischer Autoren war damals in Spanien Homosexualität keinesfalls verpönt. Wobei es sich nicht um die Verirrungen einer gottlosen Minderheit handelte. Denn der Koran enthält nur eine Stelle, welche als Hinweis auf die Homosexualität beziehungsweise eine Verurteilung dieser aufgefaßt werden könnte, obwohl dies nicht ganz eindeutig ist. Und der vorgeschlagenen geringen Strafe nach handelt es sich, wenn überhaupt, bestenfalls um eine läßliche Sünde. Aus Palästina sind keine Zeugnisse überliefert, gehen wir davon aus, daß unter den Sarazenen die gleiche Einstellung wie in Spanien herrschte.

Angesichts dieser Umgebung wäre es eigentlich eher erstaunlich gewesen, wenn die Templer in ihren Reihen keine Homosexualität gekannt hätten. Ob es nun mehr oder weniger Homosexuelle waren als in anderen Orden, lassen wir dahingestellt. Nur müssen wir wiederholen: Es ist unbestreitbar, daß gerade die Templer mit ihr assoziiert werden. Und das muß einen spezifischen Grund haben.

Ironischerweise zieht sich dieser Geruch der Homosexualität zurück bis in die Anfangszeiten des Ordens. Denn am Konzil von Troyes nahm auch Johannes II. teil, zwischen 1096 und 1135 Bischof von Orléans. Der Ruf dieses Kirchenmannes war so notorisch, daß er sich sogar in den Konzilsakten niederschlug. Der Chronist gab ihm nicht den Titel *episcopus*, wie den anderen Bischöfen, sondern bezeichnete ihn als *praesul*, was zwar ebenfalls als Titel für Bischöfe verwendet wurde, aber einen anrüchigen Charakter hatte, weil es »der Vortänzer« bedeutet. Andere gaben ihm den bezeichnenden weiblichen Vornamen »Flora«.

So unglaublich es klingen mag: Auch Richard Löwenherz, dem Helden des dritten Kreuzzugs, dem Abgott des Rittertums, dessen Kühnheit geradezu sprichwörtlich wurde, wird nachgesagt, daß er für Frauen keinerlei Interesse aufbrachte. Und genau dieser Richard Löwenherz hatte mit den Templern ausgezeichnete Kontakte und reiste in Begleitung von Templern beziehungsweise als Templer verkleidet aus dem Heiligen Land ab.

Der Hermaphrodit

Was stand wirklich hinter dem Vorwurf der Homosexualität?

Ein Homosexueller entspricht auf gewisse Weise nicht den gängigen männlichen Normen, selbst wenn er sich im Leben durchaus als »richtiger« Mann erweist. Speziell wenn er die weibliche Rolle einnimmt. Zumindest in diesem Moment hört er auf, ein Mann zu sein, ohne im eigentlichen Sinne eine Frau zu werden.

Aber es gibt sowohl im Pflanzen- als auch im Tierreich Wesen, welche diese Mittelstellung sogar organisch einnehmen, bisweilen als Spezies, bisweilen als isolierte Laune der Natur. Vereinzelt tauchen sie sogar unter den Menschen auf. Man nennt sie Androgyne, Hermaphroditen oder schlicht Zwitter. Sie besitzen, zumindest in der Anlage, männliche und weibliche Geschlechtsorgane.

Der Ausdruck Hermaphrodit stammt aus der griechischen Sagenwelt und ist eine Zusammensetzung von Hermes und Aphrodite. Aphrodite ist der griechische Name der Liebesgöttin, von den Römern Venus genannt. Auch den Hermes kannten die Römer, allerdings unter dem Namen Merkur. Interessanterweise scheinen die Zeichen, welche die Astrologie für die gleichnamigen Planeten verwendet, diese Verbindung zwischen Venus und Merkur nachvollziehen zu wollen. Das Zeichen der Venus ist ein Kreis, der auf einem Kreuz steht. Es ist identisch mit dem Zeichen des Merkur – nur ist dieses von einem nach oben offenen Halbkreis gekrönt, hat also Hörner.

♀ Venus ☿ Merkur ♉ Stier

Die Astrologie hat den einzelnen Sternbildern Planeten zugeordnet, welche das jeweilige Sternbild regieren. Es gibt nur ein spezifisch weibliches Sternbild: die Jungfrau. Und genau dieses ist dem Planeten Merkur zugeordnet. Dafür wird das Sternzeichen Stier, dessen Hörner denen des Merkur ähneln, vom Planeten Venus beherrscht. Eine seltsame Übereinstimmung ...

Weit davon entfernt, anrüchig zu sein, ist der Hermaphrodit in der Alchemie das Sinnbild für die Überwindung der Gegensätze. Die Gelehrten streiten sich, wann und wo die Alchemie entstanden ist. Manche führen sie auf das alte China, andere auf das Zweistromland zurück. Auch Ägypten wird genannt. Vermutlich entwickelte sie sich in der Form, wie sie im Mittelalter praktiziert wurde, tatsächlich dort. Konkret: in Alexandria. Und zwar im gleichen Zeitraum, in dem genau dort auch diverse gnostische Strömungen ihren Ursprung nahmen: den ersten Jahrhunderten des Christentums.

Wenn sich die verschiedenen gnostischen Strömungen auch unterschieden, in einem Punkt waren sich die meisten einig: Irgendwann würde der Dualismus, speziell der Gegensatz zwischen Geist und Materie, aufgehoben werden. Und genau das gleiche besagt der Hermaphrodit der Alchemie. Die Theorie, daß Alchemie und Gnosis im gleichen zeitlichen und geographischen Rahmen entstanden sind, ist also durchaus plausibel.

Eines der Symbole, welche die Gnostiker benützten, wird Abraxas genannt. Man hat diesen Abraxas auf verschiedenen gnostischen Gemmen gefunden. Der Abraxas ist ein Wesen, das aus verschiedenen Tieren zusammengesetzt ist. Wenn man will, ebenfalls eine Art Überwindung der Gegensätze. Der Kopf ist meist der eines Hahns.

Und wenn wir dieses Symbol, den Hahn, isoliert untersuchen, stellen wir fest, daß es auf gewisse Weise dem des Hermaphroditen entspricht. Denn in der lateinischen Sprache – damals gehörte Alexandria zum römischen Weltreich – heißt der Hahn »Gallus«. Nur hat dieses Wort beziehungsweise sein Plural »Galli« noch zwei weitere Bedeutungen. »Galli« wurden auch die Bewohner Galliens genannt, des heutigen Frankreich, die sich den Hahn, »Gallus«, als Nationalsymbol bewahrt haben. Aber genau der gleiche Ausdruck, »Galli«, bezeichnete auch die Priester der Fruchtbarkeitsgöttin Kybele. Und diese Priester hatten sich alle selbst kastriert, also ihre Männlichkeit der Göttin geopfert, um ihr ähnlich zu werden. Seltsam, daß die Gallier gegen die ihnen gegebene Bezeichnung anscheinend nichts einzuwenden hatten.

Auch die alten Germanen scheinen ähnlich gedacht zu haben – abgesehen davon, daß inzwischen viele Historiker der Meinung sind, daß Gallier und Germanen lediglich zwei Stämme des Volkes der Kelten darstellten. Auf jeden Fall kannten die Germanen einen Gott namens Loki. Dieser verübte laufend irgendwelche dummen Streiche. Und wurde dann meist dazu verdonnert, sie wiedergutzumachen. Was er in der Regel auch gutwillig tat. Und genau dieser Loki hatte die Eigenschaft, nach Belieben männliche oder weibliche, tierische oder menschliche Gestalt anzunehmen. Als Stute brachte er den Sleipnir zur Welt, das berühmte achtbeinige Pferd des Gottes Wotan.

Ist es auf seine Streiche oder diese Wandelbarkeit zurückzuführen, daß manche von der Kirche beeinflußte Historiker gerade Loki mit dem Teufel identifizieren? Und war es nur aufgrund seiner Thesen, daß am Ende der Zeiten alle Wesen zu Gott zurückkehren, daß die Kirche den griechischen Kirchenlehrer Origenes (185–254) verurteilte? Oder sollte auch mitspielen, daß er sich, in Anlehnung an das Matthäusevangelium (19/12), selbst kastriert hatte – wie die Priester der Kybele?

Wenn wir diese Punkte – den Kybelekult, den Hermaphroditen der Alchemie, den Abraxas der Gnostiker, den doppelgeschlechtlichen Loki – berücksichtigen, dann leuchtet ein, warum die Kirche Homosexualität so streng ahndete. Sexualität war noch nie Privatsache. Die herrschende Sexualmoral anzugreifen heißt, die Fundamente der Herrschenden zu unterminieren.

Waren es die Templer selbst, welche für die Aufnahme der – auf den ersten Blick diffamierenden – Bezeichnung *praesul* in die Konzilsakten sorgten?

Der Baphomet

Der nächste Punkt der Anklage, über den wir uns unterhalten müssen, ist der berühmt-berüchtigte Baphomet. Die einen behaupten, er stelle den Angelpunkt des templerischen Geheimnisses dar, aus was immer dieses bestanden haben mag. Die anderen bestreiten dies: Der Begriff werde maßlos überbewertet. Er tauche nur in zwei Geständnissen gefangener Templer wörtlich auf.

Nur hat dies wenig zu bedeuten. Denn diese Analyse kann sich lediglich auf die etwas über hundert Aussagen beziehen, welche erhalten sind. Ursprünglich müssen es Hunderte, wenn nicht gar Tausende von Protokollen gewesen sein.

Und der Kopf beziehungsweise die Büste an sich, auf die sich dieses Wort »Baphomet« beziehen soll, findet sich in zahlreichen Geständnissen wieder. Seltsamerweise jedoch in völlig unterschiedlicher Form. Die einen sprechen von einem Totenkopf oder aber einer Art Mumienkopf, in dem die Augen durch funkelnde Edelsteine ersetzt sind. Bei anderen ist er aus Holz oder Metall. Die einen beschreiben ihn als bleich, die anderen als schwarz. Es habe sich um den Kopf eines Mannes, einer Frau, eines Schweines oder einer Katze gehandelt. Die Größe war genauso wandelbar. Laut einer Aussage hatte der Baphomet vier Füße, zwei vorne und zwei hinten, laut einer anderen drei Köpfe. Suggestiv sind die Beschreibungen, welche dem Baphomet ein bocksähnliches Aussehen geben: Die Verwandtschaft zum Prototyp des christlichen Teufels ist unverkennbar.

Noch umstrittener ist die Bedeutung dieses Wortes »Baphomet«. Die simpelste Erklärung geht davon aus, daß es sich um eine Verballhornung des Wortes Mohammed handelt. Zumal manche Zeitgenossen den Templern ihre guten, zu guten Beziehungen zu manchen Sarazenen und speziell dem Orden der Assassinen[8] vorwarfen. Eine andere sieht eine Verbindung zwischen BAPhomet und dem von den Templern verehrten Johannes dem Täufer, Johannes BAPtista. Der Baphomet, den Unterlagen des Prozesses zufolge tatsächlich unter anderem mit einem einbalsamierten Kopf verglichen, wäre damit nichts anderes als der Reliquienschädel Johannes des Täufers. Beziehungsweise der einzig wahre Reliquienschädel: Denn mindestens fünf Kirchen geben an, das Haupt des Täufers in ihren Mauern zu beherbergen.

Eine weitere Interpretation betrachtet das Wort Baphomet als eine Zusammensetzung der griechischen Worte »baphe«, Taufe, und »meteos«, Initiation, und sieht einen Zusammenhang mit der geheimen Templerregel, die 1877 von einem Hamburger namens Mertzdorff veröffentlicht wurde und von einem Initiationsritus mit dem Titel »Feuertaufe« spricht. Wir gehen darauf später noch genauer ein.

Eine vierte Interpretation betrachtet den Baphomet als Ableitung des französischen Verbes *bafouer*, verhöhnen oder verspotten, und sieht darin eine Ergänzung der Verleugnung und Schmähung des Kreuzes, deren die Templer beschuldigt wurden.

Die vorletzte Erklärung, auf die wir hier eingehen wollen, führt »Baphomet« auf den arabischen Ausdruck *Abu fihamet* zurück und übersetzt ihn mit »Vater der Weisheit«. Diese Interpretation ist vor allem deshalb interessant, weil sie durch eine

8 Näheres hierüber in »Der Mythos der Templer«.

andere bestätigt wird, die mit einem völlig anderen Prinzip zum gleichen Ergebnis kommt.

Hugh Schonfield, der durch sein Buch »Das Passah-Komplott« weltberühmt wurde, ist Jude. So kam er auf die Idee, das Wort Baphomet in hebräischen Buchstaben zu schreiben und mittels des sogenannten Atbash-Codes zu entschlüsseln. Dieser Code ist im Prinzip relativ einfach, weil er lediglich die ersten elf Buchstaben des hebräischen Alphabets gegen die letzten elf austauscht, jeweils von ganz vorne beziehungsweise ganz hinten beginnend. Im lateinischen Alphabet entspräche dies einer Ersetzung von »A« durch »Z«, von »B« durch »Y«, von »C« durch »X«, etc. Das Ergebnis dieser Entschlüsselung des Ausdrucks Baphomet ist das griechische Wort *Sophia.* Sophia bedeutet Weisheit.

Zu dieser Erklärung paßt, daß aus unerklärlichen Gründen schon immer behauptet wird, der Orden der Tempelritter habe im Laufe seines zweihundertjährigen Bestehens zweiundzwanzig Großmeister gehabt. Und das, obwohl sehr umstritten ist, wer zu diesen zweiundzwanzig gehörte. Denn wenn sich auch manche Namen in allen Aufstellungen wiederfinden: Die Liste ist alles andere als einheitlich. Es sieht so aus, als hätte jemand dafür gesorgt, daß die Bedeutung der Zahl zweiundzwanzig, der Anzahl der Buchstaben des hebräischen Alphabets, betont wird.

Niemand weiß, was aus dem Baphomet geworden ist. Man habe in den französischen Templerkomtureien nur einen Gegenstand gefunden, der ihm in etwa glich. Es handelt sich um einen Reliquienkopf aus Silber, vergoldet, der ein Etikett mit der lateinischen Aufschrift *Caput LVIII* (Kopf 58) trug. Daneben befand sich ein Symbol, das dem Buchstaben »m« beziehungsweise dem astrologischen Zeichen für Jungfrau ähnelt, bestehend aus einem kleinen »m« mit einer Art Henkel an der rechten Seite. Sinnigerweise stammten die Schädelknochen, die darin aufbewahrt wurden, von einer Frau.

Solche Schädel aus Edelmetall zum Aufbewahren von Reliquien waren im Mittelalter keine Seltenheit. Das Konzil von Nicäa hatte 787 beschlossen, daß jeder Altar den Leichnam eines

Heiligen enthalten mußte, wenn dies nicht möglich war, zumindest einige Reliquien. Sprich: Es gab keine Kirche ohne Reliquien.

Und auf der Iberischen Halbinsel existiert heute noch eine ganze Reihe von Reliquienköpfen, die entweder tatsächlich aus einer ehemaligen Templerkomturei stammen oder aber zumindest mit einer solchen assoziiert werden. Wir kommen auch darauf noch zurück. Der bekannteste ist der Reliquienkopf des Jakobus Alphäus, der heute in der Kathedrale von Santiago de Compostela (Galizien/Spanien) aufbewahrt wird.

Was diese Interpretation allerdings nicht berücksichtigt, ist die Aura des Geheimnisvollen, welche den Baphomet seit nunmehr siebenhundert Jahren umgibt. Jedoch existiert eine äußerst seltsame Geschichte, welche genau diesen Aspekt hervorhebt.

Sie ist etwas anrüchig und war ab Ende des 12. Jahrhunderts im Umlauf, wenn auch in unterschiedlichen Versionen. Ihr Protagonist ist ein junger Ritter oder Edelmann, der sich in ein schönes Mädchen verliebt, das ihm jedoch durch den Tod entrissen wird, bevor seine Liebe Erfüllung finden kann. Um sein Verlangen zu stillen, öffnet der junge Mann schließlich das Grab und vergeht sich an dem Leichnam. Worauf ihn eine Stimme auffordert, in neun Monaten wiederzukommen, um sein Kind abzuholen. Dieses Kind ist ein menschlicher Schädel, den er zwischen den Schenkeln seiner toten Geliebten findet. Und dieser Schädel verleiht seinem Besitzer magische Kräfte. Bezeichnenderweise kennt die griechische Mythologie tatsächlich einen weiblichen Kopf, der seinem Besitzer sogar Macht über Leben und Tod verleiht: das berühmte Haupt der Medusa, dessen Anblick alle versteinern ließ.

Irgendwann machte die Überlieferung aus diesem anonymen jungen Mann einen Templer. Auf jeden Fall taucht diese Geschichte in zwei Protokollen der Prozeßakten auf. Ein in den Diensten der Templer stehender Mann namens Antonio Sicci gab 1310 an, diese Geschichte von Templern in Syrien gehört zu haben. Unabhängig hiervon gab ein Jahr später ein Templer namens Hugues de Faure vor einer anderen Kommission die gleiche Geschichte zu Protokoll. Ein Ritter habe ihm diese Geschichte auf der Insel Zypern erzählt.

Warum sie überhaupt in den Prozeßakten auftaucht, ist rätselhaft. Denn anscheinend gab keiner der beiden an, dieser Schädel sei mit dem Baphomet identisch. Im Gegenteil, laut Hugues de Faure endete er schließlich im Meer.

Es sieht also ganz so aus, als hätten ihre Zeitgenossen, wann immer es um einen seltsamen Schädel ging, automatisch eine Verbindung zu den Templern gezogen. Bezeichnend ist, daß in manchen Versionen dieser Geschichte der Schädel als weiblich bezeichnet wird. So wie *Sophia*, die Weisheit, in der griechischen Sprache.

DAS WEIBLICHE PRINZIP IN DER REGEL DER TEMPLER

Gab es weibliche Templer?

In zahlreichen Publikationen über die Templer wird die Frage diskutiert, ob der Orden der Tempelritter weibliche Mitglieder hatte. Eine Frage, die sich in bezug auf die anderen militärischen Orden anscheinend nicht stellte beziehungsweise beantwortet war. Zumindest weiß man von den neben dem Templerorden bekanntesten Orden, denen der Johanniter und Deutschherren, daß sie Ordensschwestern in ihren Reihen hatten: für den Dienst in ihren Hospitälern. Schließlich nahmen diese Orden ursprünglich lediglich Pflegedienste wahr und bildeten erst nach der Gründung des Templerordens eine militärische Sektion aus. Der spanische Ritterorden von Santiago, gegründete 1170, hatte in seinen Statuten sogar die Aufnahme verheirateter Mitglieder vorgesehen. Aber lediglich in bezug auf die Templer wird diese Frage, welches Verhältnis der Orden zu Frauen hatte, mit Inbrunst und Interesse diskutiert. Warum gerade bei ihnen?

Eine Erklärung hierfür könnte bei den Katharern liegen. Beziehungsweise bei den Verbindungen, die viele Autoren zwischen diesen und den Templern ziehen. Denn bei den Katharern waren männliche und weibliche *Parfaits* gleichgestellt. Es gab Frauen, und zwar nicht wenige, die predigten. Aus diesem Grund lag es für manche vermutlich irgendwie in der Luft, auch in den Reihen der Templer weibliche Mitglieder zu suchen.

Was sagt die Regel der Templer zu diesem Punkt?

Sie betont, daß verheiratete Männer, die sich dem Orden anschlossen, keine vollwertigen Mitglieder werden konnten, anders als im Orden von Santiago. Verheiratete Männer, die sich dem Orden überantwortet hatten, lebten außerhalb des eigentlichen Klosterbezirkes und trugen keine weißen Gewänder und

Mäntel. Starb der Mann vor seiner Frau, überließen ihr die Templer einen Teil seines Besitzes, der nach ihrem Tod jedoch an den Orden zurückfiel.

Die Regel erklärt zudem wörtlich, daß der Umgang mit Frauen gefährlich sei, der Teufel hätte über sie schon manchen vom Pfad der Tugend gelockt. Mehr noch, die Regel empfahl den Templern, Frauen nicht allzu intensiv ins Gesicht zu blicken und sie schon gar nicht zu küssen, nicht einmal, wenn es sich um die eigene Mutter oder Schwester handelte.

An einer Stelle sagt die Regel ausdrücklich, daß keine Frauen als Schwestern in das Haus des Tempels aufgenommen werden. Allerdings wird dieser Satz in der von Henri de Curzon 1886 veröffentlichten Regel, nach wie vor eines der Standardwerke zu diesem Thema, durch ein bedeutungsvolles Wort eingeleitet: »künftighin«.[9] Was natürlich dahingehend interpretiert werden kann, daß es sich um eine neu einzuführende Maßnahme handelte. Sprich: Irgendwann vor diesem Zeitpunkt gab es sehr wohl weibliche Templer. Ein Indiz scheint dies zu bestätigen. Denn zwei Absätze darauf verbietet die gleiche Regel allen »Brüdern«, Paten oder Patinnen für Täuflinge zu werden. Es sieht tatsächlich so aus, als hätte hier ein unaufmerksamer Kopist zwar nach »Brüder« die Worte »und Schwestern« gestrichen, aber den Ausdruck »und Patinnen« übersehen.

Andere verweisen darauf, daß nur wenige zeitgenössische Dokumente über die internen Angelegenheiten des Templerordens erhalten sind. Und daß sich dennoch in diesem bescheidenen Nachlaß Urkunden befinden, laut denen sich Frauen dem Orden der Tempelritter anschlossen, und zwar eigenständig. Es handelt sich also nicht um die oben angesprochenen Ehefrauen von Männern, die sich dem Tempel unterstellt hatten.

Es gab im Mittelalter eine ganze Reihe von Zwillingsklöstern, bei denen Nonnen und Mönche in benachbarten Gebäuden gemeinsam einem Abt – in früheren Zeiten sogar einer Äbtissin –

9 Zumindest leitet die englische Übersetzung dieser Regel den Satz mit *henceforth*, künftighin, ein. Curzon bezieht sich im übrigen auf die französische Übersetzung der Regel, welche ausdrücklich den Umgang mit Exkommunizierten empfiehlt.

unterstanden, so bei den Benediktinern und Prämonstratensern. Eine Praxis, die natürlich die klösterliche Keuschheit auf der einen Seite und den Ruf des Klosters auf der anderen gefährdete.

Ein Mann namens Guillaume Ponsard gab während des Prozesses gegen die Templer tatsächlich zu Protokoll, der Orden habe Kinder, welche die Brüder und Schwestern in solchen Klöstern hervorbrachten, töten lassen. Nur ist bekannt, daß Philipp der Schöne vor seiner Verhaftungswelle Spione in den Orden einschleuste. Hätte er auch nur die Spur einer Chance gesehen, solche Vorgänge mit einem Schimmer von Glaubwürdigkeit anzuprangern, hätte er bestimmt nicht gezögert, sie publik zu machen.

Was müssen wir aus diesen – zugegebenermaßen – widersprüchlichen Informationen schließen?

Anders als bei den Deutschherren und Johannitern, gab es im Schoße des Templerordens keine Aufgaben, welche nur von Frauen wahrgenommen werden konnten – zum Beispiel die Pflege weiblicher Pilger in Hospizen und Hospitalen. Die Templer führten nur in Ausnahmefällen karitative Aufgaben durch. Genausowenig existierten Frauenbataillone. Tempelritter im eigentlichen Sinne konnte also nur ein Mann sein. Was nicht bedeutet, daß sich nicht Frauen dem Orden anschlossen. Aber im Sinne von »sich seinem Schutz unterstellten«. Denn als Angehörige des Templerordens waren sie vor Übergriffen der weltlichen oder geistlichen Machthaber sicher.

Des weiteren können wir davon ausgehen, daß diese Frauen nicht mit den Tempelrittern unter dem gleichen Dach lebten. Wie gesagt: Den Templern wurde alles mögliche vorgeworfen, aber kaum Unzucht.[10] Vermutlich überschrieben diese Frauen schlicht ihre Häuser den Templern und blieben dann bis zu ihrem Lebensende dort wohnen. Denn wir können davon ausge-

10 Den Templer Brian de Bois-Guilbert in Sir Walter Scotts Roman »Ivanhoe« dürfen wir nicht berücksichtigen. Sir Walter paßte ihn und den Templerorden an sich seinen literarischen Bedürfnissen an. Er läßt die Knappen der Templer weiße Kleidung tragen, erfindet einen völlig unbekannten Großmeister und geht generell von einem schlechten Verhältnis zwischen dem Orden und Richard Löwenherz aus. Das Gegenteil ist der Fall: gerade aufgrund der guten Beziehungen zu König Richard verschlechterten sich die Beziehungen der Templer zur französischen Krone.

hen, daß sich speziell ältere Frauen, die sonst keinen Schutz hatten, den Templern unterstellten, zum Beispiel Witwen.

In Spanien gibt es allerdings verschiedene Legenden, in denen sich ein junger Templer ausgerechnet in eine Maurin verliebt. Und diese Geschichten haben ein Happy End. Was ist davon zu halten?

Es gibt zwei Möglichkeiten. Entweder die Legende machte einen solchen jungen Mann nachträglich zum Templer, wie in der Geschichte über den nekrophilen Liebhaber. Oder aber es handelte sich um »Templer auf Zeit«, die sich verpflichtet hatten, eine bestimmte Zeit lang für den Orden zu kämpfen, dann aber ihr weltliches Leben weiterführten. Die Regel der Templer hatte solche Fälle vorgesehen und beschreibt genau, welche Rechte und Pflichten solche Templer auf Zeit besaßen.

Denn auch auf der Iberischen Halbinsel warf niemand den Templern Unzucht vor. Im Gegenteil: Regionale Konzile sprachen die Templer von den Punkten der Anklage frei.[11] In Aragón-Katalonien erfolgte dieser Freispruch, durch das Konzil von Tarragona, sogar erst am 4. November 1312, also nach der offiziellen Aufhebung des Ordens durch das Konzil von Vienne.

Der Kult von Notre-Dame

Wobei es allerdings eine Frau gab, welche die Tempelritter uneingeschränkt verehrten, und zwar in ihrer Gesamtheit, als Orden: die Madonna, in Frankreich Notre-Dame genannt. Eingeführt, wenn man so will, hat den Namen Notre-Dame und die Marienverehrung an sich der gleiche Mann, der für die Templer um das Jahr 1130 eigens eine Propagandaschrift verfaßte, »Vom Lob der neuen Ritterschaft«, und laut manchen Quellen sogar an der Ausarbeitung ihrer Regel beteiligt war: der heilige Bernhard von Clairvaux.

11 Mit Ausnahme von Navarra: Weil die Erbin der Krone von Navarra die Gemahlin Philipps des Schönen war.

Der heilige Bernhard war selbst ein inniger Marienverehrer – was ihn nicht davon abhielt, gegen die Lehre von der Unbefleckten Empfängnis zu protestieren.[12] Er hielt diese schlicht für Unsinn. Genauso wie im übrigen die Heiligen und Kirchenlehrer Augustinus, Albertus Magnus, Thomas von Aquin und diverse Päpste.

Allerdings stellen manche den Einfluß des heiligen Bernhard auf die Entwicklung der Marienverehrung in Abrede. Sie vertreten den Standpunkt, die Jungfrau Maria sei schon immer, also bereits von den Urchristen, verehrt worden. Hatte schließlich nicht auch das Konzil von Ephesus im Jahre 431 als Dogma verkündet, daß ihr der Titel »Mutter Gottes« zustehe?

Nur ist 431 eben nicht »von Anfang an«. Und ursprünglich stand der Kult Marias hinter dem der Märtyrer zurück. Das Neue Testament bestätigt keinesfalls ihre Jungfräulichkeit vor und nach der Geburt Jesu. Es hebt vielmehr hervor, daß Jesus Brüder und Schwestern hatte (Mk 3/31–35 und 6/3, Mt 12/46 und 13/55, Lk 8/19, Joh 2/12 und 7/3, Apg 1/14, 1 Kor 9/5, Gal 1/19). Genausowenig nimmt Maria in den Evangelien einen besonderen Platz ein. Im Gegenteil. An manchen Stellen scheint sich Jesus sogar ausdrücklich von seiner Mutter distanzieren zu wollen. So wiegelt er Hinweise auf seine Mutter und Geschwister ab: Seine wahre Familie seien diejenigen, welche das Wort Gottes hörten und befolgten (Mt 12/47–50, Mk 3/31–35, Lk 8/20–21). Mehr noch, als eine Frau den Schoß, der ihn trug, und die Brüste, die ihn gestillt haben, als glücklich preist, bringt Jesus sie zum Schweigen: Glücklicher seien diejenigen, welche das Wort Gottes hörten und bewahrten (Lk 11/27–28).

Die »Ernennung« der Mutter Jesu zur »Mutter Gottes« hatte

12 Die Lehre von der Unbefleckten Empfängnis Marias geht davon aus, daß Maria, im Gegensatz zu allen anderen Menschen, ohne Erbsünde empfangen wurde. Zur Zeit des heiligen Bernhard handelte es sich lediglich um ein Theorie. Erst 1476 führte Papst Sixtus IV. (Pontifikat 1471–1484) ein entsprechendes Fest ein, das am 8. Dezember gefeiert wurde. 1708 schrieb Klemens XI. (Pontifikat 1700–1721) es als Kirchenfest vor. 1854 erhob Papst Pius IX. (Pontifikat 1846–1878) die Lehre von der Unbefleckten Empfängnis zum Dogma: zum absolut verbindlichen Glaubenssatz der katholischen Kirche.

in erster Linie den Zweck, die Göttlichkeit Jesu zu betonen. Und wenn diese Ernennung ausgerechnet in Ephesus stattfand, dann deshalb, weil dort im Altertum einer der größten Tempel einer heidnischen Göttin stand, der zu den sieben Weltwundern zählt: der Tempel der Artemis, von den Römern Diana genannt. Sinnigerweise besagt eine Version auch, die Jungfrau Maria sei in Ephesus gestorben – obwohl in Jerusalem gleichfalls der Ort ihres Hinscheidens verehrt wird. Auf diese Art konnte die Kirche die notgedrungene Anerkennung eines weiblichen Prinzips mit einer Reduzierung dieses Prinzips auf die Rolle der Gebärerin eines Gottes verbinden.

Notgedrungen war diese Anerkennung deshalb, weil das Volk einfach nicht von seinen alten Muttergöttinnen lassen wollte.

Die Spuren dessen, was man im weitesten Sinne als Religion bezeichnen kann, lassen sich zurückführen bis in die Altsteinzeit. Historiker gehen davon aus, daß die Menschheit vor etwa dreißigtausend Jahren begann, höhere Wesen zu verehren. Und diese Wesen waren weiblich. Von wenigen Ausnahmen abgesehen, repräsentieren alle künstlerischen Darstellungen von Menschen aus der Alt- und Neusteinzeit einen weiblichen Körper, sehr oft mit übertriebenen sekundären Geschlechtsmerkmalen oder in eindeutig schwangerem Zustand.

Das weibliche Prinzip galt als die Quelle allen Lebens, fünfundzwanzigtausend Jahre lang. Erst ab ca. 3000 v. Chr. kamen langsam männliche Götter auf. Ursprünglich waren sie der Großen Mutter lediglich einmal als Sohn, einmal als Liebhaber beigestellt. Wobei sich die Überlieferungen überschneiden. Verschiedene Historiker sind der Ansicht, daß die Beziehung der Kybele mit Attis beziehungsweise noch die der Aphrodite mit Adonis inzestuös war.[13] Die Große Göttin bringt aus sich selbst heraus ein männliches Wesen hervor, das sie wiederum befruchtet, aber alljährlich stirbt.

13 Attis, Adonis und Tammuz sind die Namen von jugendlichen Vegetationsgöttern, deren Kult im Mittelmeerraum und bis ins Zweistromland verbreitet war. Es handelt sich um die Söhne oder Geliebten einer allmächtigen Muttergottheit, die alljährliche geopfert werden, während die Göttin selbst unsterblich ist.

Dieser Begleiter entwickelte sich schließlich zu einem ebenbürtigen Gemahl und drängte nach und nach die Große Göttin in den Hintergrund. Was blieb, war ein allmächtiger männlicher Gott.

Die Gründe hierfür waren vermutlich wirtschaftlicher Art. Zum Beispiel der Einsatz des Pflugs. Je intensiver die Landwirtschaft betrieben wurde, desto mehr Menschen konnten sich innerhalb eines bestimmten Areals niederlassen. Je mehr Menschen zusammenlebten, desto höher war der Grad der Spezialisierung. Und desto weiter lagen die Felder vom Wohnort weg. Irgendwann bürgerte es sich auf jeden Fall ein, daß die Männer Aufgaben in der Landwirtschaft wahrnahmen, welche vorher den Frauen vorbehalten gewesen waren.

Grundlage für die Verehrung der Großen Göttin und ihrer irdischen Vertreterinnen, der Frauen, war deren Eigenschaft, Kinder zur Welt bringen zu können. Die Rolle des Mannes bei diesem Prozeß hatte man noch nicht erkannt. Aber je patriarchalischer eine Religion ist, desto mehr ist sie darauf angewiesen, spezifisch weibliche Eigenschaften als negativ darzustellen. Genauso ihre körperlichen Begleiterscheinungen. Zum Beispiel dadurch, daß sie eine Frau während der Menstruation oder nach der Geburt eines Kindes für unrein erklärt, wie im Judentum.

Allerdings kristallisierte sich diese Haltung erst nach und nach heraus. Noch König Salomon verehrte vor etwa dreitausend Jahren neben Jahwe auch die Göttin Astarte, wie sogar die Bibel berichtet (1 Kön [3 Kön] 11/5).[14]

Doch zur Zeit Christi war das Judentum streng monotheistisch. Bestimmt herrschte also unter den ersten Judenchristen eine starke Abneigung gegenüber allen weiblichen Kulten. Aber als die christliche Religion begann, sich unter den Nichtjuden, also Heiden, zu verbreiten, übernahm sie Elemente aus deren Glaubensvorstellungen. Die Kirchenväter sahen sich gezwungen, die verblüffenden Übereinstimmungen des Lebens und

14 Die Lehre von der Bedeutung der Schechina, der in der Welt wohnende weibliche Aspekt der Gottheit, bildete sich erst später heraus, unter den Kabbalisten.

Leidens Jesu mit den Kulten des Attis, Adonis und Tammuz als Werk des Teufels zu erklären. Boshafterweise hatte er all diese Kulte lange vor der Geburt Jesu eingeführt. Und sogar dafür gesorgt, daß der Tod des Attis in Rom zeitgleich mit der Passion Jesu gefeiert wurde: um den 25. März.

Das ist nicht das einzige Beispiel dafür, wie die christlichen Missionare alle Aspekte der alten Religionen, welche sie nicht verdrängen konnten, schließlich in das Christentum integrierten. Zahlreiche christliche Heilige zeugen hiervon. Ihre Namen und ihr Leben sind kaum verhüllte Allegorien heidnischer Götter. Auf einige von ihnen werden wir noch eingehen.

Auf die Dauer erwies es sich auch als unmöglich, das weibliche Element ganz und gar wegfallen zu lassen. Bis ins Jahr 410 n. Chr., also zwanzig Jahre vor dem besagten Konzil von Ephesus, fanden in manchen französischen Städten Prozessionen mit Statuen der Kybele statt.

Das war der Hintergrund dafür, daß sich schließlich die sogenannte Hyperdulia durchsetzte: Maria erhielt einen Sonderstatus, der sie über die Heiligen erhob, aber deutlich unter Gott ansiedelte. Aber das Ave Maria, für jeden Katholiken heute genauso selbstverständlich wie das Vaterunser, bürgerte sich erst gegen 1220 als allgemeines Gebet ein.

Wenn die Templer also in diesem Zeitraum die Marienverehrung pflegten, schwammen sie nicht auf einer allgemeinen Welle mit, sondern waren die Vorreiter einer Bewegung. Und vermutlich kam auch erst in dieser Epoche die Legende auf, daß der heilige Petrus gerade in Tortosa, wo die Templer eine Festung besaßen, das erste Marienheiligtum errichtet hatte.

Wenn man die erhaltenen Rituale und Gebete der Templer untersucht, so stellt man fest, daß die Jungfrau Maria eine hervorragende Stellung einnimmt. Mehr noch: man kann sich des Eindrucks kaum erwehren, daß sie ihren Sohn völlig in den Hintergrund drängt. Die Aufnahmezeremonie spricht ein um das andere Mal von »Gott und Notre-Dame«. Natürlich könnte mit »Gott« Jesus eingeschlossen sein, nur wäre der Ausdruck, den man für Jesus erwarten würde, eher »unser Herr Jesus Christus«.

Noch bezeichnender ist, daß die ursprüngliche Anklage von 1307 zwar den Templern zum Vorwurf machte, die Göttlichkeit Jesu verleugnet zu haben, dies aber keinen Einfluß auf ihre Verehrung der Jungfrau Maria hatte. In der christlichen Ideologie ist die Jungfrau Maria heilig, weil sie die Mutter Jesu ist. Die christliche Ideologie erfand dafür den fürchterlichen Ausdruck »Gottesgebärerin«. Es sieht so aus, als habe dies für die Templer keinerlei Bedeutung gehabt. Schon allein der Titel »Notre-Dame«, unsere Herrin, zeigt, daß Maria für die Templer ein unabhängiges weibliches Prinzip symbolisierte. Die deutsche Übersetzung für Notre-Dame, »Unsere Liebe Frau«, gibt diesen Sachverhalt allerdings nur sehr unzureichend wieder. Einmal geht die Regel sogar so weit, daß sie Jesus lediglich als »Sohn der Jungfrau Maria« umschreibt.

Laut einem erhaltenen Fragenkatalog von 1310 erkundigten sich die Inquisitoren anscheinend erst recht spät danach, ob die Templer bei den Aufnahmezeremonien auch die Jungfrau Maria und andere Heilige verleugnen mußten. Es sieht so aus, als hätten die meisten Templer diese Frage verneint, obwohl sie ihnen doch ein Schlupfloch öffnete. Anscheinend kam keiner auf die Idee, den Inquisitoren zu erzählen, er habe ausschließlich die Heiligen verleugnet, aber nie Jesus geschmäht.

Die Feiertage der Templer

Wobei sich die Heiligenverehrung der Templer ohnehin in Grenzen hielt. Die bereits erwähnte Regel Henri de Curzons liefert eine Aufstellung der Kirchenfeste und Namenstage von Heiligen, welche in allen Templerkomtureien feierlich begangen werden mußten.

Manche behaupten, die moderne Zeit sei eine Freizeitgesellschaft und sind der Meinung, wir hätten so viel freie Zeit, daß ihre Bewältigung bereits ein Problem darstelle. Die unzähligen organisierten Freizeit-Aktivitäten würden hiervon Zeugnis ablegen. Vielleicht geht es uns wirklich gut, wenn wir den heutigen

Arbeiter oder Angestellten mit seinen Kollegen zur Zeit der industriellen Revolution Anfang des 19. Jahrhunderts vergleichen. Aber wenn der Ausdruck »Fronarbeit« heute im Sinne von schwerer und schlechtbezahlter Arbeit verwendet wird, so ist dies nur bedingt richtig. Ursprünglich handelte es sich um die Arbeit, welche die Bauern dem Lehensherrn unentgeltlich leisten mußten. Und wenn diese auch Ende des 15. Jahrhunderts so ausartete, daß sie zu Bauernaufständen führte: In der Zeit, die uns interessiert, war dies nicht der Fall.

Experten sind nämlich zu der Ansicht gekommen, daß die Menschen des Mittelalters Arbeitszeiten hatten, von denen wir heute nur träumen können. Auf der einen Seite war selbst unter dem größten Leuteschinder der Arbeitstag bei Sonnenuntergang zu Ende. Es gab keine Telefax-Geräte, die am Ende eines achtstündigen Arbeitstages eine Nachricht vom anderen Ende der Welt ausspuckten, wo gerade erst Mittag war, die eine sofortige Bearbeitung erforderte. Der Sonntag war, im Gegensatz zu heute, generell tabu: Niemand arbeitete. Und angesichts der zahlreichen Feste, in erster Linie der kirchlichen, hat man errechnet, daß die durchschnittliche Arbeitswoche höchstens vier Tage umfaßte.

Im Vergleich mit dieser geradezu paradiesischen Situation ist die Aufzählung der Kirchenfeste, welche die Templer feierten, sehr bescheiden. Dazu gehörten natürlich die offiziellen Kirchenfeste: Weihnachten (25. Dezember), Neujahr (1. Januar), die Heiligen Drei Könige (6. Januar), Ostern (am Sonntag nach dem Frühlingsvollmond), Christi Himmelfahrt (vierzig Tage nach Ostern), Pfingsten (fünfzig Tage nach Ostern). Diese Feste haben, wie könnte es anders sein, mit der Person Jesu zu tun. Einige weitere Feste, die inzwischen beinahe untergegangen sind, mit dem wichtigsten Objekt seiner Passion: dem Kreuz. So die Auffindung des Heiligen Kreuzes (3. Mai) und seine Erhöhung (14. September).

Daneben wurde natürlich der Apostel Jesu, Johannes des Täufers und des heiligen Paulus gedacht: Matthias (14. Mai), Philipp und Jakobus der Jüngere (damals am 1. Mai, heute am 3.), Johannes der Täufer (24. Juni), Petrus und Paulus (29. Juni), Jakobus der Ältere (25. Juli), Matthäus (21. September), Simon und Judas Thaddäus (28. Oktober), Andreas (30. November), Thomas (ursprünglich 21. Dezember, heute 3. Juli). Wie man sieht, fehlen zwei Apostel. Dadurch, daß einige dieser Heiligen ihren Namenstag mit einem anderen teilen, reduziert sich die Liste weiterhin. Aber um gewiß keinen Heiligen zu kränken, feierten auch die Templer das Fest von Allerheiligen, am 1. November.

Manche Heilige lassen sich durch die besondere Funktion der Templer als christliche Krieger erklären. So feierten sie den heiligen Georg, den Drachentöter (23. April), den Erzengel Michael (29. September), der am Ende der Zeiten den Teufel besiegen sollte (Offb 12/7), und den heiligen Martin von Tours, ebenfalls ein ehemaliger Soldat (11. November).

Drei weitere Feste sind eine Art Verlängerung des Weihnachtsfestes, das im Mittelalter ohnehin immer mindestens acht Tage lang gefeiert wurde und sogar meist bis zum Fest der Heiligen Drei Könige dauerte: das des sogenannten Erzmärtyrers Stephan (26. Dezember), dessen Tod bereits das Neue Testament beschreibt (Apg 7/58), das Johannes des Evangelisten (27. Dezember) und das der Unschuldigen Kinder (28. Dezember). Letzteres bezieht sich auf den von der Bibel geschilderten Kindermord des Herodes (Mt 2/16).

Wobei dieses Fest jedoch ausgerechnet im katholischen Spanien einen etwas makabren Charakter angenommen hat. Denn dort ist es heute üblich, sich an diesem Tag Streiche zu spielen, wie sie sich bei uns am ersten April eingebürgert haben.

Noch anrüchiger in der Liste der Templer ist der heilige Nikolaus, der Bischof von Myra (heute Türkei), der im Jahre 342 gestorben sein soll. Sein Feiertag ist der 6. Dezember. Der englische Sprachraum hat ihn zum »Santa Claus« oder »Father Christmas« des Weihnachtsfestes gemacht, der die Geschenke bringt. Auf dem Kontinent ist es üblich, an seinem Namenstag, also dem 6. Dezember, den Kindern Süßigkeiten zukommen zu lassen. Aber in manchen Gegenden, zum Beispiel Bayerns, treiben sich in seiner Begleitung sehr archaische Spukgestalten herum, von denen der »Knecht Ruprecht«, der die bösen Kinder mit der Rute züchtigt, noch der harmloseste ist. Und auch diesen Aspekt haben die angelsächsischen Länder nachvollzogen. Der Ausdruck »Old Nick«, neben »Claus« eine weitere Abkürzung für Nikolaus, ist nämlich ein Synonym für den Teufel.[15]

Als weiterer Außenseiter erscheint, zumindest auf den ersten Blick, der heilige Laurentius (10. August), im Deutschen Lorenz, ein Märtyrer, der im 3. Jahrhundert gelebt haben soll. Welche Verbindung er genau mit unserem Thema hat, werden wir in einem späteren Kapitel untersuchen.

Daneben feierten die Templer sämtliche Marienfeste. Was uns angesichts der Verehrung, welche sie Notre-Dame zollten, nicht erstaunen darf: Mariä Lichtmeß (2. Februar), Mariä Verkündigung (25. März, also genau neun Monate vor Weihnachten), Mariä Himmelfahrt (15. August), Mariä Geburt (8. September).

Maria Magdalena

Und damit sind wir beinahe am Ende der Liste angelangt. Beinahe. Es fehlen noch zwei Namen. Eigentlich sollte man davon ausgehen, daß die Templer, ein mönchischer Ritterorden und somit dem Keuschheitsgebot unterworfen, ihre Verehrung auf männliche Heilige beschränkten. Mit Ausnahme der Jungfrau Maria natürlich. Nur war dem nicht so.

Denn neben der Jungfrau Maria feierten die Templer noch zwei weitere weibliche Heilige: die heilige Maria Magdalena, am 22. Juli, und die heilige Katharina von Alexandria, am 25. November.

Warum überhaupt weibliche Heilige und warum gerade diese? Wer waren diese beiden Heiligen?

Gehen wir chronologisch vor und beginnen wir mit Maria

15 Wenn auch eine pietätvollere Erklärung den Ursprung des »Old Nick« in einem nordischen Flußgott namens Nicksa sieht. Dieser ist zu unbekannt. Lediglich seine weiblichen Manifestationen, die Nixen, sind ein Begriff.

Magdalena, einer Zeitgenossin Jesu. Die Evangelien erwähnen sie als erste Zeugin der Auferstehung (Mt 28/9, Mk 16/9, Lk 24/10, Joh 20/14). Kein Wunder, daß die alten Hagiographien ihr den Beinamen »die Apostelgleiche« oder sogar »Apostel der Apostel« gaben.

Einer Legende nach begleitete sie nach dem Tod Jesu seine Mutter und den heiligen Johannes nach Ephesus. Die Ostkirche geht davon aus, daß sie dort auch starb und ihre Reliquien 899 nach Konstantinopel überführt wurden. Eine andere Version behauptet, sie sei kurz nach dem Tod Jesu von den Juden zusammen mit einigen Gefährten in einem Boot ohne Steuer und Segel auf dem Mittelmeer ausgesetzt worden und schließlich in der Provence, also in Südfrankreich, gelandet. Dort, in der Gegend von Sainte-Baume, habe sie die letzten dreißig Jahre ihres Lebens büßend verbracht und sei schließlich im Jahre 66 gestorben. Die nahegelegene Kirche von Saint-Maximin führt heute noch ihren Reliquienschädel alljährlich in einer feierlichen Prozession durch die Stadt.

Allerdings behaupten noch weitere Orte, im Besitz der Reliquien dieser Heiligen zu sein: insgesamt mindestens sechs. Der bekannteste hiervon ist die französische Stadt Vézelay. Einer Überlieferung nach hatte ein frommer burgundischer Herzog namens Girard um das Jahr 800 ihre Reliquien suchen und nach Vézelay überführen lassen. Der heilige Bernhard von Clairvaux wußte, warum er 1146 seinen flammenden Aufruf zum zweiten Kreuzzug gerade in Vézelay hielt. Noch heute erinnert ein riesiges Holzkreuz an diese Predigt.

Wir haben im Zusammenhang mit der Marienverehrung angedeutet, daß die Kirche verschiedene alte Götter in Gestalt christlicher Heiliger »weiterleben« lassen mußte. Und dazu gehört die heilige Maria Magdalena. Denn die Jungfrau Maria konnte nicht alle Aspekte der alten Erd- und Muttergöttinnen übernehmen. Zum Beispiel keinesfalls den der Liebesgöttin. Hier mußte man ein anderes Vorbild suchen.

Die unbekannte Sünderin (Lk 7/37) aus dem Lukasevangelium bot sich an – auch wenn sie von Matthäus und Markus bei der Beschreibung der gleichen Szene lediglich als »Frau« bezeichnet wird (Mt 26/7, Mk 14/3). Nur war eine namenlose Heilige nutzlos. So kam man auf den Ausweg, eine Art Rufmord zu betreiben und sie mit der Frau zu identifizieren, welche die Evangelien ansonsten Maria von Bethanien nennen, die Schwester der Martha und des Lazarus (Lk 10/39, Joh 11/1). Gleichzeitig identifizierte man sie mit der Maria von Magdala, aus welcher Jesus sieben Teufel austrieb (Mk 16/9, Lk 8/2). Und die »Sünderin« Maria Magdalena war geboren.

Wobei, wie man sieht, diese Identifizierung reichlich willkürlich ist. Die Ostkirche hat sie im übrigen nicht nachvollzogen.

Vielleicht war das der Grund dafür, daß dieser bekehrten Sünderin schon recht früh eine »Kollegin« beigestellt wurde, die sie »unterstützte«: die heilige Afra, welche der Legende nach im Jahre 304 zur Märtyrerin wurde. Der Überlieferung nach handelte es sich um eine wunderschöne Priesterin der Venus aus Zypern, die in Begleitung ihrer Mutter Hilaria auch in Augsburg diesem Kult huldigen wollte. Wobei Priesterin der Venus hier gleichzusetzen ist mit Prostituierte. Glücklicherweise kam kurz darauf der aus Spanien stammende Bischof Narzissus ebenfalls nach Augsburg, um dort zu missionieren. Und die Sünderin Afra bekehrte sich und wurde zur Märtyrerin.

Diese Identifizierung der Venuspriesterin mit einer Prostituierten war im übrigen keine verleumderische Propaganda der christlichen Missionare. Denn die Tempelprostitution stellte einen allgemein anerkannten Aspekt des Kultes der Liebesgöttin dar, selbst wenn uns heute diese Facette seltsam anmutet.

Im Altertum war dieser Aspekt keinesfalls verpönt. Priesterinnen der Venus waren durchaus geachtete Mitglieder der Gesellschaft. Mehr noch: die Weisheit, von den Griechen mit einer weiblichen Gestalt namens *Sophia* identifiziert, wie wir inzwischen wissen, trug den gleichen Beinamen wie die Liebesgöttin Aphrodite: die Prostituierte. Weil sie, wie eine solche, für alle zu haben ist, die sie wollen.

Es gibt eine ganze Reihe teilweise sehr phantasievoller Erklärungen, warum gerade ein mönchischer Ritterorden die heilige

Maria Magdalena verehrte. Die harmloseste besagt, auch in ihren Reihen hätten sich zahlreiche bekehrte »Sünder« befunden. Nicht umsonst erwähnen die Vorschriften der Templer über das Abhalten der Kapitel diesen Sachverhalt wörtlich: Gott werde die Sünden der Templer vergeben, wie er auch der heiligen Maria Magdalena die ihren vergab. Nur gibt es eine Unzahl von Heiligen, welche eine solche Metamorphose durchmachten. Zum Beispiel den Apostelfürsten Paulus, der ursprünglich als Saulus Christen verfolgt hatte (Apg 9/1–2, 22/3–4).

Erst die Querverbindung zwischen dem Baphomet und der Sophia, wie sie von Schonfield konstatiert wurde, auf der einen Seite und der Sophia und einer Prostituierten auf der anderen gibt der Verehrung der Maria Magdalena einen Sinn. Huldigten die Templer ihr, *obwohl* sie eine anrüchige Vergangenheit hatte, oder gerade *weil* sie eine Prostituierte war?

Katharina von Alexandria

Kommen wir nunmehr zur zweiten Heiligen, welche die Templer neben Maria Magdalena verehrten: Katharina von Alexandria.

Hätten die Templer die von ihnen zu verehrenden Heiligen bewußt aufgrund ihrer Kontrastwirkung ausgewählt, einen größeren hätten sie kaum finden können. Zumindest auf den ersten Blick. Denn der Name »Katharina« bedeutet nichts anderes als »die ewig Reine«. Ironischerweise war sie eine Zeitgenossin der heiligen Afra: Der Überlieferung nach starb sie 307 als Märtyrerin in Alexandria.

Es habe sich um ein wunderschönes junges Mädchen gehandelt, berühmt für ihre Gelehrsamkeit, das sich rhetorisch in einem Disput gegen fünfzig von Kaiser Maximin aufgestellte heidnische Philosophen behauptete. Worauf sie mit einem Rad hingerichtet werden sollte. Ein Blitz vom Himmel zerschmetterte dieses Folterinstrument. Daraufhin ließ der Kaiser sie mit einem Schwert köpfen. Engel hätten dann ihren Leib zum Berge Sinai gebracht, wo ihre Reliquien in dem ihr geweihten Kloster verehrt werden.

Die heilige Katharina ist die Schutzheilige der Gelehrsamkeit und der Philosophie. Nur ist ihre Lebensbeschreibung so phantastisch, daß die katholische Kirche ihre Verehrung 1969 abgeschafft hat. Man fragt sich, ob die heilige Katharina nicht generell ein Gegengewicht zu einer tatsächlich in Alexandria ermordeten und damals weltberühmten Philosophin darstellen sollte: Hypatia. Diese Hypatia wurde im Jahre 415 n. Chr. von einer aufgebrachten Menge in eine Kirche gezerrt und mit Glasscherben zerstückelt. Allerdings war sie keine Märtyrerin. Dafür waren ihre Mörder Christen: aufgehetzt vom heiligen Cyrill, einem Kirchenlehrer. Weil sie Heidin war.

Aber, ob sie nun gelebt hat oder nicht, die heilige Katharina, verehrt als Patronin der Gelehrsamkeit, hat tatsächlich einige seltsame Aspekte aufzuweisen, welche sie mit Wissen, sogar recht modernem Wissen, verbindet.

Schon aufgrund ihrer Herkunft. Denn Alexandria war in den ersten Jahrhunderten des Christentums nicht nur das Zentrum der Gnosis, sondern allgemein ein Brennpunkt der Gelehrsamkeit. Wie bereits erwähnt, soll auch die Alchemie in diesem Klima entstanden sein. Auf der anderen Seite fand man in dem ihr geweihten Kloster auf dem Berg Sinai im 19. Jahrhundert den sogenannte Codex sinaiticus: eine uralte Abschrift der Bibel oder zumindest großer Teile hiervon, aus dem 4. Jahrhundert stammend, also in der Epoche, in der sie gelebt haben soll. Diese Handschriften geben den Bibelforschern immens wichtige Hinweise für die Datierung der Heiligen Schriften.

Natürlich könnte es sich um eine zufällige Übereinstimmung handeln. Nur gibt es noch einige andere merkwürdige Komponenten. Zum Beispiel die Attribute, an denen die heilige Katharina auf alten Darstellungen zu erkennen ist: das Rad, auf dem sie gefoltert werden sollte und das Schwert, mit dem sie schließlich hingerichtet wurde. Das sogenannte Katharinenrad hat die Besonderheit, daß es außen gebogene Zacken hat. Kurz: Es erinnert verblüffend an das moderne Modell unserer Galaxis, zu Deutsch Milchstraße.

Daneben stellt die Legende die völlig unsinnige Behauptung

auf, aus der Halswunde der heiligen Katharina sei nach ihrer Enthauptung nicht Blut, sondern Milch geflossen. Milch hat zwar eine weiße Farbe und ist insofern ein Symbol der Reinheit, aber andererseits ist unbestreitbar, daß es sich um ein Symbol der Fruchtbarkeit handelt. Milch produziert nur ein weiblicher Körper, der vorher ein Kind zur Welt gebracht hat – unvereinbar mit der »ewig Reinen«.

Was soll diese nochmalige Anspielung auf Milch? Handelt es sich um einen weiteren Hinweis auf die Milchstraße? Wurde der Kult der heiligen Katharina künstlich erschaffen, um unter Eingeweihten die Form unserer Galaxis zu diskutieren? Zu einem Zeitpunkt, als die Kirchenobrigkeit postulierte, die Erde sei eine Scheibe?

Ein weiterer interessanter Aspekt ist, daß die heilige Katharina zu den sogenannten Vierzehn Nothelfern gezählt wird, einer Gruppe von Heiligen, die als speziell wundertätig galten. Zu dieser Gruppe gehören insgesamt drei Frauen. Neben der heiligen Katharina handelt es sich um die heilige Barbara und die heilige Margarethe. Der bayerische Volksmund hat sie zu den »heiligen drei Madln« zusammengefaßt: »Margarethe mit dem Wurm, Barbara mit dem Turm, Katharina mit dem Radl, das sind die drei heiligen Madl.«[16]

Obwohl es sich keinesfalls um obskure Heilige handelt – alle drei sind als Mädchennamen noch durchaus gebräuchlich – hat das Zweite Vatikanische Konzil sie alle drei gemeinsam 1969 »abgeschafft«.

Sollte gerade ihre Popularität den Ausschlag gegeben haben?

16 Die heilige Margaretha soll einen Drachen, also Lindwurm, besiegt haben, daher ihr Name »Margaretha mit dem Wurm«. Der Turm der heiligen Barbara bezieht sich auf das Gefängnis, in dem ihr eigener Vater sie hatte einsperren lassen. Sowohl Margaretha als auch Barbara seien zeitgleich mit der heiligen Katharina zu Märtyrerinnen geworden, also um das Jahr 306 oder 307.

Das Dreigestirn

Rekapitulieren wir das Dreigestirn der von den Templern verehrten weiblichen Heiligen: die Jungfrau Maria – die heilige Maria Magdalena – die heilige Katharina von Alexandria.

Wir haben gesehen, daß sich der Marienkult erst zur Zeit der Templer richtig entfaltete. Ähnliches gilt auch für die Verehrung der beiden anderen. Das Fest der heiligen Katharina wurde erst im 11. Jahrhundert in das römische Meßbuch aufgenommen, als sie bereits seit siebenhundert Jahren tot war. Die Legenden über ihr Leben sind erst seit dem 10. Jahrhundert im Umlauf. Die früheste Erwähnung – allerdings nur ihres Namens – stammt aus dem 8. Jahrhundert. Genauso begann erst im Mittelalter die Diskussion, wer die einzig wahren Reliquien der Maria Magdalena in seinem Besitz habe.

Und neben der weiteren Gemeinsamkeit, daß allen dreien eine überirdische Schönheit nachgesagt wird, teilen sie auch noch die Eigenschaft, daß sie entrückt wurden, sei es nun im Leben oder nach dem Tod. Laut kirchlicher Lehre nahm Jesus seine Mutter mit Leib und Seele in den Himmel auf. Genauso hätte eine Schar Engel jeden Tag die heilige Maria Magdalena in den Himmel emporgehoben, wo sie mit himmlischer Speise gelabt wurde. Und wiederum eine Schar Engel transportierte den Leib der heiligen Katharina von Alexandria nach Arabien.

Auf ihren einfachsten Nenner gebracht, verkörpern diese drei Heiligen die drei Aspekte der Weiblichkeit: die Jungfrau (Katharina), die Mutter (Maria) und die Hure (Maria Magdalena). Nur, so ketzerisch es sich im ersten Moment anhören mag: die drei gehen beinahe nahtlos ineinander über.

Weil die Gottesmutter Maria, zumindest laut kirchlicher Lehre, gleichzeitig Jungfrau ist. Und, wie wir gesehen haben, die Jungfrau Katharina gibt Milch. Nicht nur das: Speziell in Paris ist sie die Patronin der Modistinnen. Was zwar nicht gerade anrüchig, aber dennoch irgendwie frivol ist. Provençalische Legenden verbinden zudem die Prostituierte, Maria Magdalena, mit Fruchtbarkeit: Auf ihre Fürbitten hin empfing die Frau des römischen Provinzverwalters endlich den lange erwarteten Erben, was zu seiner Bekehrung führte. Im englischen Ort Brenton (Somerset) pflegten sich die Frauen während der Wehen einen Gürtel umzulegen, der als Reliquie der Maria Magdalena galt.

Wobei jedoch diese Dreiergruppe von weiblichen Heiligen eine äußerst archaische Angelegenheit darstellt. Aus der Zeit der Germanen beziehungsweise Kelten sind nur wenige Kultgegenstände erhalten. Zu diesen wenigen gehören die sogenannten »Matres«, die Mütter, auch Matronen genannt: die Abbildung von drei Frauen nebeneinander, von denen sich die mittlere immer durch einen Sonderstatus auszuzeichnen scheint.

Die natürlich in der Ideologie der Templer der Jungfrau Maria entspricht. Nur, wie wir gesehen haben, verehrten sie diese nicht in ihrer Funktion der »Gottesgebärerin«, wie sie die alten Litaneien nennen, sondern als eigenständiges Prinzip, das nichts mit der Göttlichkeit ihres Sohnes zu tun hatte. Sonst hätte nie der Vorwurf auftauchen können, die Templer hätten eben diese Göttlichkeit verleugnet.

Die griechische Mythologie hat eine solche weibliche Dreiergruppe zusammengefaßt zu einer Göttin namens Hekate, die drei Gesichter gehabt haben soll und deshalb speziell an Wegekreuzungen verehrt wurde. Manche meinen, daß ihr weiterer Name, Prytania, für den Namen Großbritannien verantwortlich ist. Auf jeden Fall läßt auch noch der englische Dichter Shakespeare (1564–1616) in seinem Drama »Macbeth« ausgerechnet drei Hexen auftreten. Denn Hekate wurde später zur Herrin des Hexensabbats.

Der Vergleich mit den »Drei Madln« des Volksglaubens beweist, daß nicht nur die Templer noch in christlichen Zeiten diesem weiblichen Prinzip als Dreiergruppe anhingen. Nur waren sich die Templer vermutlich eher bewußt, daß dieses Prinzip äußerst archaisch war.

Die Feuertaufe

Wir haben besprochen und gesehen, wie sich die Verehrung eines weiblichen Prinzips in der offiziellen Regel des Ordens der Templer niederschlug. Allerdings soll es daneben noch eine andere Regel gegeben haben. Schon die Akten des Prozesses gegen die Templer beschreiben sie: Innerhalb des Templerordens existiere eine zweite Stufe der Einweihung. Nur bestimmte Kandidaten würden sie erfahren, und nur innerhalb dieses Kreises sei ketzerisches Gedankengut gepflegt worden.

Und 1877 erscheint tatsächlich ein solches Dokument auf dem Markt. Ein Mann namens Mertzdorff veröffentlichte es in Hamburg. Es handle sich um eine Übersetzung, basierend auf Aufzeichnungen, welche der dänische Bischof von Seeland, Friedrich Münther, im 17. Jahrhundert in Rom gemacht habe. Während seines Aufenthalts in der Ewigen Stadt habe er die Möglichkeit wahrgenommen, Originalunterlagen der Templer in der Geheimbibliothek des Vatikans beziehungsweise der Bibliothek Corsini einzusehen – und zu kopieren.

Die Echtheit dieses sogenannten Dokuments von Hamburg ist umstritten. Kritiker behaupten, es stelle einen Versuch der Freimaurer dar, eine Verbindung zu den Tempelrittern zu konstruieren. Schon die Daten sowie die Schreibweise der Namen, wie sie von verschiedenen Autoren wiedergegeben werden, variieren beträchtlich. Einmal heißt es, Münther habe sich im 17. Jahrhundert in Rom aufgehalten, ein anderer Autor verlegt seine Entdeckung auf das Jahr 1780.

Und ein Teil der Unterlagen sei dem Bischof prompt wieder abhanden gekommen. Auch ist nicht ganz eindeutig, auf welchen Teil Mertzdorff im Jahre 1877 stieß. Genauso seltsam ist, daß die Forscher Napoleon Bonapartes (1769–1821) diese Regel nicht gefunden hatten. Napoleon interessierte sich nämlich für den Templerorden und hatte um 1800 die gesamten Unterlagen über den Prozeß von Rom nach Frankreich bringen lassen.

Dieses umstrittene Dokument habe die Bezeichnung »Feuertaufe« getragen und sei von einem gewissen Maître Roncelin zusammengestellt worden. Einen Templer dieses Namens gab es tatsächlich: Roncelin de Fos. Nur sei er erst 1281 in den Templerorden aufgenommen worden, während die »Feuertaufe« auf das Jahr 1240 datiert ist.

Manche erklären diese Abweichungen damit, daß ein Teil der Münther-Unterlagen authentisch sei, eine durchaus reguläre Regel in provençalischer Sprache, der Rest jedoch apokryph.

Was steht nun in diesem umstrittenen Dokument – beziehungsweise den umstrittenen Dokumenten? Denn es handelt sich um zwei: die Regel der »erwählten Brüder« und die Regel der »getrösteten Brüder«. Wobei sich dieser Trost auf das »Consolamentum«, das höchste Sakrament der Katharer, zu beziehen scheint: das Wort bedeutet nichts anderes als Trost.

Auch die Regel der »erwählten Brüder« ist von katharischem Gedankengut durchdrungen. Daneben beschreibt sie genau die Punkte, welche den Templern vorgeworfen wurden. So die »infamen« Küsse: derjenige, welcher die Aufnahme des Templers in den Kreis der »erwählten Brüder« leitete, habe unter anderem das Glied des Kandidaten geküßt, weil es die männliche Schöpferkraft darstelle. Ein weiterer Artikel beschreibt, wie der Kandidat das Kreuz mit Füßen treten und bespucken mußte. Allerdings, so sagt diese Regel weiterhin, habe dies nichts mit der Person Jesu zu tun. Dieser Sohn Marias sei beseelt gewesen vom wahren Christus, dem einzigen Sohn Gottes, der jedoch nie leibhaftig Mensch geworden sei und daher auch nicht als solcher gelitten haben könne.

Allerdings wendet sich die Regel gegen die Sakramente, welche von der »Synagoge Satans«, gemeint ist die katholische Kirche, verkauft würden. Die Gemeinschaft der wahren Gläubigen umfasse Männer und Frauen, Sklaven und Freie, Juden und Sarazenen.

Kommen wir nun zur zweiten »geheimen« Regel von Hamburg. Manche halten lediglich diese für die wahre Feuertaufe, obwohl der Ausdruck an sich bereits in der ersten Regel auftaucht. Im großen und ganzen wiederholt diese Regel der »getrösteten Brüder« lediglich die der »erwählten Brüder«: Alle Menschen seien gleich, die Katharer etwas gleicher (auch wenn der Ausdruck Katharer vermieden wird), allerdings hätte jeder, ob Sarazene oder Druse, die Möglichkeit, in die Reihen der »Erwählten« oder »Getrösteten« aufgenommen zu werden.

Mehr noch: Bei der Aufnahme eines neuen Mitglieds würden die »Getrösteten« »Yah Alla« rufen, Glanz Gottes, – und den Baphomet küssen. Sprich: Der Baphomet habe tatsächlich moslemische Anklänge. Wobei sich jedoch vermutlich die Moslems gegen eine solche Unterstellung wehren würden: Ihr Glaube verbietet ausdrücklich Darstellungen aller Art.

Der Leser mag sich fragen, was diese Feuertaufe mit unserem Thema zu tun hat. Handelt es sich nicht eher um eine Huldigung des männlichen Prinzips? Nicht ganz. Denn bereits der Ausdruck »Feuertaufe« ist bezeichnend. In der antiken Mythologie ist es nämlich eine Frau, die eine solche Feuertaufe spendet. In der älteren Version der Geschichte ist es die Göttin Isis, später die Demeter. Auf ihrer verzweifelten Suche nach dem Leichnam ihres ermordeten Bruders und Gatten Osiris macht Isis Rast beim König von Byblos. Sie möchte sich für die gute Aufnahme erkenntlich zeigen und dafür den Sohn des Königs unsterblich machen: indem er in ihrer Obhut eine Nacht im Feuer verbringt. Aber sie wird entdeckt, bevor diese Einweihung zu Ende ist. Demeter begann eine ähnliche »Feuertaufe« mit einem Sohn des Königs von Eleusis. Auch sie wurde durch das Geschrei der Mutter des Knaben unterbrochen. Diese »Feuertaufe« war der Ursprung der Mysterien von Eleusis.

Genauso ist bezeichnend, daß laut den Hamburger Dokumenten auf den Gräbern der »erwählten« Brüder ein Pentagramm angebracht wurde, ein Fünfeck. Denn dieses Fünfeck ist das Symbol der Göttin Venus. Unter anderem deshalb, weil der gleichnamige Planet am Himmel ein Pentagramm beschreibt.

Aber ist anhand der umstrittenen Echtheit dieses Dokuments sein Inhalt nicht völlig bedeutungslos? Nein. Er wäre erst dann bedeutungslos, wenn eindeutig bewiesen wäre, daß diese Unterlagen in ihrer Gesamtheit gefälscht sind. Am derzeitigen Punkt der Nachforschungen von einer Fälschung auszugehen ist genauso eine Glaubenssache, wie auf ihre Echtheit zu beharren.

Könnte die Wahrheit nicht irgendwo dazwischenliegen: daß tatsächlich im 18. oder 19. Jahrhundert Hinweise auf die Existenz einer geheimen Templerregel gefunden wurden? Daß diese Spuren erahnen ließen: Zumindest ein Teil der Templer hatte sich in der Tat von den Lehren der Kirche abgewandt? Daß der Ausdruck »Feuertaufe« authentisch ist und sich wirklich auf die alten Mysterien bezieht, in denen meist eine Frau die Hauptrolle spielt? Daß sich diese Lehren tatsächlich zuerst in Südfrankreich verbreiteten, dem Schauplatz der Katharerkreuzzüge, wo auch die Stadt Fos liegt? Und daß daraufhin irgend jemand auf die Idee kam, aus diesen Bruchstücken eine beziehungsweise zwei komplette Regeln zu fabrizieren?

Gerade die Tatsache, daß diese beiden Regeln beziehungsweise die Geschichten, die sich darum herumspinnen, Diskrepanzen enthalten, spricht dafür, daß ein wahrer Kern dahintersteckt, weil manche Hinweise falsch interpretiert wurden. Wäre es für einen Fälscher nicht ein Einfaches, solche Unstimmigkeiten zu vermeiden und eine Regel zu erschaffen, die von vorne bis hinten aus einem Guß ist?

Die Rosen von Provins

Wenn die Templer in den letzten Jahren auch für Menschen ein Begriff geworden sind, die sich weder speziell für Geschichte noch für Esoterik interessieren, dann hauptsächlich dank eines bestimmten Romans: »Das Foucaultsche Pendel« von Umberto Eco.

Aufhänger für seine Handlung ist ein Dokument aus der Zeit der Templer, das in der französischen Stadt Provins in der Champagne entdeckt wurde. Konkret: in einem unterirdischen Gang. Diese Gänge sind keine Erfindung Ecos. Sie durchziehen tatsächlich den Hügel, auf dem die Altstadt steht. Und zwar nicht erst seit dem Mittelalter. An einigen Wänden hat man Zeichnungen gefunden, die heidnischen Ursprungs sein müssen. Im Laufe der Zeit wurden diese Gänge immer wieder erweitert. An manchen Stellen bilden sie hohe Gewölbe und sogar von Säulen gestützte Säle.

Die Verbindung zwischen den Templern und Provins ist gleichfalls eine historische Tatsache. Sie ließen sich dort 1193 nieder und besaßen mehrere Häuser; ihr Hauptsitz befand sich in einer Straße, die nach dem Heiligen Kreuz benannt war. In der Oberstadt, also auf dem Berg, besaßen sie ein Hospital – der heiligen Maria Magdalena geweiht.

Vielleicht hatte Eco noch einen weiteren Grund, gerade Provins mit den Templern zu assoziieren. Indirekt hat die Stadt nämlich noch mit einem weiteren seiner Romane zu tun: »Der Name der Rose«. Denn Provins ist die Stadt der Rosen – oder war es zumindest im Mittelalter.

Es war Graf Thibaut (Theobald) IV. (1201–1253), welcher die Rosenzucht mit einigen Exemplaren, die er aus dem Heiligen

Land mitgebracht hatte, in Provins einführte. Autoren mit esoterischem Einschlag behaupten, es seien die Templer gewesen, welche die Rosenzucht dann im großen Maßstab weitergeführt hätten.

Das wollen wir dahingestellt lassen. Aber selbst ein offizieller Prospekt über die Stadt Provins, herausgegeben und abgesegnet vom Bürgermeister in Person, gibt an, daß sich dort, wo heute die Kirche Saint-Quiriace steht, einst ein Tempel der Isis erhoben habe. Es ist bekannt, daß die ägyptische Göttin Isis zahlreiche gemeinsame Aspekte mit der Liebesgöttin Venus aufweist beziehungsweise die Venus diese von der Isis übernahm. Die rote Rose, noch heute das Symbol der Liebe, war im Altertum der Göttin Venus geweiht. Es ist also sehr sinnig, daß sich ausgerechnet in einer mit den Templern eng verbundenen Stadt wie Provins der Kult der Isis und die Kultivierung der Rose so verbinden.

Allerdings müssen wir uns hüten, diese Tatsache überzubewerten. Einerseits kam die Rosenzucht relativ spät auf. Diese Rosen wurden auch nicht aus sentimentalen Gründen, aufgrund ihrer Schönheit, gezüchtet, sondern waren ein gutes Geschäft. Aus ihnen wurden in erster Linie Essenzen hergestellt, und hierfür benötigte man riesige Mengen. Wobei andererseits die Templer in der Tat dafür bekannt waren, daß sie eine Nase für gute Geschäfte hatten.

Unbestritten ist weiterhin, daß sich die Templer tatsächlich für die Champagne interessierten. Im Osten von Troyes gehörte ihnen ein riesiges Wald- und Seengebiet. Der Bereich, der heute noch »Forêt du Temple«, Tempelwald, und »Lac du Temple«, Tempelsee heißt, macht nur einen Teil hiervon aus.

Bemerkenswert ist auch, daß die Rose bereits vor der faktischen Ansiedlung der roten Rose von Provins in der Champagne vertreten war. Zumindest in Gestalt ihrer Dornen. Denn der Name der Stadt Epernay, ein Zentrum der Champagnerherstellung, leitet sich von *épine*, der Dorne, ab. Später übernahm die Jungfrau Maria manche Attribute der Venus, so auch die Rose. Und wenn alte Litaneien die Jungfrau auch poetisch als »Rose ohne Dornen« bezeichnen – in der Champagne ist sie nach wie vor mit Dornen verbunden. Denn in der Nähe der Stadt Châlons-sur-Marne befindet sich ein Ort namens L'Epine – mit dem Heiligtum von Notre-Dame de L'Epine. Ganz in der Nähe von mehreren Orten, die mit der Extension *au Temple* enden – Dampierre-au-Temple, Saint-Hilaire-au-Temple, Saint-Etienne-au-Temple – und einer alten Römerstraße.

Und es war über Provins, daß die Rose nach England gelangte – allerdings symbolisch. Im 15. Jahrhundert fand in England der sogenannte Rosenkrieg statt. Er hat seinen Namen daher, weil die eine Partei, die der Grafen von Lancaster, als Abzeichen eine rote Rose führte, während ihre Gegner, die Grafen von York, unter dem Banner der weißen Rose kämpften. Und die rote Rose von Lancaster stammt aus Provins: weil ein Mitglied des Hauses Lancaster im Jahre 1275 die Witwe von Heinrich dem Dicken heiratete, dem Grafen der Champagne.

Wie gesagt: für die unterirdischen Gänge von Provins sind jedoch nicht die Templer verantwortlich. Obwohl sie im Mittelalter ausgebaut wurden. Aber die ersten sind wesentlich älter. Und vielleicht sind nicht nur die Rosen von Provins dafür verantwortlich, wenn diese Stadt mit den Templern assoziiert wurde. Weil der Ruf des Templerordens nun einmal dafür gesorgt hat, daß er mit allen möglichen Bauwerken assoziiert wird, die etwas Geheimnisvolles an sich haben.

Das trifft nicht nur auf Frankreich zu. In Kronberg, ganz in der Nähe der österreichischen Hauptstadt Wien, existiert ein Netzwerk unterirdischer Gänge, die gleichfalls, zu Recht oder zu Unrecht, mit den Templern assoziiert werden. Ein weiteres Beispiel, diesmal in England, werden wir in Kürze besprechen.

Die runden Kirchen

Es gibt kaum ein Thema, das mit den Templern zu tun hat und das nicht umstritten ist. Während die einen davon ausgehen, daß die runden oder polygonen Kirchen einen typischen Aspekt des Templerordens ausmachen, streiten die anderen genau dies ab.

Runde Kirchen seien nicht ausschließlich von den Templern erbaut worden, sondern entstanden allgemein zur Zeit der Kreuzzüge, in Anlehnung an die verschiedenen Rundbauten in Jerusalem: die Grabeskirche, der Felsendom und die El-Aksa-Moschee. Abgesehen davon gebe es genügend Templerkirchen, die eben nicht rund seien. Und die noch existierenden runden Kirchen würden häufig zu Unrecht mit den Templern assoziiert.

Beide Argumentationen lassen sich anhand von Beispielen belegen. Einige noch erhaltene Kirchen der Templer sind tatsächlich rund: die von London, die von Laon in Nordfrankreich, die im spanischen Segovia oder die von Tomar in Portugal. Genauso ist unbestreitbar, daß es runde Kirchen gibt, welche mit den Templern in Verbindung gebracht werden, obwohl eine solche Verbindung nicht belegbar ist. Ein Beispiel hierfür ist die dem Heiligen Grab geweihte Kirche von Cambridge in England. Auch in Spanien gibt es einige umstrittene Rundkirchen, von denen Eingeweihte annehmen, daß sie auf die Templer zurückzuführen sind, selbst wenn es keine dokumentarischen Beweise hierfür mehr gibt.

Weiterhin kann nicht in Abrede gestellt werden, daß auch die Johanniter, die »Konkurrenten« der Templer, zumindest eine bekannte Rundkirche errichteten: die ihrer englischen Kommandozentrale, in Clerkenwell, heute zu London gehörend.

Genausowenig dürfen wir jedoch ignorieren, daß sich im Laufe der Jahrhunderte die Spuren unzähliger ehemaliger Templerkirchen verloren. Erst im 20. Jahrhundert hat man die Fundamente von templerischen Rundkirchen im englischen Garway (Herefordshire) und Temple Bruer (Lincolnshire) wiederentdeckt. Und, wie gesagt, es ist nachgewiesen, daß die Johanniter an zahlreichen Orten, die sie von den Templern geerbt hatten, unverzüglich die runde Kirche abreißen ließen. Eventuell im Auftrag der Kirchenhierarchie: weil diese Kirchen zu sehr an die Templer erinnerten, und das diesen vorgeworfene Ketzertum.

Denn daß die Kirchenhierarchie eine ausgesprochene Abneigung gegen runde Kirchen hatte, ist bekannt. 1572, als die Rundkirchen in Italien von neuem in Mode kamen, protestierte der Erzbischof von Mailand: diese Bauweise sei heidnisch. Er postulierte, eine christliche Kirche müsse die Kreuzesform aufweisen. Es handelt sich hierbei keinesfalls um die Meinung eines Exzentrikers: Dieser Bischof war so angesehen, daß er später heiliggesprochen wurde.

Aber warum hatte die Kirchenhierarchie eine solche seltsame Abneigung gegen runde Kirchen? Was meinte der Bischof von Mailand, als er solche Kirchen als »heidnisch« bezeichnete?

Vielleicht ist sein Urteil wörtlich aufzufassen. Weil runde beziehungsweise polygone Kirchen allzu sehr an die Tempel der alten Göttinnen erinnern. Der bereits erwähnte Artemistempel von Ephesus stellte nämlich ein Oktagon dar.[17] Der Tempel der Göttin Vesta in Rom hingegen war rund. Auf den ersten Blick wirken die Göttinnen Artemis und Vesta wie zwei Gegenpole. Die Artemis von Ephesus wurde nämlich als Fruchtbarkeitsgöttin verehrt. Ihre Statue dort trug mehrere Reihen von Brüsten. Die Vesta hingegen war die Göttin des Herdfeuers, ihre Priesterinnen hatten sich zur Keuschheit verpflichtet und wurden lebendig eingemauert, wenn sie gegen dieses Gebot verstoßen hatten.

Nur handelt es sich hier lediglich um zwei Komponenten der Großen Göttin, die sich ergänzen: die Fruchtbarkeit bringende Allmutter und die Jungfrau. Dies beweist die Tatsache, daß schon Artemis allein äußerst konträr ist. Denn sie tritt nicht nur als Fruchtbarkeitsgöttin auf. In Delos verehrte man sie als die keusche Jägerin.

Das erklärt, warum der Tempel der Vesta und der der Artemis eine ähnlich suggestive Form aufweisen konnten, ohne daß daran jemand Anstoß nahm.

Allerdings ist diese Form eines Heiligtums wesentlich älter als der Kult dieser griechischen und römischen Göttinnen. Verschie-

17 Obwohl manche von einem rechteckigen Grundriß ausgehen, unter Berufung auf einen antiken Schriftsteller. Aber auf der einen Seite scheinen sich dessen gigantische Angaben auf den gesamten Tempelbezirk zu beziehen, nicht nur auf das eigentliche Heiligtum. Zudem entstand dieser Bericht Generationen nach der endgültigen Zerstörung des Tempels. Auf der anderen Seite ist erstaunlich, daß die meisten Rekonstruktionsversuche, trotz dieser Angaben, von einem Rundbau ausgehen.

dene Historiker gehen davon aus, daß die kultischen Steinkreise, wie man sie speziell in Großbritannien heute noch vorfindet, ursprünglich das Auge der Großen Muttergöttin darstellen sollten.

Und zwar noch zu einer Zeit, als ihr Kult bereits im Abklingen war. Der Bau des bekanntesten kultischen Steinkreises, Stonehenge, wurde 2200 v. Chr. begonnen und war gegen 1400 v. Chr. abgeschlossen. Zu diesem Zeitpunkt, so haben wir in einem vorangegangenen Kapitel festgestellt, drängten sich bereits die männlichen Götter in den Vordergrund.

In diesem Zusammenhang ist die Frage berechtigt, warum runde Bauwerke ausgerechnet mit der Großen Göttin beziehungsweise ihrem Auge assoziiert wurden. Schließlich unterscheiden sich die Augen von Männern und Frauen kaum in der Form. Eine Erklärung ist die weibliche Anatomie, die nun einmal üblicherweise runder als die männliche ist. Zum Beispiel die weibliche Brust.

Wir haben auch besprochen, daß die Ablösung der Herrschaft der Großen Göttin durch männliche Götter wirtschaftliche Ursachen hatte. Der Ackerbau intensivierte sich, die Bevölkerungszahl stieg. Die Felder lagen bald außerhalb der Dörfer. Die Männer begannen, die vorher den Frauen vorbehaltenen Funktionen in der Landwirtschaft auszuüben. Die soziale Stellung der Frau verschlechterte sich.

Und genau in dieser Epoche änderte sich die Gestalt der Häuser – und der Dörfer. Historiker haben, speziell im Nahen Osten und Mesopotamien, festgestellt, daß die Siedlungen ursprünglich runde Hütten aufwiesen. Und genau in der Zeit des Umbruchs wurden sie durch rechteckige ersetzt. Sie konnten leichter erweitert und näher zusammengerückt werden, was zudem die Anordnung als Verteidigungswall erlaubte.

Fazit: Die Verdrängung der Frau in der Gesellschaft ging mit der Verdrängung der Rundbauten durch rechteckige Bauten einher.

Aber der Zusammenhang zwischen der runden Form und den alten Göttinnen hat sich bis in unsere Zeit erhalten. Zum

Beispiel in Gestalt des Aberglaubens. Wenn ein Hufeisen heute noch Glück bringen soll, dann aufgrund der Tatsache, daß es einen Halbkreis darstellt. Denn der Halbkreis ist das Symbol des Mondes, in den meisten Kulturen als weiblich betrachtet und der uns inzwischen wohlbekannten Göttin Diana alias Artemis geweiht.

Und das, obwohl sich das Beschlagen der Pferde mit einem Hufeisen erst im Mittelalter einbürgerte. Für manche ein Beweis dafür, wie sich ein mit einer bestimmten Idee verbundenes Symbol im kollektiven Unterbewußtsein erhalten kann, bis es in einem geeigneten Moment und einem konkreten Objekt wieder eine Ausdrucksmöglichkeit findet.

Indem sich die Templer just diese runde und keine andere Struktur für ihre Kirchen aussuchten, griffen sie also auf reichlich archaische Vorbilder zurück. Diejenigen, welche diese Vorliebe bezweifeln und nach Beweisen verlangen, daß diese oder jene Rundkirche tatsächlich auf die Tempel zurückzuführen ist, müssen sich auch dem Umkehrschluß gefallen lassen: Woher kommt es denn, daß diverse Bauwerke hartnäckig mit den Templern assoziiert werden, ganz einfach deshalb, weil sie rund sind? Das trifft nicht nur für Kirchen zu, wie wir gleich sehen werden.

Royston Cave

Royston ist ein kleiner Ort im englischen Hertfordshire, ca. zwanzig Kilometer südlich von Cambridge gelegen. Im Jahre 1742 entdeckte man dort eine seltsame unterirdische Kammer, etwa 9 Meter hoch und an der Basis 6 Meter breit. Oben verjüngt sie sich etwas, bildet also insgesamt die Form eine Glocke oder Mitra. Und prompt kam das Gerücht auf, daß es sich um ein Relikt des Templerordens handelt: weil der Grundriß in etwa kreisförmig ist. Und weil das Bauwerk unterirdisch ist, wie die Gänge von Provins.

Es gibt keinen Beweis dafür, daß dieser sogenannte »Royston Cave« (*cave* heißt schlicht Höhle) tatsächlich von den Templern konstruiert wurde. Einige Indizien scheinen diese Theorie jedoch bestätigen zu wollen.

Der erste Punkt ist, daß Royston in der Nähe mehrerer Orte liegt, in denen tatsächlich die Existenz einer templerischen Komturei nachgewiesen werden kann. Das benachbarte Baldock wurde sogar von ihnen gegründet. Auch in Cambridge, Hitchin und Duxford hatten sie Komtureien.

Für Royston selbst trifft dies nicht zu; zumindest ist es nicht beurkundet. Sicher ist jedoch, daß sich dort ein Leprosenhospital befand. Und die Lepra, der Aussatz, war eine Krankheit, die aus dem Orient kam. Sie war unter den Templern so verbreitet, daß sie genaue Verhaltensregeln getroffen hatten, wie zu verfahren war, wenn die Krankheit bei einem Bruder ausbrach. In Jerusalem erwartete man von dem betreffenden Templer, daß er sich dem Orden des heiligen Lazarus anschloß, einem Ritterorden, der sich ausschließlich aus Leprakranken zusammensetzte. In Europa ging man je nach den örtlichen Verhältnissen vor. Notfalls wurde der Kranke innerhalb der Komturei beziehungsweise ihrer Umgebung isoliert. Die Existenz eines Leprosenhospitals beweist damit zwar nicht die Präsenz der Templer, deutet jedoch zumindest auf sie hin. Auch ist dokumentiert, daß die Templer von Baldock ihre landwirtschaftlichen Produkte auf dem Markt von Royston verkauften.

Wobei allerdings nicht bekannt ist, in welcher Epoche Royston Cave entstand. Auf einer Wand fand man das Datum 1347, in arabischen Ziffern. Manche halten dieses Datum für apokryph, weil es damals noch nicht üblich war, Jahreszahlen in arabischen Ziffern zu schreiben: man zog die römischen vor. Nur müssen wir berücksichtigen, daß die eigentliche Heimat der Templer, als kämpfender Orden, eben der Orient war, beziehungsweise die Iberische Halbinsel, deren Rückeroberung von den Mauren erst 1492 abgeschlossen war. Aus diesem Grund läßt gerade die Tatsache, daß es sich um arabische Ziffern handelt, eine Verbindung dieser Inschrift mit den Templern plausibel erscheinen.

Aufmerksame Leser werden jedoch bemerkt haben, daß ein

Punkt dieser These eines Zusammenhangs mit den Templern widerspricht: Im Jahre 1347 existierte der Orden seit fünfunddreißig Jahren nicht mehr. Nur fand in England keine Nacht- und Nebel-Aktion gegen die Templer statt. Der schriftlichen Aufforderung Philipps des Schönen an seine Kollegen auf Europas Thronen, ebenfalls die Templer zu verhaften, kam der englische König nicht nach. Und auch als päpstliche Bullen diese Aufforderung wiederholten, leistete England ihr nur zögernd Folge.

Sprich: Die Templer hatten genügend Zeit, unterzutauchen – und eventuell später zurückzukehren. Genauso haben Historiker gerade in England nachgewiesen, daß die Übergabe der templerischen Güter an ihre dortigen Erben, die Johanniter, sehr schleppend vonstatten ging.

Allerdings ist diese Jahreszahl nicht das einzige und nicht das seltsamste Rätsel von Royston Cave. Denn die Wände insgesamt sind von zahlreichen reliefartigen Zeichnungen überzogen. Und ganz ähnliche Graffiti wurden auch auf den Innenwänden der französischen Burgen von Gisors und Chinon gefunden. Sie sollen von gefangenen Templern stammen, die sie zur Zeit des Prozesses dort angebracht haben.

Diese Zeichnungen von Royston Cave sind beinahe noch kontroverser als die Höhle an sich. Wir wollen die Spekulationen um ihre Deutung nicht im Detail nachvollziehen. Weil die Zeichnungen nicht präzise genug sind. Schon 1905 beklagte man, daß die Reliefs abbröselten. Aber Postkarten, die in dieser Zeit nach Fotografien hergestellt wurden, sind wesentlich deutlicher als der heutige Zustand der Reliefs. Zum Glück haben sich schon kurz nach der Entdeckung der Höhle, also Mitte des 18. Jahrhunderts, Forscher die Mühe gemacht, die Zeichnungen auf Papier zu übertragen. Nur sind auch diese Zeichnungen nicht hundertprozentig zuverlässig. Weil sie nicht nur Kopien, sondern gleichzeitig Interpretationen darstellen. Details, die nicht ganz eindeutig waren, paßte der Betrachter an: dem, was die Figur seiner Ansicht nach darstellen könnte. Oder wie sie seinem moralischen Verständnis nach aussehen sollte. So wurde auf einer

Zeichnung einer anscheinend nackten Figur ein keusches Schürzchen verpaßt.

Beschränken wir uns daher auf die Figuren, die absolut unzweideutig sind. Dazu gehört der heilige Christophorus, erkenntlich daran, daß er einen Stab in der Hand trägt – das Symbol des Pilgers – und ein Kind auf den Schultern – Jesus –, den er der Legende nach durch einen Fluß trug. Und wenn der heilige Christophorus auch nicht in der Regel erwähnt wird: er war der Patron der Reisenden. Noch heute haben manche Autofahrer eine Medaille mit seinem Bild in ihren Fahrzeugen. Und eine ähnliche Funktion wie der heilige Christophorus hatten die Templer tatsächlich: die Pilger im Heiligen Land zu geleiten.

Unverwechselbar ist auch die heilige Katharina, dank ihrer beiden Attribute, dem Rad, mit dem sie gefoltert werden sollte, und dem Schwert, mit dem sie schließlich geköpft wurde. Sie trägt eine Krone: Einerseits sei sie eine Königstochter gewesen, andererseits errang sie die Märtyrerkrone. Und, wie wir wissen, diese heilige Katharina erwähnt die Regel der Templer. Genauso wie einen weiteren Heiligen, der in Royston verewigt wurde: den heiligen Lorenz. Er trägt auf mittelalterlichen Darstellungen, so auch in Royston, den Rost in der Hand, auf dem er gemartert wurde.

Daneben finden sich auf den Wänden von Royston Cave einige Symbole wieder, die eindeutig »ritterlichen« Charakter haben: Schilder, Schwerter, ein Pferd.

Das letzte Indiz für eine Verbindung zwischen Royston Cave und den Templern ist, daß die Templer tatsächlich an Orten stationiert waren, welche ein ähnliches Bauwerk aufweisen. So war ihnen im Königreich Jerusalem die Burg von Gaza anvertraut, in deren Nähe man eine unterirdische Struktur fand, welche der von Royston gleicht. Ein weiteres Bauwerk dieser Art in Böhmen wird ebenfalls mit den Templern assoziiert.

Sogar in England selbst, nicht einmal allzu weit von Royston entfernt, existiert auf dem Gelände einer ehemaligen Templerkomturei ein Gebäude, das Royston Cave verdächtigt ähnelt.

Mit einem großen Unterschied: Es ist oberirdisch. Wir reden von dem sogenannten Taubenturm von Garway (Herefordshire). In seine Wand sind unzählige kleine Nischen integriert, welche, so heißt es zumindest, als Nistplätze für Tauben dienten. Auf Lateinisch heißt Taubenturm »Columbarium«, allerdings verstanden die alten Römer etwas anderes darunter: Sie deponierten Urnen in diesen Nischen.

Es konnte nicht ausbleiben, daß auch in Royston die Frage aufgeworfen wurde, ob es sich nicht um ein römisches Columbarium handeln könnte. Royston Cave weist tatsächlich einige Nischen auf, aber zu große und zu wenige.

Ist es nicht seltsam, daß sich, noch siebenhundert Jahre nach dem Untergang des Ordens, innerhalb eines relativ begrenzten geographischen Bereiches zwei beinahe identische Bauwerke erhalten haben, von denen das eine mit Sicherheit auf die Templer zurückzuführen ist und das andere beharrlich mit ihnen assoziiert wird? Sollten wir die Frage, ob Royston Cave eventuell ein »Columbarium« war, wenn auch eventuell ein anderes als Garway, umstellen müssen? War Garway trotz des äußeren Anscheins eventuell *kein* Taubenschlag? Sind die Nischen für die Tauben nur dazu geschaffen worden, eventuellen unbedarften Besuchern Sand in die Augen zu streuen?

Der spanische Autor Rafael Alarcón Herrera hat noch existierende Taubentürme in Kastilien und León untersucht und festgestellt, daß sie meist viereckig sind – mit Ausnahme derer, die sich im ehemaligen Einflußbereich des Templerordens befinden. Das treffe auch auf die neueren Taubentürme zu. Er führt es auf das von den Templern gegebene Beispiel zurück. Einmal eingebürgert, erhielt es sich und galt hinfort als üblich.

Für Eingeweihte drängt sich in Verbindung mit den Templern, Höhlen und unterirdischen Kammern unwillkürlich der Gedanke an den altiranischen Mithras-Kult auf. Weil dieser Kult, ausschließlich Männern vorbehalten, unter den römischen Legionären sehr beliebt war. So war es nicht verwunderlich, daß irgendwann die Frage aufkam, ob die Templer einen ähnlichen Kult praktizierten. Höhepunkt der Einweihung war eine Art

»Bluttaufe«, bei welcher der Einzuweihende unter einem Rost stand, auf welchem ein Stier geopfert wurde.

Allerdings müssen wir diese Frage erweitern. Falls die Templer einen solchen Kult pflegten – war es dann tatsächlich der Mithras-Kult? Den die nämliche Zeremonie, die Opferung eines Stieres, dessen Blut auf den Einzuweihenden troff, stammt ursprünglich aus den Mysterien der Magna Mater, der Großem Mutter. Und deren Verehrung, so haben wir konstatiert, setzte sich in der Marienverehrung fort. Abgesehen davon behauptete der griechische Geschichtsschreiber Herodot ohnehin im 5. Jahrhundert vor Christus, daß der persische Ausdruck Mithras nichts anderes als die Venus bezeichne. Das würde bedeuten, daß der Mithras-Kult eventuell ursprünglich keinen männlichen Protagonisten hatte beziehungsweise dieser lediglich die Große Göttin vertrat.

Auf jeden Fall nimmt dieses weibliche Element generell einen wichtigen Platz in der Geschichte Roystons ein. Das beginnt mit der Etymologie des Namens Royston. Denn der Überlieferung nach wurde der Ort nach einer Frau namens »Roysia« benannt, auch als »Rose« wiedergegeben. Allerdings weiß man nicht genau, wer sie war. Eine Lesart behauptet, es habe sich um eine Gräfin von Norfolk gehandelt, die zur Zeit der normannischen Eroberung (1066) lebte, also in der zweiten Hälfte des 11. Jahrhunderts. Eine zweite Version siedelt sie etwas später an: es habe sich um Lady Roysia de Vere gehandelt, die Gemahlin von Geoffrey de Mandeville, Earl of Essex.

Und dieser Geoffrey de Mandeville ist mit der Geschichte des Templerordens eng verbunden. Denn es war im Zusammenhang mit seinem Tod, daß der Vorwurf auftauchte, die Templer hätten zu enge Kontakte mit Exkommunizierten. Genau das war Geoffrey von Mandeville nämlich zum Zeitpunkt seines Ablebens, 1144. Laut kirchlichem Willen durfte er also nicht in geweihter Erde bestattet werden. Was die Templer nicht abhielt, ihn auf ihrem Friedhof in London zu begraben. Oder, einer anderen Version zufolge, den Sarg dort aufzubewahren, ohne ihn geweihter Erde zu übergeben, bis die Exkommunikation aufgehoben war.

Natürlich griff die Kirchenobrigkeit die Templer aufgrund dieses Verhaltens an. Die Tempelherren sind nicht gerade für ihre altruistische Einstellung berühmt. Wenn sie riskierten, diesen Zorn auf sich zu laden, dann nicht aus Mitleid mit der Seele des verblichenen Geoffrey. Vielleicht hatte er sich dem Orden als Laie angeschlossen. Vielleicht verdankte der Orden ihm auch einiges. Zum Beispiel Royston Cave?

»Anfang und Ende des Ordens«

Wenn das stimmt, gehörte Royston Cave vielleicht zu den allerersten Besitztümern des Tempels. Denn, wie wir wissen: im unmittelbaren Anschluß an das Konzil von Troyes (1128) begaben sich die ersten Templer auf Wanderschaft, um in Europa für ihren Orden zu werben. Die alten Chroniken bestätigen, daß der Großmeister Hugues de Payens höchstpersönlich die Britischen Inseln besuchte und überall wohlwollend aufgenommen wurde.

Aber diese Vermutung würde weiterhin implizieren, daß die unterirdische Kammer damals schon existierte, also nicht aus der Zeit der Templer stammt, sondern wesentlich älter ist. In diesem Fall könnte es sich tatsächlich um ein ehemaliges Heiligtum des Mithras oder der Magna Mater handeln. Nichts spricht dagegen. Royston liegt schließlich direkt am Kreuzungspunkt zweier Römerstraßen.

In diesem Fall eignete sich Royston Cave eben sehr gut für die Zwecke der Templer. So gut, daß sie es anderswo nachbauten – Garway wäre in diesem Fall lediglich das bekannteste Beispiel für einen »Taubenturm«, weil der dortige, im Gegensatz zu anderen, noch in sehr gutem Zustand ist.

Wir haben gesehen: Rundbauten sind im kollektiven Unterbewußtsein der Menschheit mit den alten Mutterkulten verbunden und galten zeitweise als ketzerisch. Und wenn Royston Cave schon seit den Anfangszeiten des Ordens den Templern gehörte und eine ganz spezielle Funktion hatte, dann war auch dieses ketzerische Element von Anfang an dem Orden verhaftet. Oder führte sogar zu seiner Gründung. Denn wie wir bald sehen werden, gibt es sogar Hinweise darauf, daß diese Gründung bereits mehrere Jahre vor 1118 geplant war.

Wenn auch einige der 1307 gefangengenommenen Templer behaupteten, es sei im Heiligen Land gewesen, daß ein Großmeister der Templer mit den Sarazenen einen Handel machte: Als Preis für seine Freilassung würde er mohammedanische Riten in den Orden einführen. Andere machen konkret den Großmeister Thomas Béraud für den Abfall der Templer von der christlichen Religion verantwortlich. Vermutlich handelte es sich um Schutzbehauptungen. Denn Béraud war zwischen 1252 und 1273 Großmeister, aber die Gerüchte um die unheiligen Praktiken der Templer sind wesentlich älter. Auch haben diese Gerüchte wenig mit dem moslemischen Glauben zu tun.

Gibt es noch weitere Indizien, aus denen man schließen könnte, daß die Templer bereits seit der Gründung des Ordens Ziele verfolgten, die mit ihrer offiziellen selbstgewählten Aufgabe, dem Schutz der Pilger, wenig zu tun hatten? Beziehungsweise daß diese Ziele irgend etwas mit dem Kult der alten Göttinnen zu tun hatten?

Um den ersten Hinweis darauf zu finden, brauchen wir gar nicht sehr weit zu suchen. Denn die Templer selbst haben uns in den erhaltenen Dokumenten einen äußerst sinnreichen Spruch hinterlassen, in dem genau das ausgedrückt wird:

»Notre-Dame war der Beginn unseres Ordens und in ihr und zu ihrer Ehre wird, wenn Gott will, auch das Ende unseres Lebens und das Ende unseres Ordens sein, wann immer es Gott bestimmt.«

Wobei wir natürlich den Ausdruck »Notre-Dame« recht großzügig auslegen müssen, weil er sämtliche Facetten des weiblichen Elements umfaßt, nicht nur die der Jungfrau Maria.

Der heilige Bernhard

Untersuchen wir daher diesen Anspruch und beginnen wir ganz wörtlich mit dem Anfang des Ordens. Wir haben besprochen, daß der Name Bernhard von Clairvaux eng mit diesem verknüpft ist, auch wenn umstritten ist, ob und bis zu welchem Grad er an der Ausarbeitung der Regel des Templerordens mitgearbeitet hat. Die einen sagen, sie stamme von ihm, die anderen meinen, sie sei bestenfalls nach seinen Ratschlägen und unter Berücksichtigung bereits existierender Ordensregeln entstanden. Wieder andere stellen jegliche Beteiligung des heiligen Bernhard in Abrede. Und gehen sogar noch weiter: indem sie behaupten, daß er über den Eintritt seines Onkels André de Montbard und des Grafen der Champagne in den Templerorden alles andere als glücklich war. Obwohl die Stellen seiner Briefe, welche dies belegen sollen, nur bedingt diese Interpretation zulassen.

Unbestreitbar ist auf jeden Fall, daß der Chronist, welcher die Templerregel festhielt, sich ausdrücklich auf den heiligen Bernhard von Clairvaux berief. Genauso unbestreitbar ist, daß der heilige Bernhard eine Propagandaschrift für die Templer verfaßte. Und wenn er sich darin keinen Illusionen über den Schlag der Männer hingibt, die seinem Aufruf folgen würden, so spricht dies eher für den Realitätssinn des heiligen Bernhard, aber nicht gegen die Templer. Er geht davon aus, daß auch Schurken und Gottlose, Vergewaltiger und Eidbrüchige, Mörder und Ehebrecher seinem Aufruf folgen – zum Wohl ihres eigenen Landes, das sie los wird, aber gleichzeitig zum Nutzen Jerusalems, das ihre Kampfkraft brauchen kann.

Wir haben bereits besprochen, daß es der heilige Bernhard war, der die Marienverehrung in ihrer »modernen« Form eingeführt hat. Allerdings ist dies nicht der einzige Zusammenhang zwischen dem heiligen Bernhard und dem Ewig-Weiblichen. Jedoch ist nicht ganz klar, bis zu welchem Punkt er dies selbst gesteuert hat und ab welchem Punkt es sich um Zufall – oder Schicksal? – handelt.

Der heilige Bernhard wird zu den Kirchenlehrern gezählt. Diese tragen üblicherweise einen bestimmten Beinamen, der sie charakterisieren soll. Der des heiligen Bernhard lautet »honigfließender Lehrer« – verliehen aufgrund seiner allseits berühmten Beredsamkeit, die er spätestens beim Aufruf zum zweiten Kreuzzug im Dom von Speyer an Weihnachten 1146 allgemein unter Beweis stellte. Der deutsche König, Konrad III. (1093–

1152), konnte zum Schluß gar nicht mehr umhin, das Kreuz zu nehmen. Obwohl er ursprünglich wenig Lust gezeigt hatte.

Auf jeden Fall ist die Biene ein typisch weibliches Symbol. Denn die »nützlichen« Bienen sind weiblich. Das bestätigt sogar der Volksmund, welcher den Ausdruck »Drohnen«, also männliche Bienen, als Synonym für Faulenzer verwendet. Und die Bienenkönigin, die sich nur einmal in ihrem Leben paart, während des Hochzeitsfluges, und daraufhin jahrelang Nachwuchs hervorbringt, ist schon seit altersher das Sinnbild für die Fruchtbarkeit einer allmächtigen Mutter. Zumal sie nicht einmal auf eine Befruchtung angewiesen ist, um Nachkommen erzeugen zu können: Die Drohnen entstehen aus unbefruchteten Eiern. Man fühlt sich beinahe versucht zu fragen, ob der heilige Bernhard selbst daran beteiligt war, als es darum ging, diesen Beinamen zu kreieren.

Die Legende behauptet, seine sprichwörtliche Beredsamkeit sei das Ergebnis von drei Tropfen Milch, die aus der Brust der Marienstatue von Saint-Vorles in Châtillon-sur-Seine auf seine Lippen getropft seien. Daß es sich bei der Milch um ein typisches Symbol der Weiblichkeit und Fruchtbarkeit handelt, haben wir bereits im Zusammenhang mit der heiligen Katharina erwähnt. Sollte diese Legende zu seinen Lebzeiten entstanden sein, konnte er auch darauf Einfluß nehmen.

Was er jedoch nicht steuern konnte, war der Name seiner eigenen Mutter. Diese hieß Aleth und war die Schwester von André de Montbard, einem der Gründer des Templerordens. Sie wird zu den Seligen gezählt und am 4. April gefeiert. Allerdings findet man sie nur in einem sehr detaillierten hagiographischen Lexikon. Das in diesem Fall konsultierte führt zum Beispiel dreiundzwanzig verschiedene Heilige mit dem Namen Bernhard auf – aber nur eine Aleth: die besagte Mutter des heiligen Bernhard.

Wenn es vor ihr keine Heilige und Selige dieses Namens gab: nach wem wurde sie benannt? Nur ein Begriff bietet sich an: ein Ort namens Alet, im Languedoc gelegen. Laut einem französischen Handlexikon handelt es sich im übrigen um den einzigen

Ort dieses Namens. Inzwischen ist er völlig bedeutungslos, mit kaum fünfhundert Einwohnern, im Mittelalter hingegen war er zeitweise Bischofssitz. Noch heute kann man dort die Überreste einer Kathedrale besichtigen. Aber genau in Alet fand man auch die Fundamente eines Kybele-Tempels.

Wobei sich sowohl der Kybele-Tempel als auch die Ansiedlung der Römer durch die Anwesenheit von Quellen erklären lassen. Die Römer liebten ihre Thermen, und Wasser galt schon immer als weibliches Element, weil es die Grundlage für das Leben überhaupt ist. Und eine unmittelbar bevorstehende Geburt kündigt sich durch das Platzen der Fruchtblase an, für den primitiven Menschen: ein Schwall von Wasser. Noch heute lautet der volle Name des Ortes Alet-les-Bains, die Bäder von Alet.

Ein merkwürdiger Zufall fügte es, daß die Frau, die den Namen der Bäder von Alet trug, einen Mann heiraten sollte, dessen Familienname ebenfalls mit Wasser zu tun hat: Tescelin de Fontaine. Das bedeutet, daß beide Eltern des heiligen Bernhard vom Namen her eine Assoziation mit dem fruchtbarkeitsbringenden Wasser aufweisen.

Der heilige Bernhard von Clairvaux wurde also als Bernhard von Fontaine geboren. Aber warum ging er dann als Bernhard von Clairvaux in die Geschichte ein? Clairvaux, das helle Tal, war der Name eines von ihm gegründeten Klosters. Dieses Kloster sollte nicht das einzige bleiben, dennoch blieb gerade der Name Clairvaux haften.

Allerdings hieß Clairvaux nicht immer so. Der ursprüngliche Name dieses Tales war »Wermut-Tal«, auf Französisch »Vallée de l'absinthe«. Der wissenschaftliche Name der Wermutpflanze lautet »Artemisia absinthium«. Im Klartext: der Wermut ist eine Pflanze der Artemis. Und das Wermut-Tal demzufolge ein ihr geweihtes Tal. Und wenn man berücksichtigt, wer dieses Stück Land zur Verfügung gestellt hatte, fragt man sich wirklich, ob es nicht bewußt aufgrund dieses Namens ausgesucht wurde. Denn das Wermut-Tal war eine Stiftung des Grafen der Champagne, laut manchen Historikern einer der Mitbegründer des Templerordens. Diese Stiftung an den Orden der Zisterzienser fand jedoch 1115 statt, also vor der offiziellen Gründung des Templerordens.

Allerdings existiert ein Schreiben des Bischofs von Chartres, laut dem der Graf der Champagne bereits 1114 seine Absicht erklärt hat, ein Keuschheitsgeblübde abzulegen und der Miliz Christi beizutreten. »Miliz Christi« war ein anderer Name für die frühen Templer. Aus diesem Grund schließen manche nicht aus, daß der Orden bereits einige Jahre vor 1118 existierte – oder zumindest geplant war – und daß der Graf der Champagne zu seinen Hintermännern gehörte. Genauso wie der heilige Bernhard. War die Gründung der Abtei von Clairvaux der erste Schritt?

Fassen wir zusammen: Der Mann, der als wichtigster Propagandist des Templerordens in die Geschichte eingehen sollte, dessen eigener Onkel einer der Mitbegründer des Ordens war, hatte von den Namen seiner beiden Eltern her seltsame Anklänge an das lebensspendende Wasser und damit die alten Fruchtbarkeitsgöttinnen. Die Legende über die Milch der Jungfrau Maria, welche seine Lippen benetzte, verstärkt diese Assoziationen, genauso die Bezeichnung, die er als Kirchenlehrer tragen sollte: honigfließender Doktor. Mehr noch, er gründete das Kloster, unter dessen Namen er berühmt werden sollte, auf Land, das vom Namen her der Göttin Artemis geweiht war. Gestiftet hatte dieses Land ein weiterer Mann, der mit der Gründung des Templerordens eng verbunden wird.

Es ist unbestreitbar: Die Templer hatten recht. Zumindest die Anfänge des Ordens sind untrennbar mit Notre-Dame verbunden. Beziehungsweise ihren heidnischen Vorgängerinnen.

Das Konzil von Troyes

Das beweisen sogar Datum und Ort der Gründung des Ordens. Seine offizielle Geschichte begann nämlich am 13. Januar 1128 in der Stadt Troyes, der Hauptstadt der Champagne. Und sowohl der Ort als auch das Datum haben Anklänge an die alten Göttinnen.

Selbst wenn es, speziell was den Ort betrifft, auf den ersten Blick nicht so aussieht. Denn die meisten großen Kathedralen Frankreichs sind Notre-Dame geweiht – und ausgerechnet die von Troyes bildet eine Ausnahme. Nicht nur das: Sie ist zwei Heiligen geweiht, die üblicherweise als die Antithese jedes esoterischen Anspruches gelten, weil sie die Macht der katholischen Kirche in Rom symbolisieren: den Apostelfürsten Petrus und Paulus.

Allerdings genügt ein kurzer Blick in einen vom Fremdenverkehrsamt herausgegebenen Prospekt, um diese ernüchternde Tatsache wettzumachen. Der Bau dieser Kathedrale wurde nämlich erst im 13. Jahrhundert in Angriff genommen, also lange nach der Gründung des Templerordens. Auch fragt man sich unwillkürlich, ob mit dieser Weihung nicht ein bewußter Gegenpol zu einer anderen Heiligen geschaffen werden sollte. Denn die älteste Kirche von Troyes, entstanden im 12. Jahrhundert, ist der heiligen Maria Magdalena geweiht: der christianisierten Nachfolgerin der Göttin Venus. Sie, die zur Patronin des Templerordens werden sollte, stand also auch seiner Gründung vor.

Sogar die Stadt Troyes selbst ist eng mit der Venus verbunden. Allerdings müssen wir zur Erläuterung dieser These zurückgehen bis in die Zeit des Trojanischen Krieges. Der Legende nach verließ nach dem Untergang Trojas eine Gruppe von Trojanern unter Führung des Äneas die zerstörte Stadt, um eine neue Heimat zu suchen. Auf ihrer Wanderung sollen sie immer wieder Städte gegründet haben, welchen sie den Namen Neu-Troja oder Troja gaben. Zu diesen Städten habe Troyes gehört. Die Verbindung mit der Venus ist in der Herkunft des Äneas zu suchen: Die Legende macht ihn nämlich zu ihrem Sohn.

Um die Verbindung zwischen den alten Göttinnen und dem Datum des Konzils von Troyes, dem 13. Januar, herzustellen, müssen wir etwas ausholen.

In vielen Kulturen – die deutsche Sprache stellt eine Ausnahme dar – gilt der Mond als weiblich. Der Grund hierfür ist unschwer zu erkennen. Der Mond benötigt achtundzwanzig Tage, um seine vier Phasen zu durchlaufen, genauso lange dauert ein regelmäßiger weiblicher Zyklus. Und da dieser Vorgang sich dreizehn Mal pro Jahr wiederholt, ist die Dreizehn eine weibliche Zahl.

Was vermutlich nicht ohne Einfluß darauf blieb, daß die Dreizehn als unglücksbringend gilt. Und daß nicht nur die strahlende Göttin Diana, von den Griechen Artemis genannt, mit dem Mond assoziiert wurde, sondern auch die finstere Göttin namens Hekate, welche der Volksglaube zur Schutzherrin der Hexen machte, die nun einmal Frauen waren. Zumindest war dies die Ansicht der Inquisitoren.

Eine dreifache Übereinstimmung – die Stadt Troyes, die Maria Magdalena geweihte Kirche und die Zahl Dreizehn – scheint also den Ort und das Datum des Konzils mit dem weiblichen Element verknüpfen zu wollen. Nur müssen wir uns davor hüten, voreilige Schlüsse zu ziehen. Was wäre, wenn es sich nun um einen Zufall handelte? Obwohl die Templer durchaus die Möglichkeit gehabt hätten, an der Wahl von Ort und Datum des Konzils, das ihren Orden gründen sollte, mitzuwirken. Zumal sie anscheinend Einfluß genug besaßen, um überhaupt ein solches Konzil zuwege zu bringen. Sie sind der einzige Orden, zu dessen Gründung ein Konzil einberufen wurde.

Die Zahl Neun

Es gibt jedoch keinen Beweis, daß diese Übereinstimmungen von den Templern gesteuert wurden. Lediglich Indizien. Denn sie sorgten auch ansonsten dafür, daß genau die von ihnen ausgewählten Daten in Umlauf gelangten.

Es beginnt damit, daß niemand mit Gewißheit zu sagen vermag, wer die ersten Templer waren. Dennoch wird allgemein davon ausgegangen, daß es neun Männer waren. Die Informationen über die Anfangszeit des Ordens stammen von einem Chronisten namens Wilhelm von Tyrus, der seinen Bericht jedoch erst gegen 1175 begann und sich auf keine Vorlagen stützen konnte. Wir müssen also davon ausgehen, daß er die Templer selbst befragte, um schließlich festzuhalten, daß sich neun Ritter im Jahre 1118 zum König von Jerusalem begaben und ihn über ihre Absicht informierten, hinfort die Pilger im Heiligen Land vor Wegelagerern zu schützen.

Ein lobenswertes Unterfangen. Aber warum bestanden die Brüder, wiederum laut Wilhelm von Tyrus, neun Jahre lang darauf, unter sich zu bleiben? Wäre es nicht vernünftiger gewesen, schon damals nach Gleichgesinnten zu suchen? Und warum gab ihnen nicht nur der Patriarch von Jerusalem seinen Segen, sondern der König gleich einen Flügel seines Palastes?

Wie gesagt: niemand weiß, wer diese neun ersten Ritter waren; die Listen weichen voneinander ab.[18] Die Angabe des Wilhelm von Tyrus, das Konzil von Troyes habe im neunten Jahr nach der Gründung des Ordens stattgefunden, wird von der Regel, welche die Templer bei diesem Konzil erhielten, bestätigt. Nur vergingen zwischen 1118 und 1128 eindeutig zehn Jahre!

Manche lösen das Dilemma, indem sie die Gründung des Ordens schlicht auf das Jahr 1119 beziehungsweise 1120 legen, unter Hinweis darauf, daß der Jahresanfang damals nicht der 1. Januar war. Andere verwehren sich dagegen: Es sei 1118 gewesen, daß der König von Jerusalem ihnen einen Teil seines Palastes zur Verfügung gestellt hatte. Und zu diesem Zweck

18 Folgende Namen werden in unterschiedlicher Zusammensetzung genannt:
- Hugues de Payens, laut manchen Quellen ein Edelmann aus der Champagne, laut anderen in der Ardèche geboren;
- Godefroy de Saint-Omer;
- Godefroy/Joffroi Bisol/Bissor (manche machen aus ihm und Godefroy de Saint-Omer einen Bisol de Saint-Omer);
- Roland (eventuell identisch mit Jacques Rossal/Roral/Roffal/Roval);
- Payen/Nivard de Montdidier (andere machen daraus zwei, Payen de Montdidier und einen weiteren Templer namens Nivard);
- André de Montbard;
- Hugues Rigaud;
- Fulques d'Angers (Laut manchen Autoren identisch mit Fulk von Anjou, nur hat dieser den Schönheitsfehler, daß er 1129 heiratete: Melisende, die Königin von Jerusalem. Aus diesem Grund konnte er kein vollwertiger Tempelritter gewesen sein. Was nicht ausschloß, daß er sich als Laienbruder dem gerade flügge gewordenen Orden angeschlossen hatte.);
- Hugues de Champagne (umstritten);
- Gondemare;
- Archambaud de Saint-Aignan oder Saint-Amand.

mußte der Orden notgedrungen bereits existieren. Andere setzen die Gründung noch früher an: auf das Jahr 1114. Aufgrund des bereits erwähnten Briefes, verfaßt vom Bischof von Chartres, laut dem Hugo, der Graf der Champagne, bereits 1114 das Gelübde abgelegt hatte, ein Templer zu werden.

Genauso existiert jedoch ein Schreiben des heiligen Bernhard, laut dem sich der besagte Graf der Champagne erst zwischen 1124 und 1126 den Templern angeschlossen hatte. Allerdings wären dann die ersten neun Templer, wer immer sie waren, nicht neun Jahre lang unter sich geblieben. Laut den erhaltenen Dokumenten sollen zwischen 1120 und 1126 fünf Männer dem Templerorden beigetreten sein.

Angesichts dieser Ungereimtheiten ist es erstaunlich, daß sich der Chronist überhaupt in diese Widersprüche verwickelte. Die einzige Erklärung ist die oben angedeutete, daß er sich direkt auf Aussagen aus den Reihen der Templer stützte, die aus irgendeinem Grund Wert auf die Hervorhebung der Zahl Neun legten.

Genauso heben die Statuten und Diszplinarvorschriften die Bedeutung der Zahl Neun hervor. Denn sie betonen, daß es für die verschiedenen Vergehen, deren sich die Templer schuldig machen konnten, neun verschiedene Strafmaße gab. Auch waren es genau neun Vergehen, welche zum unwiderruflichen Ausschluß aus dem Orden führten.

Und das nicht deshalb, weil es eben neun Strafen beziehungsweise Vergehen waren und nicht acht oder zehn. Denn die Aufteilung wirkt reichlich willkürlich.

So wird beim Strafmaß der Ausschluß aus dem Orden in einem Punkt abgehandelt, das Fasten hingegen auf vier Punkte verteilt. Kriterium ist nicht einmal, wie lange der Angeklagte zu fasten hat und was er genau zu sich nehmen darf, sondern die Anzahl der Fastentage pro Woche. Hier wird genau unterschieden, ob er generell zwei Tage pro Woche oder aber zwei Tage pro Woche und in der ersten Woche drei Tage zu fasten hat.

Noch unverständlicher präsentieren sich die neun verschiedenen Vergehen, welche einen Ausschluß aus dem Orden zur Folge hatten. Denn es gibt zwei Varianten. In der einen Version wird die Sodomie, also Homosexualität, überhaupt nicht erwähnt, in der zweiten hingegen hat sie mit dem Ausschluß die strengste aller möglichen Strafen überhaupt zur Folge. Nur ergänzt diese zweite Version keinesfalls die neun Punkte durch einen weiteren, so daß die neue Gesamtzahl der Vergehen zehn ergibt. Genausowenig ersetzt sie einen Punkt. Damit die Zahl Neun erhalten bleibt, werden vielmehr zwei Punkte zusammengefaßt, obwohl sie eigentlich gar nichts miteinander zu tun haben: Diebstahl und das heimliche Verlassen des Hauses. Mit der etwas fadenscheinigen Begründung, es könne ja sein, der betreffende Templer nehme etwas mit, wenn er das Haus heimlich verlasse. Man kann sich des Eindrucks nicht erwehren, daß es in beiden Fällen um die Hervorhebung der Zahl Neun ging.

Diese Zahl taucht unter genauso mysteriösen Umständen zum Zeitpunkt des Untergangs des Templerordens wieder auf. So heißt es, daß 1307, kurz vor der Verhaftungswelle, ausgerechnet achtzehn Schiffe der Templer, also zwei mal neun, den Hafen von La Rochelle verließen. Während des Konzils von Vienne, das 1312 den Orden aufheben sollte, müssen sich beunruhigende Ereignisse abgespielt haben. Eine Gruppe von Templern, welche der Verhaftung entgangen waren, tauchte urplötzlich dort auf und verteidigte den Orden. Wie viele Templer es waren, weiß man anscheinend nicht, obwohl sie umgehend verhaftet worden seien. Die einen sprechen von sieben Templern, die anderen von mehreren Gruppen – angesichts der Gefangennahme der ersten Gruppe eine große Dummheit – wieder andere von neun Templern. Immer wieder die Zahl Neun. Warum gerade neun?

Die Dreifaltigkeit der Templer – weiblich?

Diese Frage haben schon mehrere Autoren gestellt. Und als Antwort eine kabbalistische oder esoterische Erklärung der Zahl Neun herangezogen. Wobei die Lösung vermutlich wesentlich einfacher ist.

Die Neun ist nämlich, neben der Dreizehn, der Zahl der

Mondumläufe, und der bereits erklärten Fünf, dem Pentagramm der Venus, die weiblichste Zahl überhaupt. Nicht nur, daß die Mythologie von neun Musen ausgeht. Oder daß die der Göttin Demeter geweihten Mysterien von Eleusis ausgerechnet neun Tage dauerten. Die Zahl Neun ist die bedeutsamste für die weibliche Fruchtbarkeit: Ein Kind wird nach neun Monaten geboren.

Gleichzeitig ist die Zahl Neun jedoch eine Potenzierung der Drei. Drei mal drei ist neun.

Im Zusammenhang mit der Zahl Drei wird der Christ unwillkürlich an die Heilige Dreifaltigkeit denken. Allerdings ist eine Gottheit, die sich in dreifacher Form offenbart, keine Erfindung des Christentums. Im Hinduismus manifestiert sich die unpersönliche Gottheit Brahman in den drei Göttern Brahma, Vishnu und Shiva. Jeder dieser Götter hat jedoch sein weibliches Gegenstück aufzuweisen. Das bekannteste ist die Göttin Kali, interpretiert als die Gemahlin von Shiva.

Und, wir haben gesehen, bei den Kelten war es üblich, drei Frauen in einer Gruppe darzustellen. Natürlich traten bei ihnen auch andere Gottheiten in Dreiergruppen auf; so existieren noch Darstellungen einer seltsamen Prozession von in Kapuzenmäntel gekleideten Gestalten, die üblicherweise als männlich betrachtet werden. Allerdings begleiten sie gerne eine weibliche Gottheit. Daneben kennt die keltische Sage ein Trio von Kriegsgöttinnen, die zusammengefaßt als *Morrigan* bezeichnet wurden.

Das bekannteste Beispiel einer weiblichen Dreiergruppe sind jedoch die drei Brigitten der irischen Überlieferung, drei Schwestern, Töchter des Vatergottes Dagda. Sie waren im Volksglauben so sehr verhaftet, daß die Missionare sie als heilige Brigitte übernehmen mußten, gefeiert am 1. Februar. Diese heilige Brigitte ist neben dem heiligen Patrick nach wie vor eine der populärsten Heiligen Irlands. In dieser Transformation von der heidnischen Göttin zur christlichen Heiligen wurde sie zu einer Nonne, die im 5. Jahrhundert gelebt haben soll. Aber die Zahl Drei blieb insofern erhalten, als ausgerechnet neun Jungfrauen, also drei mal drei, ihr heiliges Feuer in Kildare hüten sollten.

Auch in anderen Kulturen hatte die drei eine spezifisch weibliche Assoziation. Denn haben wir nicht konstatiert, daß einige herausragende polygone oder runde Tempel der Antike weiblichen Gottheiten geweiht waren? Sinnigerweise ist es gerade zur Konstruktion eines Kreises, daß die Zahl Drei von immenser Bedeutung ist: Grob gerechnet entspricht sie der Zahl Pi.

Genauso haben wir festgestellt, daß die Jungfrau Maria in der Ideologie der Templer eine hervorragende Stellung einnimmt. Und daß sie von zwei weiteren weiblichen Heiligen begleitet wird, die sie ergänzen: Maria Magdalena und Katharina. Wobei letztere, wie wir erfahren haben, zu einer weiteren weiblichen Dreiergruppe gehört, welche die Kirche inzwischen genauso unterdrückt hat wie den Orden der Templer.

Manche Autoren geben auch an, daß in vielen Templerkomtureien Darstellungen einer Heiligen zu finden waren, die gleichfalls etwas unorthodoxen Charakter hat: die heilige Anna. Die heilige Anna ist die Mutter der Jungfrau Maria und damit die Großmutter Jesu. Zumindest der Überlieferung nach.

Viele regelmäßige Kirchgänger sind baß erstaunt, wenn man sie gesprächsweise darauf aufmerksam macht, daß die heilige Anna und ihr Gatte Joachim nicht in den Evangelien auftauchen. Zumindest nicht in den vier Evangelien, die heute als kanonisch gelten. Die Namen Anna und Joachim stammen aus den sogenannten Apokryphen, also Evangelien, welche die Kirche als nicht göttlich inspiriert schon in frühen Konzilen verworfen hat.

Ihr Kult gelangte erst mit den Kreuzzügen – also zur Zeit der Templer – nach Europa. Und war zeitweise sehr verpönt. Papst Pius V. (Pontifikat 1566–1572) untersagte ihre Verehrung. Sein Nachfolger, Gregor XIII. (Pontifikat 1572–1585), machte diese Entscheidung wieder rückgängig, aber dennoch wurde Papst Pius V. 1712 heiliggesprochen.

Spätestens mit dem Dogma von der Unbefleckten Empfängnis rückte die heilige Anna dann wieder in den Hintergrund. Denn wenn die Jungfrau Maria ohne Erbsünde ist, also unter anderen Bedingungen empfangen wurde als der Rest der Menschheit, hat ihre Mutter bestenfalls die Funktion einer Retorte.

Erklärt dieser apokryphe Ursprung das Unbehagen, welches

die Gestalt der heiligen Anna zu verursachen scheint? Nur bedingt. Denn ironischerweise gründen sich einige kirchliche Dogmen genau auf diese Apokryphen. So zum Beispiel die Lehre, daß Maria vor und nach der Geburt Jesu Jungfrau war – und es auch blieb.

Anna ist schon allein aufgrund ihres Namens verdächtig. Oder war es zumindest zu einem Zeitpunkt, als man noch um den Ursprung dieses Namens wußte. Anna beziehungsweise Hannah wird mit »die Begnadete« übersetzt. Nur verehrten bereits die Chaldäer eine weibliche Gottheit mit einem ganz ähnlichen Namen, Nanna. Die Sumerer nannten sie Inanna, die Perser Anaith oder Anaitis, die Syrer Anat, die Phönizier Tanit. Vermutlich hatten die alten Römer ihre Göttin Anna Perenna von dort »importiert«. Auch die Kelten verehrten eine Muttergöttin namens Ana, die in anderen Gegenden Dana genannt wurde. Und ähnlich habe der ursprüngliche Name der heiligen Anna gelautet. Denn »die Begnadete« hieß sie erst, als sie die Jungfrau Maria empfangen hatte. Zumindest behaupten syrische Schriften, sie habe vorher Dina geheißen. Was wiederum an die römische Mondgöttin Diana erinnert, deren Name sowieso in Di-Ana zerlegt werden kann.

Sehr sinnig, daß in der modernen türkischen Sprache »Anne« nichts anderes bedeutet als »Mutter«. Und der Schriftsteller Emile Zola (1840–1902) gab seinem Roman über eine äußerst sinnliche Frau, den Inbegriff der Weiblichkeit, den Namen dieser Frau: »Nana«, eine Verkleinerungsform von Anna.

Und diese heilige Anna sollen die Templer verehrt haben. Nur findet man die heilige Anna selten allein. Die übliche Darstellung ist die sogenannte heilige Anna Selbdritt. Darunter versteht man eine Sonderform der »Heiligen Familie«, nämlich in Gestalt der drei Generationen: die Jungfrau Maria, ihr Sohn Jesus und ihre Mutter Anna.

Es sieht so aus, als finde sich genau diese Konfiguration auch in Royston Cave wieder. Dort ist nämlich eine Dreiergruppe verewigt, die als »Heilige Familie« interpretiert wird, also Maria, Joseph und der Jesusknabe. Eine Person ist in der Tat kleiner als die anderen. Allerdings tragen alle drei Röcke. Die Gruppe könnte also ohne weiteres auch die heilige Anna Selbdritt darstellen. Wenn es sich nämlich bei diesen Röcken um lange Gewänder handelt, die von Frauen oder Männern getragen werden, dann sind zahlreiche weitere der dargestellten Personen nackt. Denn weiter unten befindet sich eine Reihe von Personen, von denen die einen lange Gewänder tragen und bei den anderen die Beine sichtbar sind.

In einem Punkt weicht diese Wandzeichnung in Royston jedoch von den üblichen Selbdritt-Darstellungen ab. Denn die beiden Erwachsenen sind mehr oder wenig gleich groß. Und eine Selbdritt-Darstellung erkennt man normalerweise daran, daß die heilige Anna übergroß erscheint, im Vergleich zu ihrer Tochter Maria und ihrem Enkel Jesus. Die Jungfrau sitzt üblicherweise auf ihrem Schoß oder ihrem Knie, obwohl sie bereits eine erwachsene Frau sein muß, die schließlich selbst bereits ein Kind geboren hat.

So wie die Neun die Potenzierung der Drei ist, stellt die heilige Anna die Potenzierung der Jungfrau Maria dar: die Mutter der Mutter.

Angesichts dieser alles überragenden Bedeutung der heiligen Anna fragt man sich sogar, ob die heilige Anna Selbdritt letztendlich »nur« eine spezielle Version der Heiligen Familie darstellt. Ob es sich nicht in Wirklichkeit sogar um eine alternative Dreifaltigkeit handelt – mit dominierender weiblicher Präsenz.

Die jedoch mit dem zweiten »Dreigestirn« des Templerordens, der Jungfrau Maria, der Maria Magdalena und der heiligen Katharina, in Verbindung steht. Einerseits durch die Person der Jungfrau Maria, die sich in beiden Dreiergruppen wiederholt. Andererseits über Maria Magdalena, die schließlich in Bethanien gewohnt hat: Die Ortsbezeichnung wird mit »Haus der Anna« übersetzt.

Dieses Bethanien bespricht im übrigen auch der heilige Bernhard in seiner Propagandaschrift für die Templer, dem »Lob der neuen Ritterschaft«. Angesichts der Tatsache, daß die Zahl Dreizehn sehr weibliche Assoziationen hat, wie wir besprochen haben, ist es sehr sinnig, daß dieses Kapitel ausgerechnet das dreizehnte darstellt.

Nur ist das Kapitel »Bethanien« nicht nur das dreizehnte, sondern auch das letzte. Weil der heilige Bernhard seine Schrift just in dreizehn Kapitel aufgeteilt hatte.

Genausowenig gab es zwingende Gründe dafür, einen Großmeister der Templer ausgerechnet von einem Gremium aus dreizehn Wahlmännern wählen zu lassen. Die Zusammensetzung dieses Komitees war genau festgelegt. Wobei diese dreizehn Männer wohlgemerkt nicht einen aus ihren Reihen wählten, so daß man den dreizehnten als Stellvertreter Jesu selbst identifizieren könnte, sondern einen vierzehnten.

Noch bedeutungsvoller ist der Brauch, den die Templer am Gründonnerstag pflegten. Denn laut ihren internen Statuten mußten die Templer am Gründonnerstag dreizehn Armen die Füße waschen. Eine Anspielung auf die Fußwaschung der Apostel durch Jesus (Joh 13/5), so sollte man meinen. Allerdings hatte Jesus keine dreizehn Apostel, sondern nur zwölf. Warum also sprechen die Statuten nicht von zwölf Armen?

Eine logische Erklärung wäre, daß die Templer nicht von zwölf, sondern von dreizehn Aposteln ausgingen. Allerdings gäbe es hierfür zwei Begründungen, eine orthodoxe und eine ketzerische. Die erste wäre, daß sie eben den heiligen Paulus dazurechneten, der sich selbst, wenn auch von niemandem ernannt, in seinen Briefen als Apostel vorzustellen pflegte. Die zweite hingegen, daß sie deshalb von dreizehn Aposteln ausgingen, weil sie den Judas nicht ausschlossen.

Ein Indiz scheint auf letztere Möglichkeit hinzuweisen. Denn laut den erhaltenen Vorschriften, welche ihren Alltag bestimmten, gab es nur wenige Anlässe, an denen der Genuß von Fleisch an einem Freitag erlaubt war: Wenn der Freitag auf einen bestimmten Festtag fiel. Hierzu gehörten lediglich Weihnachten, das Fest der Heiligen Drei Könige, Lichtmeß – und neben diesen hohen Kirchenfesten seltsamerweise das Fest des relativ unbekannten Apostels Matthias. Matthias war der dreizehnte Apostel, den die übrigen nach dem Selbstmord des Judas wählten (Apg 1/26). Matthias nahm also für die Templer eine Sonderstellung ein. Die einzige Erklärung hierfür ist, daß, ihrer Meinung nach, die Apostel erst nach seiner Aufnahme »komplett« waren.

Allerdings manifestiert sich die Zahl Dreizehn noch in anderen Zusammenhängen. Ähnlich wie die Zahl Neun, zieht sie sich durch die gesamte Ordensgeschichte und taucht auch in der Regel und den anderen Vorschriften des Ordens an markanter Stelle auf, bisweilen sogar gemeinsam mit der Neun.

Wenn nämlich ein Templer verhindert war, an den mönchischen Stundengebeten in der Kapelle teilzunehmen, mußte er laut einer erhaltenen Regel für die Matines dreizehn Vaterunser beten – und ausgerechnet neun für die Vesper. Das Wort Vesper leitet sich von *Hesperus* ab: einer anderen Bezeichnung für die Venus als Abendstern.

Für alle anderen Stundengebete waren sieben Vaterunser vorgeschrieben. Wobei auch die Zahl Sieben an sich einen Zusammenhang mit der Jungfrau Maria beziehungsweise weibliche Assoziationen hat. Alte Litaneien pflegen sie nämlich als Meerstern zu bezeichnen. Damit ist der Polarstern gemeint, ein Stern in der Konstellation Kleiner Bär. Nur befindet sich neben dieser der ausgerechnet aus sieben Sternen bestehende Große Bär – der in Wirklichkeit eine Bärin ist: Kallisto, eine Geliebte des Zeus, wurde mit ihrem Sohn Arkos an den Himmel versetzt.

Weitere Unterlagen aus der Zeit der Templer sind noch spezifischer. Denn laut diesen beteten sie auch die Stundengebete der Jungfrau Maria. Das heißt, sie beteten anstatt der sieben beziehungsweise neun oder dreizehn Vaterunser die doppelte Anzahl. Wobei anscheinend die Stundengebete der Jungfrau eine Vorrangstellung hatten: Die Templer mußten sie stehend absolvieren, für die Stundengebete des Tages durften sie sich setzen.

Damit nicht genug, pflegten die Templer die Gebete der Jungfrau Maria vor denen des Tages zu beten. Mit Ausnahme des letzten Gebetes am Tag, genannt Compline: dort wurden die Stundengebete der Jungfrau an den Schluß gelegt. Mit dem ausdrücklichen Zweck, daß der Tag mit ihr beginne und ende. So wie, der Aussage der Templer nach, der gesamte Orden mit ihr begann und endete.

Natürlich könnte man trotz dieser Bestätigung einwenden, diese Zahlen Neun und Dreizehn im Zusammenhang mit den Matines und der Vesper hätten nichts zu bedeuten. Oder zumindest sei es nicht bewiesen, daß sie etwas zu bedeuten hätten. Das stimmt. Nur haben wir oben gesehen, daß die Templer für die Betonung der Zahl Neun sorgten, indem sie diese schlicht in Zusammenhängen erwähnten, in denen sie nachweisbar nichts zu suchen hat. Wir haben feststellen müssen: Die ersten Templer waren einerseits nicht zu neunt und können andererseits nicht neun Jahre lang unter sich geblieben sein. Genauso haben wir gesehen, daß die Einteilung der Vergehen und Strafmaßnahmen in genau neun Punkte reichlich willkürlich war. Und konstatieren müssen, daß auch die Zahl Dreizehn in einigen recht unorthodoxen Zusammenhängen auftaucht.

Vielleicht lassen diese Indizien dennoch manchen unbefriedigt. Was sind schon fünf oder sechs Zahlenbeispiele. Nur müssen wir berücksichtigen, daß der Orden der Tempelritter vor nunmehr siebenhundert Jahren unterging. Und daß es eher erstaunlich ist, daß wir überhaupt noch Hinweise finden. Und es ist nun einmal unbestreitbar, daß diese Zahlen Neun und Dreizehn herausragen. Um sich konzentriert noch einmal zu Ende des Ordens zu manifestieren, wie wir gleich sehen werden.

Freitag, der 13.

Die Frage, ob die Templer wußten, daß König Philipp der Schöne im Jahre 1307 ihre Verhaftung plante, wird vermutlich nie eine definitive Antwort finden. Die einen sind der festen Überzeugung, daß die Templer wie Lämmer zur Schlachtbank geführt wurden, die anderen sagen, dies sei einfach unmöglich. Auf der einen Seite heißt es, Jacques de Molay habe einige Tage vor der Verhaftung in Paris eine ziemliche Menge von Dokumenten und Büchern verbrennen lassen. Auf der anderen wurde laut den erhaltenen Inventarlisten in den Komtureien weit weniger an Bargeld und Waffen aufgefunden, als zu erwarten gewesen wäre.

Philipp der Schöne hatte kein Geld und kein stehendes Heer, dafür aber einen schlechten Ruf. Die Templer waren nicht sein erstes Opfer. Er war in ähnlicher Weise bereits gegen die italienischen Bankiers und die Juden vorgegangen. Auch munkelte man, vermutlich nicht zu Unrecht, er habe bei der Ermordung von zwei Päpsten die Finger im Spiel gehabt. Und dieser Mann soll genügend Loyalität inspiriert haben, um Helfershelfer gegen den mächtigen Orden der Tempelritter zu finden? Und damit die Kirche anzugreifen, welche die Macht hatte, zu binden und zu lösen? Helfershelfer, welche seinen schriftlichen Befehl wochenlang unangetastet in der Schublade liegen ließen? Dieser ist nämlich datiert auf den 14. September. Welche sich tatsächlich am angegebenen Tag frühmorgens aufmachten, um die Templer zu verhaften? Ohne Rückversicherung?

Wir wollen auf diese Spekulationen nicht im Detail eingehen. Wenn man jedoch das Datum betrachtet, an dem diese Aktion stattfand, so fragt man sich weniger, ob die Templer von der geplanten Aktion wußten, sondern ob sie selbst das Datum vorgeschlagen hatten: den 13. Oktober 1307.

Weil es in mehrfacher Weise sehr symbolträchtig ist. Wir haben konstatiert, daß die Dreizehn eine »weibliche« Zahl ist, welche sich bereits in der Gründung des Ordens am 13. Januar 1118 manifestiert. Daß der Januar der erste (01.) und der Oktober der zehnte (10.) Monat des Jahres darstellen und somit der eine die Umkehrung des anderen darstellt, wollen wir nicht überbewerten. Das Jahr wurde im Mittelalter nicht immer von Januar zu Januar berechnet.

Wichtiger ist, daß dieser 13. Oktober 1307 ein Freitag war. Und der Freitag ist einer Göttin geweiht. Bei den Germanen handelte es sich um die Göttin Freya. Ihr letztes Heiligtum auf deutschem Boden befand sich in Magdeburg und wurde erst auf Befehl Kaiser Karls des Großen (742–814) zerstört, um das Jahr 800. Auch in der englischen Sprache ist die Verbindung zur Freya noch sichtbar: der Freitag heißt Friday. Vor der Christianisierung galt der Freitag als der ideale Tag für Hochzeiten – danach war er als Tag der Passion Jesu für solche Zwecke verpönt.

Dieser Göttin Freya entspricht in der römischen Mythologie die Venus, in der griechischen die Aphrodite. Im Italienischen heißt der Freitag heute noch Venerdí, abgeleitet von Venere, die Venus.

Aber nicht nur, daß diese Verhaftung an einem Freitag, dem 13., erfolgte – sie mußte ausgerechnet im Monat Oktober stattfinden! Dieser Monat ist als Rosenkranzmonat heute noch der Jungfrau Maria geweiht.

Sogar das Jahr der Verhaftung ist seltsam suggestiv. Während moderne Heiligenlegenden bei den Daten der frühchristlichen Heiligen sehr vorsichtig sind und nur ungefähre Angaben machen, was ihre Lebensdaten betrifft, sind alte Heiligenlegenden souveräner. Sie geben an, die von den Templern verehrte heilige Katharina von Alexandria sei just im Jahre 307 zur Märtyrerin geworden – genau eintausend Jahre vor der Verhaftung der Templer.

Wenn diese Übereinstimmungen nicht von den Templern gesteuert wurden, dann hat das Schicksal wirklich kein besseres Datum wählen können, um die Prophezeiung der Templer wahr zu machen, daß ihr Orden im Zeichen von Notre-Dame enden würde.

Angesichts dieser Koinzidenzen und der Bedeutung der Zahl Dreizehn ist es eigentlich schade, daß die Bulle, welche den Orden aufhob, nicht 1313, sondern bereits 1312 verkündet wurde. Die Templer machten dieses Versäumnis auf eine gewisse Art wieder wett. Denn es war im Jahre 1313, daß ein ehemaliger Templer, dem 1310 die Flucht nach Nordafrika gelungen war, nach Aragón zurückkehrte: als Botschafter des Emirs von Tunis. Eine letzte Herausforderung der Templer? Oder ein Fingerzeig des Schicksals? Denn der Name dieses Mannes entsprach dem Geburtsnamen Bernhards von Clairvaux: er hieß Bernardo de Fuentes, die spanische Version von Bernard de Fontaine. Mit ihm und seiner Marienverehrung hatte der Orden der Tempelritter begonnen – und mit seinem Namen sollte er also tatsächlich untergehen.

Der letzte Großmeister der Templer, Jacques de Molay, sorgte auf seine Art dafür, daß diese Prophezeiung sich erfüllte. Er starb am 18. März 1314 auf dem Scheiterhaufen, also am 18.03.1314. Wenn man aus diesen Zahlen die Quersumme zieht, ergibt sich die Kombination 9 (1 + 8)–3 (0 + 3)–9 (1 + 3 + 1 + 4) – wiederum die Zahlen der Templer. Hätte er Einfluß auf das Datum gehabt, er hätte kaum ein passenderes wählen können.

Diese Verbrennung fand auf einer kleinen Insel in der Seine statt. Der Legende nach soll Molay mit seinen letzten Worten den Papst und den König noch für das gleiche Jahr vor den Richterstuhl Gottes zitiert haben. Vielleicht wurde ihm dieser Fluch nachträglich untergeschoben: weil er sich erfüllen sollte. Philipp der Schöne und Papst Klemens V. starben tatsächlich noch im gleichen Jahr.

Zuvor soll er jedoch noch einen weiteren Kommentar machen, der keine Prophezeiung enthielt, sondern eine solche erfüllte: Er bat seine Henker, ihn so aufzustellen und an den Pfahl zu binden, daß sein letzter Blick Notre-Dame gelten könne. Wörtlich meinte er die nahegelegene Kathedrale von Notre-Dame de Paris. Aber im übertragenen Sinn erfüllte er das Vermächtnis der Templer:

»Notre-Dame war der Beginn unseres Ordens und in ihr und zu ihrer Ehre wird, wenn Gott will, auch das Ende unseres Lebens und das Ende unseres Ordens sein, wann immer es Gott bestimmt.«

DIE TEMPLER IN SPANIEN

War Hugues de Payens Spanier?

Wir haben gesehen: Selbst in der offiziellen Gründungsgeschichte des Templerordens ist das weibliche Element allgegenwärtig. Allerdings haben wir gleichfalls konstatieren müssen, daß diese offizielle Geschichte mit Widersprüchen gespickt ist. Und sind zu dem Schluß gekommen, daß die Templer selbst dafür verantwortlich sein müssen. Entweder, weil sie irreführenden Informationen nicht widersprachen, obwohl sie die Gelegenheit hatten. In vielen Fällen jedoch mit Sicherheit, weil sie diese selbst in Umlauf brachten.

Denn haben wir nicht konstatiert, daß der erste Chronist, der die Ordensgründung schildert, sechzig Jahre nach den Ereignissen schrieb und sich vermutlich auf das stützen mußte, was ihm die Templer selbst mitteilten? Andere Quellen gab es nämlich nicht. Fulk von Chartres, der zeitgenössische Hofchronist der Könige von Jerusalem, dessen Bericht um 1127 entstand, erwähnt die Gründung des Templerordens oder die Templer selbst mit keiner Silbe.

All diese Widersprüche werden durch einen weiteren gekrönt. Denn es existiert eine alternative Version über die Ursprünge des Templerordens. Und diese führt sie auf einen Spanier zurück.

Die Spanier sind generell der Meinung, daß die Autoren, welche sich mit der Geschichte des Templerordens beschäftigen, ihre Heimat vernachlässigen. Sie würden die Templer beinahe zu einer französischen Angelegenheit machen. Einerseits, indem sie außer acht ließen, daß die Templer auf der Iberischen Halbinsel, also innerhalb Europas, aktiv gegen die Mauren kämpften. Andererseits, indem sie ignorierten, welchen Einfluß die spanischen

Templer innerhalb des Ordens hatten. Spanische Autoren sind nämlich zu der Überzeugung gekommen, daß viele berühmte Namen aus der Ordensgeschichte, dem damaligen Trend folgend, in eine französische Form gebracht wurden.

Rafael Alarcón Herrera zählt eine ganze Reihe von Großmeistern auf, bei denen genau diese Metamorphose stattgefunden haben soll. Arnaud de la Tour Rouge sei in Wirklichkeit Arnau de Torroja gewesen, Pierre de Montaigu habe in Wirklichkeit Pere de Montagut geheißen, Gilbert Erail sei als Gilberto Erral geboren worden und Guillem de Belloch sei in Guillaume de Beaujeu verwandelt worden. Und alle stammten sie von der Iberischen Halbinsel.

Inzwischen haben die Spanier zurückgeschlagen. Denn laut einem 1622 entstandenen Dokument war der erste Großmeister der Templer ein Spanier. Oder zumindest ein Mann von der Iberischen Halbinsel, denn im Mittelalter waren die Grenzen fließend, und zwar nicht nur in den Pyrenäen, also dem Grenzland. Die Grafen der Champagne waren zeitweise Könige von Navarra, später wurde ein König von Navarra als Heinrich IV. (1553–1610) König von Frankreich. Manche Gebiete im heutigen Languedoc-Roussillon unterstanden der Krone von Aragón. Zeitweise waren die Grafen von Barcelona in Personalunion auch Grafen von Toulouse.

Hören wir uns die Geschichte der Spanier an. Sie handelt von zwei Brüdern, Söhne des Admirals von Katalonien, welche im Truppenkontingent des Grafen von Roussillon zum ersten Kreuzzug aufbrachen. Mit den siegreichen Truppen Gottfried von Bouillons drangen sie 1099 in die heilige Stadt Jerusalem ein, und zwar durch das dem heiligen Stephan geweihte Tor. Beide Brüder blieben in Jerusalem, mit weiteren Rittern aus Katalonien. Gegen 1110 gründeten sie eine Miliz, welche sie dem Schutz der Jungfrau Maria unterstellten. Da sie ihr Hauptquartier in einem verfallenen Gebäude auf dem Tempelplatz eingerichtet hatten, nannte man sie allgemein die Tempelritter.

In ihrer Obhut befand sich ein Splitter des Kreuzes Jesu. Aufgrund dieser Reliquie erlaubte ihnen der Patriarch von Jerusalem, ein rotes Patriarchenkreuz – also mit zwei Querbalken – auf ihren weißen Mänteln zu führen.

Kurz darauf kehrte einer der Brüder nach Katalonien zurück. In seiner Heimatgemeinde ließ er für den Kreuzessplitter, den er mitgenommen hatte, eine Kirche bauen, dem heiligen Stephan geweiht. Diese Kirche kann heute noch besichtigt werden: in der kleinen Stadt Bagá. Dort findet man auch ein überlebensgroßes Standbild, das dem Gründer der Kirche geweiht ist, Galcerán de Pinós.

Der andere Bruder war in Jerusalem geblieben, als Vorsteher des neuen Ordens. Sein Name lautete Hugo. Aber im Gedenken an seinen Heimatsort nannte er sich nicht de Pinós, sondern de Bagá, von Bagá. Was in den Chroniken dann zu de Baganus beziehungsweise de Paganus latinisiert wurde. Und von den Franzosen prompt in Hugues de Payens verwandelt wurde. Und schon war der erste Großmeister der Templer zum Franzosen geworden. Die Existenz eines kleinen Ortes namens Payns einige Kilometer nordöstlich von Troyes und die Tatsache, daß auch der Graf der Champagne bei der Gründung des Ordens seine Hände im Spiel gehabt haben soll, ließen Hugues de Payens zum Lehensmann des Grafen der Champagne werden.

Allerdings wird diese »französische« Version nicht von allen akzeptiert. Nicht einmal von allen französischen Schriftstellern. Sie haben nämlich eine Familie dieses Namens, Payens, in der Ardèche lokalisiert. Der Großmeister, so geben sie an, könne genauso von dieser Familie abstammen.

Das beweist zwar keineswegs die spanische Theorie. Aber diese Differenzen zeigen, daß tatsächlich nicht mit Sicherheit nachgewiesen werden kann, woher Hugues de Payens stammt. Warum sollte es sich also nicht um einen Katalanen gehandelt haben? Zumal die Aufstellung der weiteren Großmeister, bei denen eine ähnliche Verwandlung stattgefunden hat, durchaus plausibel klingt.

Abgesehen davon waren die Spanier die einzigen, welche zu dem Zeitpunkt, als sie zum ersten Kreuzzug nach Jerusalem aufbrachen, bereits Kreuzzugserfahrung besaßen: Große Teile Spaniens gehörten damals noch den Mauren. Auch heißt es, daß die militärischen Ritterorden viel von bereits existierenden mohammedanischen Orden übernahmen. So spricht man gerne von einer Verbindung zwischen den Templern und den Assassinen. Nur waren Anfang des 12. Jahrhunderts die sogenannten Ribbats, moslemische Klosterfestungen – in denen der Dienst allerdings zeitlich beschränkt war – eher auf der Iberischen Halbinsel verbreitet. Dort entstand im übrigen auch der erste Vorläufer der christlichen Ritterorden: Mitte des 11. Jahrhunderts.[19] Genauso ist in einigen Fällen nachweisbar, daß die Templer gerne Männer zu Würdenträgern in Jerusalem machten, welche nicht nur bereits Kampferfahrung in Spanien gewonnen, sondern dort auch ihre Führungsqualitäten unter Beweis gestellt hatten.

Gewollt oder ungewollt: Diese Version von einem iberischen Ursprung des Templerordens erklärt gleichzeitig einige dunkle Punkte der »orthodoxen« Version. Zum Beispiel die gerne gestellte Frage, warum Balduin II. von Jerusalem neun Armen Rittern Christi, so sollen sich die Templer ursprünglich genannt haben, einen Flügel seines Palastes auf dem Tempelberg zur Verfügung stellte. Und warum der Chronist Fulk von Chartres diese großzügige Schenkung nicht erwähnt. Die Antwort der Spanier: Es handelte sich nicht um eine Schenkung und es ging nicht um den Palast. Genauso begründet die spanische Version, warum die Templer in den ersten neun Jahren ihres Bestehens keine weiteren Mitglieder aufnahmen und dennoch verschiedene Männer, darunter der Graf der Champagne, vor 1128 Mitglied werden konnte: weil der Orden nicht 1118 gegründet wurde, sondern bereits um 1110. Die nämliche Tatsache erklärt auch, wie der Bischof von Chartres bereits 1114 in einem Schreiben an den Grafen der Champagne dessen Absicht diskutieren konnte, sich der »Miliz Christi« anzuschließen.

19 Es handelt sich um den Orden de la Terraza beziehungsweise Santa María del Lirio von Nájera.

Die Schwarzen Madonnen

Der Vorwurf, den die spanischen Autoren der französischen Geschichtsschreibung des Templerordens machen, daß sie nämlich die Tendenz haben, die Iberische Halbinsel zu ignorieren, läßt sich im übrigen auf ein weiteres Thema übertragen, das mit dem Templerorden in enger Verbindung steht: dem Phänomen der sogenannten Schwarzen Madonnen.

Was ist eine Schwarze Madonna?

Die simpelste und bis zu einem bestimmten Punkt durchaus wahre Erklärung besagt, daß diese Madonnen eine dunkle Hautfarbe aufweisen. Und zwar nicht infolge des Kerzenrauches, dem sie seit Jahrhunderten ausgesetzt sind. Denn warum hat sich dieser nicht auf ihrer Kleidung und den Votivgaben niedergelassen?

Zugegeben: Die berühmtesten Schwarzen Madonnen befinden sich in Frankreich. Bekannte Wallfahrtsstätten solcher Schwarzen Madonnen sind Rocamadour, Chartres, Le Puy, Longpont und Toulouse, um nur einige Beispiele zu nennen.

Nur sind die Schwarzen Madonnen keinesfalls ein französisches Privileg. Schwarze Madonnen gibt es überall. Die bekannteste Schwarze Madonna in Deutschland ist die im bayerischen Wallfahrtsort Altötting. Eine weitere im deutschsprachigen Raum ist die von Einsiedeln in der Schweiz. Der bekannteste englische Wallfahrtsort einer Schwarzen Madonna war bis zur Reformation Walsingham.

Auf den ersten Blick sieht es so aus, als würde allein die Vielzahl der Schwarzen Madonnen in Frankreich für einen französischen Ursprung sprechen. Kein Wunder, daß eine Erklärung die Verehrung der Schwarzen Madonnen in Frankreich auf die keltische Priesterklasse der Druiden zurückführt, beziehungsweise den unter diesen verbreiteten Glauben an eine *virgo paritura*, eine Göttin, die in Kürze ein Kind zur Welt bringen wird.

Eine seltsame Vorwegnahme der Geburt Jesu? Nein. Denn, wie bereits gesagt, das Thema der *virgo paritura* als Fruchtbarkeitssymbol ist vermutlich so alt wie religiöse Geschichte der

Menschheit selbst – man denke an die aus der Altsteinzeit stammende üppige sogenannte Venus von Willendorf und ähnliche Figuren dieser Art. Nach und nach rückte jedoch das Wesen, das die Göttin gebären sollte, in den Vordergrund.

Und, genauso wie der Kult der alten Göttin selbst in allen Kulturen ähnliche Aspekte aufgewiesen hatte, so glichen sich auch die Geschichten, welche über ihren Sohn erzählt wurden. Seine Sonderstellung pflegte sich bereits in seltsamen Ereignissen während der Geburt zu äußern. Ein Beispiel ist die Geschichte des indischen Gottes Krischna, die mindestens fünfhundert Jahre älter als das Christentum ist. Die Umstände um die Geburt Jesu, einschließlich der himmlischen Chöre, der Versammlung der Schäfer, der Verfolgung durch einen bösen König mit anschließendem Kindermord, tauchen auch in der Hagiographie Krischnas auf. Abgesehen davon erinnert bereits dieser Name, Krischna, an Christus. Dafür erinnert der Name der Mutter Buddhas, Maya, an Maria. Damit nicht genug, fastete Buddha vierzig Tage lang und hatte zwölf Jünger, darunter einen »bösen«. Buddha lebte im 5. Jahrhundert vor Christus, wenn auch seine Geschichte erst später schriftlich festgehalten wurde.

Noch heute tragen einige französische Madonnenstatuen diesen Titel einer *virgo paritura*, so die von Longpont und von Chartres.

Eine andere Erklärung besagt, die Schwarzen Madonnen stammten aus dem Orient und seien während der Kreuzzüge nach Europa gelangt. Letzteres wird zum Beispiel über La Daurade von Toulouse berichtet. Die Legende geht sogar noch weiter und behauptet, es sei ein Johanniter gewesen, also ein Mitglied eines militärischen Ordens, welcher sie aus Rhodos mitbrachte.

Jedoch sind weder die Göttinnen noch die Einwohner des Nahen Ostens unbedingt schwarz. Die ägyptische Göttin Isis, deren Kult tatsächlich im gesamten Mittelmeerraum verbreitet war, wird üblicherweise weiß dargestellt. Homers »Odyssee« beschreibt die griechische Göttin Pallas Athene als blauäugig; daneben soll sie blond gewesen sein, wie die meisten griechischen

Gottheiten. Allerdings gab es in Griechenland Darstellungen dunkler Göttinnen. So wurde die Göttin Demeter in manchen Gegenden als Melaina, die Schwarze, verehrt. Auf manchen Darstellungen hat die Artemis von Ephesus eine dunkle Gesichtsfarbe. Der springende Punkt ist jedoch, daß diese Göttinnen nicht immer schwarz sind; sie legen diese Farbe nur an, wenn eine spezielle Facette ihres Wesens dargestellt werden soll.

Zahlreiche der originalen Statuen der Schwarzen Madonnen gingen inzwischen verloren, sei es nun, weil der Zahn der Zeit an ihnen nagte oder aufgrund von äußeren Ereignissen wie der Reformation oder der Französischen Revolution. Die Protestanten reinigten die von ihnen übernommenen Kirchen von solchen Resten »papistischen Aberglaubens«, die Revolutionäre verbrannten alle religiösen Symbole, deren sie habhaft werden konnten.

Viele Statuen wurden inzwischen durch eine Nachbildung ersetzt. In manchen Fällen hielten es die Kirchenoberen allerdings für geraten, dieser Statue nicht die Züge der ursprünglichen Schwarzen Madonna zu geben, sondern sie durch eine »freundlichere« Figur mit weißer Haut zu ersetzen.

Und die gleichen Kirchenoberen – beziehungsweise ihre Nachfolger – behaupten nun, das Phänomen der Schwarzen Madonnen werde hochgespielt, es seien gar nicht so viele, wie immer behauptet werde. Eine französische Monumentalgeschichte über Marienwallfahrtsorte in Frankreich gibt an, von über zwölfhundert Marienwallfahrtsorten seien nur fünfzig Schwarzen Madonnen geweiht.

Aber angesichts der berühmten französischen Schwarzen Madonnen werden ihre Nachbarinnen jenseits der Grenze gerne vernachlässigt. Denn es gibt ein Land, in dem die Jungfrau Maria seit Jahrhunderten ununterbrochen und inbrünstig verehrt wird: Spanien. Diese Verehrung schließt die der Schwarzen Madonnen ein. Eine der Schwarzen Madonnen Spaniens hat es sogar zu internationaler Berühmtheit gebracht: die des Klosters Montserrat in der Provinz Barcelona.

Allerdings könnte man in diesem Falle anführen, die Verehrung habe über die Grenze hinweg »abgefärbt«: Montserrat liegt schließlich im Norden Spaniens und damit nicht allzu weit von der französischen Grenze entfernt.

Nur sind die Schwarzen Madonnen im gesamten Land verbreitet, sogar jenseits des spanischen Festlandes. Wir gehen zu einem späteren Zeitpunkt noch auf eine sehr bekannte Schwarze Madonna ein: *Nuestra Señora de Candelaria*, unsere Liebe Frau vom Lichtmeßfest, auf der Kanareninsel Teneriffa.

Und speziell in Spanien äußert sich noch ein weiteres Charakteristikum der Schwarzen Madonnen. Um alle rankt sich eine seltsame Geschichte, die mit ihrer Auffindung beziehungsweise Wiederauffindung zu tun hat. Den meisten Schwarzen Madonnen wird nämlich ein sehr hohes Alter nachgesagt. Beim Einfall der Mauren auf der Iberischen Halbinsel hätten die Christen sie jedoch versteckt, um sie vor der Zerstörung durch die Moslems zu bewahren. Erst Jahrhunderte später hätte man sie wieder entdeckt. Und diese Entdeckung fand immer unter besonderen Umständen statt.[20]

Häufig war es ein Ochse oder Stier, der sich nicht von einer bestimmten Stelle bewegen ließ, bis man dort grub und auf die Madonnenstatue stieß. Eine seltsame Übereinstimmung, angesichts des astrologischen Zusammenhangs zwischen dem Sternzeichen Stier und der Venus beziehungsweise der Tatsache, daß der Stier das beliebteste Opfertier des Magna-Mater-Kultes war. Andere Schwarze Madonnen wurden in einer Grotte oder einem hohlen Baum entdeckt, haben also einen engen Zusammenhang mit der Natur.[21]

Ein weiteres Kennzeichen der Schwarzen Madonnen ist, daß sie sich weigern, ihren Platz zu verlassen. Wenn man versuchte, sie in die nächstgelegene Kirche zu schaffen, machten sie sich

20 Es gibt auch »männliche« Heiligenstatuen, welche versteckt und später wieder aufgefunden wurden, zum Beispiel die Christusfigur der spanischen Stadt Javier, aber von der Anzahl her verschwinden sie neben den Schwarzen Madonnen.

21 Die berühmte spanische Madonna von Valvanera wurde in einem Baum gefunden, die ursprüngliche Madonna von Roncesvalles, ein Ort, der mit den Legenden um Kaiser Karl den Großen und seinen Paladin Roland eng verbunden ist, in einer unterirdischen Nische.

unendlich schwer. Andere kehrten bei Nacht wieder an ihren Fundort zurück. Bis ihnen schließlich genau dort eine Kapelle oder Kirche errichtet wurde.

In diesem Punkt unterschied sich die Marienverehrung von dem Reliquienkult der meisten Heiligen. Obwohl manche den Ort ihrer Grablegung bestimmten, indem sie ihren Sarg von Tieren durch die Gegend ziehen ließen und dort bestattet sein wollten, wo diese Halt machten. Aber im üblichen ließen sich die Körper der Heiligen klaglos zerstückeln, um auch andere Orte in den Segen ihres wohltuenden Einflusses kommen zu lassen.[22]

Die Schlange: Erde und Wasser

Diese Affinität der Schwarzen Madonnen mit der Gegend ihrer Auffindung scheint die These bestätigen zu wollen, daß sie tatsächlich, wie viele meinen, Manifestationen der alten Erdgöttinnen sind. Die schwarze Farbe symbolisiert das Erdreich, das bereit ist, die Saat aufzunehmen. Helle Erde wäre trocken und damit unfruchtbar.

Bisweilen sollen sich die Schwarzen Madonnen sogar wehren, wenn man versucht, ihre dunkle Haut zu übertünchen. Die sogenannte Jungfrau von Guadalupe in Rianxo (Galizien/Spanien) sei jedesmal über Nacht wieder dunkel geworden. Ähnliches berichtet man über Notre-Dame La Negrette von Espalion (Aveyron/Frankreich).

Verschiedene Forscher haben festgestellt, daß viele der uralten Madonnen auch insofern Manifestationen der sie umgebenden Landschaft sind, als ihre Gesichtszüge tatsächlich denen des Menschenschlages in dieser Gegend gleichen. Aber nicht denen eines hübschen jungen Mädchens, eher denen einer reifen Frau. Keine der originalen Statuen hat etwas Liebliches an sich, alle

22 Ein modernes Beispiel hierfür sind einige der Reliquien der Heiligen Drei Könige, die unlängst wieder von Köln nach Mailand zurückgebracht wurden. Kaiser Friedrich Barbarossa hatte die gesamten Reliquien 1164 von Mailand nach Köln überführen lassen; es handelt sich also um eine Art Wiedergutmachung – nach achthundert Jahren.

wirken sie streng, unnahbar, wie sie in hieratischer Haltung vor dem Betrachter sitzen. Die stehenden Schwarzen Madonnen sind meist neueren Datums.

Diese Verbindung mit der Erde erklärt auch, daß in vielen Kulturen die ursprüngliche Art der Bestattung das Begraben des Leichnams in der Erde war. Der Tote wurde in den Schoß der Mutter Erde gelegt. Ob sich diese Sitte bereits damals mit einer Hoffnung auf eine Wiedergeburt aus dem gleichen Schoß der Erde verband, also eine Auferstehung, lassen wir dahingestellt. Erwiesen ist auf jeden Fall, daß die meisten antiken Mysterien in einer Höhle stattfanden.

Später, als sich der patriarchalische Glaube an einen männlichen Gott des Himmels durchsetzte, ersetzten die Priester diese Erdbestattung durch die Verbrennung. Der Tote mußte nunmehr als Rauch zum Himmel aufsteigen, wo ihn der Himmelsgott empfangen sollte.

Es ist allgemein anerkannt, daß die Templer der Jungfrau Maria eine innige Verehrung widmeten. Logischerweise erstreckte sich diese Verehrung auch auf die Schwarzen Madonnen. Nur geht speziell für spanische Autoren die Verehrung der Templer für die Schwarzen Madonnen über das »reguläre« Maß hinaus. Sie sind der Meinung, die Schwarzen Madonnen seien ein spezifischer Aspekt des Templerordens.

Diese »Erdverbundenheit« auch der Templer habe sich zum Beispiel darin geäußert, daß sie mit dem Gesicht nach unten, also Richtung Mutter Erde, bestattet worden seien. Obwohl diese Angabe nicht durch Dokumente aus der Zeit der Templer gestützt wird, findet sie sich nicht nur bei eingefleischten Esoterikern wieder, sondern auch in durchaus seriösen historischen Publikationen. Zum Beispiel in einem Buch über die Burg von Monzón, die Zentrale der Templer von Aragón, herausgegeben von der Stadtverwaltung des gleichnamigen Ortes. Die einzige Erklärung ist, daß dort tatsächlich entsprechende Gräber gefunden wurden.

Spanische Autoren haben auch nachgewiesen, daß einige der Legenden über die Schwarzen Madonnen eine direkte Verbindung zu den Templern ziehen. So seien es die Templer gewesen, welche bei der Konstruktion ihrer Burg in Ponferrada *Nuestra Señora de la Encina*, Unsere Liebe Frau von der Eiche, fanden: in besagter Eiche. Eine ganze Reihe Schwarzer Madonnen befand sich in ihrer Obhut, zum Beispiel in Puente la Reina: *Nuestra Señora de los Huertos*, unsere Liebe Frau von den Gärten. Im übrigen wiederum zwei Beispiele, wie sich die »Naturverbundenheit« der Schwarzen Madonnen bereits in ihrem Namen ausdrückt.

In vielen anderen Fällen schützten die Templer von einer nahegelegenen Komturei aus die Pilger eines bestimmten Marienheiligtums.

Daß die Schwarzen Madonnen mit dem Kult der Erde in Verbindung stehen, beweist noch ein weiteres Indiz. Es handelt sich um ein spezielles Attribut, das viele Darstellungen sogar den ganz regulären Statuen der »weißen« Madonnen beistellen. Viele von ihnen stehen nämlich auf einer Schlange. Die offizielle Lesart der Kirche lautet, die Schlange stelle den Teufel dar, welchen die Jungfrau Maria besiege, so wie es schon das Alte Testament vorausgesagt hatte. Denn die Genesis läßt Gott sagen, eine Frau werde den Kopf der Schlange zertreten (Gen 3/15). Diese Szene spielt sich im Anschluß an den Sündenfall ab, bei dem die Schlange Adam und Eva dazu verführte, die verbotene Frucht des Paradieses zu kosten.

Nur hat diese Interpretation, die Schlange zu Füßen der Jungfrau mit dem Teufel gleichzusetzen, einen Schönheitsfehler. Denn das Alte Testament identifiziert diese Schlange keinesfalls mit dem Teufel. Im Gegenteil: Sie bezeichnet sie sogar als das schlaueste aller Tiere (Gen 3/1).

Die Schlange übte schon immer eine geradezu magische Faszination auf die Menschheit aus. In vielen Kulturen nimmt sie die Aspekte des Göttlichen an. Zahlreiche Darstellungen Buddhas zeigen ihn in Gesellschaft einer Schlange. Auch auf der Krone der Pharaonen Altägyptens erhebt sich eine Schlange.

Aber aufgrund der Tatsache, daß die Schlange das einzige Wirbeltier ist, das mit dem gesamten Körper die Erde berührt, galt sie auch als deren Verkörperung. Beziehungsweise der Erdstrahlen. Wobei die Menschen des Altertums und auch noch des Mittelalters vermutlich wesentlich mehr über diese wußten als wir heute.

Es ist erwiesen, daß die ersten christlichen Kirchen, welche die heidnischen Tempel ablösen sollten, auf den Fundamenten genau dieser Tempel errichtet wurden. Der Grund hierfür ist leicht zu erraten: Den Menschen sollte der Übergang zur neuen Religion so einfach wie möglich gemacht werden. Allerdings wußten die Alten genau, an welchen Orten sie diese Tempel errichten mußten, um »wohltuende« Felder einzufangen. Vermutlich war dies auch den ersten Missionaren noch bekannt.

Wobei der Ausdruck Erdstrahlen allerdings etwas irreführend ist. Denn vermutlich werden die meisten der sogenannten Erdströmungen durch Wasseradern erzeugt. Daneben mögen auch noch das Magnetfeld der Erde oder unterirdische Lagerstätten von radioaktivem oder magnetischem Gestein eine Rolle spielen. Aber in erster Linie handelt es sich um Wirkungen des Wassers.

Ein Wünschelrutengänger, ein Mann, der mittels eines Astes oder einer gespaltenen Metallrute unterirdische Wasseradern aufspüren kann, ist heute eine Kuriosität. Abgesehen davon, daß es in dieser Sparte zahlreiche Scharlatane gibt, welche sich am Verkauf von Geräten, die Erdstrahlen neutralisieren sollen, bereichern. Und für den Neubau einer Kirche – in den seltenen Fällen, in denen es zu einem solchen heute noch kommt – spielen bei der Standortwahl andere Faktoren als erdmagnetische Felder eine Rolle.

Eines der markantesten Beispiele für den Zusammenhang zwischen unterirdischen Wasseradern und dem Bau eines Heiligtums ist die Kathedrale von Chartres. Genau dort, wo der Altar steht, sei ein Brennpunkt unterirdischer Wasseradern. Genau die gleiche Stelle wird auch von einem weiteren unterirdischen Wasserstrom gestreift. Auf den Zeichnungen, welche dies illustrieren sollen, gleicht dieser letzte Strom verdächtig einer Schlange. Ähnlich die Flüsse, welche sich durch die Landschaft »winden«. Das Volk der Khmer, die zwischen dem 9. und dem

15. Jahrhundert das heutige Kambodscha von ihrer Hauptstadt Angkor aus regierten, verehrte sogar das Wasser in Gestalt einer Schlange.

Die Schlange, das Symbol der Erde, ist also gleichzeitig das Symbol für Wasser. Angesichts der Tatsache, daß wir die alten Göttinnen mit dem lebensspendenden Element Wasser und die Schwarzen Madonnen konkret mit der feuchten Erde identifiziert haben, ein durchaus logischer Gedanke.

Die seltsamen Familienverhältnisse der Schwarzen Madonnen

Wenn jedoch nicht nur eine Schwarze Madonna, sondern die Jungfrau Maria an sich die Nachfolgerin der alten Erd- und Muttergöttinnen ist, sollte sie theoretisch auch deren Aspekte der Fruchtbarkeit übernehmen. Was sie auch bis zu einem bestimmten Grad tut. Der Monat Mai, der fünfte Monat des Jahres, wenn der Frühling endgültig den Winter überwindet, ist ihr geweiht. Der Name für den Monat selbst leitet sich im übrigen von einer Göttin ab, der Maia. Der Oktober, zumindest in unseren Breiten der Erntemonat, dem Rosenkranz, dem ihr gewidmeten Gebet.

In einem Punkt läßt dieser Vergleich jedoch zu wünschen übrig. Obwohl sie in manchen Orten, so in dem erwähnten Longpont, die gallische *virgo paritura*, die Jungfrau, die gebären wird, abgelöst hat: Darstellungen einer sichtlich schwangeren Jungfrau Maria sind recht selten.

Allerdings zeigt auch hier wieder der Vergleich mit Spanien, daß diese Benennung keinesfalls eine französische Besonderheit ist. Wenn auch die Spanier diesen Sachverhalt der Schwangerschaft diskreter formulieren. Dort tragen nämlich zahlreiche Madonnen den Beinamen »de la O«. Diese Bezeichnung leite sich vom Fest der Erwartung Jesu ab, das am 18. Dezember gefeiert wird. Denn die liturgischen Meßgesänge im Zeitraum vor Weihnachten beginnen alle mit dem Ausruf »Oh!«. Diesen

Zeitraum, zwischen dem 17. und dem 23. Dezember, und die mit »O« beginnenden Antiphonen erwähnen im übrigen die Vorschriften der Templer bezüglich der Liturgie wörtlich.

Obwohl sich der Titel »de la O« also eindeutig auf die Zeit unmittelbar vor der Geburt Jesu bezieht, entsprechen die jeweiligen Statuen, welche diesen Namen tragen, durchaus dem gewohnten Bild. Es handelt sich nicht um Darstellungen einer hochschwangeren Maria, sondern um durchaus herkömmliche der Gottesmutter mit dem Jesuskind auf dem Schoß. Diese Bezeichnung ist also ein Widerspruch in sich.

Abgesehen davon ist die Erklärung, wie es überhaupt zu ihr kam, nicht ganz einleuchtend. Es gäbe genügend andere Bezeichnungen, welche den Sachverhalt genauso diskret umschreiben. Zum Beispiel Unsere Liebe Frau der guten Hoffnung oder der frohen Erwartung.

Warum gerade »de la O«?

Der Buchstabe »O« ist ein äußerst suggestives Symbol. Denn haben wir nicht soeben festgestellt, daß der Kult der Jungfrau Maria eng mit dem Symbol der Schlange verbunden ist? Die Hermetik kennt die Darstellung einer Schlange, die sich selbst in den Schwanz beißt: die sogenannte Ouroboros-Schlange, das Symbol der Ewigkeit. Und sowohl diese Ouroboros-Schlange als auch der Buchstabe »O« sind nichts anderes als Manifestationen eines Symbols, das wir bereits diskutiert haben: dem Kreis. Dieser Kreis, verbunden mit der Zahl Pi und somit der Drei, so haben wir weiterhin konstatiert, ist das typischste Symbol der alten Muttergöttinnen.

Wir können uns der Jungfrau Maria von allen möglichen Seiten nähern und stellen immer wieder fest: Ihre Verehrung weist einige äußerst unorthodoxe Komponenten auf. Aber den seltsamsten Aspekt haben wir noch nicht erwähnt.

Wir haben angedeutet, daß die Schwarze Madonna von Toulouse, genannt *La Daurade*, der Legende nach von einem Johanniter aus Rhodos nach Südfrankreich gebracht wurde. Allerdings war sie nicht allein. Der Überlieferung nach hatte dieser Johanniter nämlich zwei Statuen bei sich. Die zweite, wesentlich weniger bekannte, wird in der kleinen Stadt Pézenas verehrt, ebenfalls in Südfrankreich gelegen.

Diese Legende hüllt sich ab diesem Punkt in Schweigen. Einige andere Legenden über Statuen von Madonnen, die gemeinsam auftauchten, gehen einen Schritt weiter: Es handle sich um Madonnen, welche »Schwestern« seien. Seltsamerweise tauchen einige von ihnen sogar in Dreiergruppen auf.

Nur sind diese Legenden harmlos, wenn man sie mit denen auf der Iberischen Halbinsel vergleicht. Denn es ist allseits bekannt, daß eine ganze Reihe spanischer Madonnen äußerst seltsame Beziehungen zu anderen Madonnen haben.

Das beginnt mit der Benennung. Wir haben weiter oben die Schwarze Madonna von Rianxo in Galizien erwähnt. Sie trägt den Namen »Jungfrau von Guadalupe«. Nur befindet sich die eigentliche Jungfrau von Guadalupe im Ort dieses Namens bei Cáceres. Aus unerfindlichen Gründen wurde sie zur Patin zahlreicher anderer Madonnen. Wobei es sich jedoch keinesfalls um Kopien der Statue von Guadalupe handelt. Die inzwischen berühmteste Jungfrau von Guadalupe hat sich mittels eines Wunders auf einem Mantel verewigt und wurde zur Patronin Lateinamerikas. Ein gewaltiges Heiligtum in Mexiko City ist ihr geweiht. Die Erscheinung, auf welche dieser Mantel zurückzuführen ist, fand im Jahr 1531 statt. Sie stellte sich ausdrücklich unter dem Namen Jungfrau von Guadalupe vor. Eine weitere Madonna von Guadalupe wurde zur Patronin der Kanareninsel Gomera.

Wobei die Jungfrau von Gaudalupe kein Einzelfall ist. Verschiedene berühmte spanische Madonnen haben solche »Ableger«.

Genauso seltsam ist, daß speziell Schwarze Madonnen völlig unmögliche Familienverhältnisse zueinander haben. Die Madonna ist schließlich die Mutter Jesu. Punktum und fertig. Sollte man zumindest denken. Weit gefehlt. Wir haben *Nuestra Señora de Montserrat* als ein auch im Ausland bekanntes Beispiel einer Schwarzen Madonna kennengelernt. Und sie hat eine »Mutter«. Allerdings handelt es sich hierbei nicht um eine Darstellung der heiligen Anna, sondern um eine andere Madonna: die benachbarte *Nuestra Señora de la Antigue*, von Vallés. Daneben besitzt die Jungfrau von Montserrat zwei Schwestern: die Madonna von Lluch auf Mallorca und *Nuestra Señora de Foix* von Torrelles (Provinz Barcelona). In Herbés (Castellón) wohnt ihre Kusine, *Nuestra Señora del Sargar.* Speziell Spanien kennt weitere Beispiele von Verwandtschaftsverhältnissen dieser Art.

Bisweilen hat man versucht, sie »logisch« zu erklären: solche Madonnen seien aus dem Holz des gleichen Baumes geschnitzt worden, in der gleichen Form gegossen worden oder gemeinsam aus dem Orient nach Europa gelangt.

Nur hinken diese Erklärungen dem Sachverhalt hinterher.

Das Grab des Jakobus

Spanische Autoren versäumen auch nicht, auf den Zusammenhang zwischen den Templern und dem Jakobusweg zu verweisen. Dieser Zusammenhang ist unbestreitbar. Nicht nur, weil der heilige Jakobus zu den wenigen Heiligen gehört, welche die Templer laut Regel in allen Komtureien feierten. Der gesamte Jakobusweg ist von templerischen Komtureien gesäumt. Die bekanntesten und größten waren in Puente la Reina, Villacázar de Sirga und Ponferrada. Auch liegen einige der umstrittenen Rundkirchen, welche manche auf den Orden der Tempelritter zurückführen, direkt auf dem Jakobusweg, so die von Eunate und Torres del Río.

Diese Präsenz der Templer ist einfach zu erklären. Der Schutz der Pilger war schließlich die hochoffizielle Aufgabe des Templerordens. Das bezog sich nicht nur auf die Sarazenen, sondern auch auf christliche Strauchdiebe und Wegelagerer.

Allerdings ist der Ausdruck »Jakobusweg« ein weiter Begriff und muß erst genauer definiert werden. Selbstverständlich gibt es in ganz Europa heute noch Wege, welche als Zubringer des Jakobusweges gelten. Einer davon, die französische »Via Lemovicensis«, beginnt ausgerechnet an der Kathedrale von Vézelay, der von den Templern hochverehrten Maria Magdalena geweiht. Aber der Jakobusweg im engeren Sinne liegt in Spanien, wo sich zwei von Frankreich herkommende Routen just in Puente la Reina vereinigen. Ab dem 11. Jahrhundert hatten die Mönche von Cluny veranlaßt, daß die Pilger auf dieser Straße nach Santiago de Compostela Hospize vorfanden. Und die militärischen Orden sorgten dafür, daß sie unangefochten von Etappe zu Etappe reisen konnten. Bis sie schließlich ihr Ziel erreichten, Santiago de Compostela, um daselbst die Reliquien des Apostels Jakobus zu verehren.

Zumindest lautet so die offizielle Version. Aber wenn die Angelegenheit so eindeutig ist, warum ließ dann Papst Leo XIII. (Pontifikat 1878–1903) im Jahre 1884 mittels einer Bulle offiziell verkünden, daß in Santiago de Compostela die sterblichen Überreste des Apostels Jakobus ruhen? Das klingt ganz so, als habe die körperliche Anwesenheit des Apostels in Zweifel gestanden.

Was hat es mit diesen Reliquien auf sich? Die Legende, daß der heilige Jakobus in Spanien missioniert hatte, war erst im 7. Jahrhundert aufgekommen. Ironischerweise soll sie sich erst dann in Spanien verbreitet haben, als das übrige Europa sie bereits akzeptiert hatte. Die Geschichte von Santiago de Compostela hingegen begann der Überlieferung nach im Jahre 813, als ein Mönch namens Pelagius Visionen von einem Sternenregen hatte, der auf einem bestimmten Feld niederfiel. Als man dieses untersuchte, stieß man auf ein Grab, das schließlich mit dem des Apostels Jakobus identifiziert wurde.

Der eigentliche Grund dafür, daß sich diese beiden Legenden durchsetzen konnten, ist vermutlich in dem Einfall der Mauren auf der Iberischen Halbinsel zu suchen. Er begann im Jahre 711 und schien unaufhaltsam. Das Grab des Apostels in Compostela trug dazu bei, ein christliches spanisches Nationalgefühl zu entwickeln.

Spanische Autoren behaupten jedoch, Santiago de Compostela sei lange vor der Auffindung der Reliquien des Apostels ein Wallfahrtsziel gewesen. Esoteriker unter ihnen assoziieren eine

Pilgerstraße Richtung Westen mit der Suche nach ultimativer Erkenntnis und denken dabei an den untergegangenen Kontinent von Atlantis: Ursprünglich sei Santiago de Compostela beziehungsweise die Küste Galiziens lediglich eine Zwischenstation gewesen.

Moderne Historiker schließen nicht aus, daß dort tatsächlich schon sehr früh ein Grab verehrt wurde. Allerdings nicht das des Apostels Jakobus. Sondern das des Priscilianus, Bischof von Avila – der im Jahre 385 in Trier hingerichtet worden war. Nicht von den Heiden, als später Märtyrer, sondern als Ketzer – von der Kirche. Nach seinem Tod hätten seine Anhänger den Leichnam in Sicherheit gebracht und im Nordwesten Spaniens in einem heimlich vorbereiteten Grab bestattet. Und da sich sein direkter Einfluß nicht nur auf Spanien, sondern auch auf Südfrankreich erstreckt hatte, strömten seine Anhänger aus diesen Gegenden mehr oder weniger verstohlen zu seinem Grab.

Was predigte nun der heilige Priscilianus? Wir können es nur bedingt nachvollziehen. Was er selbst unter der Folter gestand, dürfen wir getrost ignorieren. Vermutlich zweifelte er an der göttlichen Natur Jesu. Manche sagen, er habe auch die körperliche Auferstehung in Abrede gestellt. Aber auf der anderen Seite enthält ein ihm zugeschriebenes Glaubensbekenntnis, das älteste in Spanien erhaltene, durchaus diese Floskel von der Auferstehung des Fleisches.

Andererseits: Es ist nachweisbar, daß sein Zeitgenosse, der heilige Martin von Tours (ca. 316–397), lange Zeit der Nationalheilige Frankreichs, Priscilianus verteidigte. Ganz und gar verderblich können seine Thesen also nicht gewesen sein.

Bei der Untersuchung seines Glaubensbekenntnisses und dem Vergleich mit anderen aus dieser Zeit haben Experten jedoch eine Besonderheit festgestellt: Priscilianus stellt die Jungfrau Maria vor den Heiligen Geist, ordnet ihn also auf gewisse Weise ihr unter.

Und es ist nicht zu übersehen: die Jungfrau Maria nimmt im Verlauf des Jakobusweges eine bedeutsamere Stellung ein als der Apostel selbst, nach dem dieser Weg schließlich benannt ist. Auf der einen Seite ist der Weg von Marienheiligtümern – und Schwarzen Madonnen – gesäumt. Auf der anderen Seite soll die Jungfrau Maria in eigener Person, nicht als Erscheinung, den Apostel während seiner Missionstätigkeit zweimal besucht haben, also spanischen Boden betreten haben.

Und wie konnte das Grab des Priscilianus nun zu dem des Apostels Jakobus werden? Auf der einen Seite hatte die Kirche ein Interesse daran, die Verehrung dieses Grabes, die sie anscheinend nicht verhindern konnte, in orthodoxere Bahnen zu lenken. Auf der anderen, so sagen die Esoteriker unter den spanischen Autoren, blieb auf diese Weise die Kultstätte der Ketzer erhalten.

Und wurde ausgebaut. Denn nicht nur Esoteriker weisen darauf hin, daß der Jakobusweg einige recht unchristliche Aspekte aufweist. Dieses Thema füllt ganze Bücher; wir müssen uns an dieser Stelle auf die markantesten Punkte beschränken.

Ein solches Beispiel ist das Portal der Kirche Santa María la Real in Sangüesa. Auf Blickhöhe und in beinahe Lebensgröße stößt der Besucher nämlich auf einen äußerst unorthodoxen Begleiter der Apostelfürsten Petrus und Paulus: einen Gehenkten, der mit dem Verräter Judas identifiziert wird (Mt 27/5, Apg 1/18). Und auf der Darstellung des Jüngsten Gerichts zeichnen sich die Verdammten dadurch aus, daß sie fröhlich lachen. Daß es sich wirklich um die Verdammten handelt, schließen Experten daraus, daß sie nackt sind.

In Santo Domingo de la Calzada erinnern in der Kirche lebende Hühner daran, daß der heilige Dominik, dem die Kirche und die Stadt geweiht sind, dort einst einen Toten erweckt haben soll. Auf einem Grab befindet sich eine Sichel, mit der er ganze Wälder abgeholzt habe, um den Pilgern den Weg freizumachen. Diese Sichel ist nicht nur das Symbol der Druiden, sondern erinnert auch verdächtig an die Mondsichel.

Bekannt ist auch das sogenannte Lichtwunder von San Juan de Ortega. Jeweils um die Sonnwende, also am 21. März beziehungsweise 22. September, fällt nachmittags ein Sonnenstrahl genau auf die steinerne Darstellung von Mariä Verkündigung, also die Szene, wo der Engel ihr mitteilt, daß sie den Messias zur Welt bringen wird.

Interessanterweise soll eine Wallfahrt zum heiligen Johann von Ortega auch anderen Frauen zu Kindern verhelfen. Obwohl diese Assoziation zwischen einem Mönch und weiblicher Fruchtbarkeit sehr seltsam ist. Als Königin Isabella von Kastilien (1451–1504) nach San Juan de Ortega pilgerte, um einen männlichen Thronerben für Kastilien und Aragón zu erflehen, ließ sie das Grab des Heiligen öffnen, um ihrer Bitte mehr Nachdruck zu verleihen. Worauf weiße Bienen aufgestiegen seien, die Seelen der Ungeborenen. Aber auch ein Symbol der Bienenkönigin.

Und eine bestimmte Stelle in der Jakobuskirche von Villafranca del Bierzo muß eine seltsame Konzentration von Erdstrahlen aufweisen. Pilger, welche die Wallfahrt nach Santiago tatsächlich zu Fuß machen, würden, wenn sie diese Kirche besuchen, unverzüglich genau diese Stelle aufsuchen, dort niederknien – und sich nach einigen Minuten erfrischt erheben. Spanische Autoren versichern, das treffe auch auf solche Reisende zu, welche den Ruf dieses Ortes nicht kennen.

Die Symbolik des Jakobusweges

Die Symbolik arbeitet mit der Methode, einen Gegenstand oder eine Idee durch etwas darzustellen, das mit diesem Original auf irgendeine Art in Analogie steht und deshalb mit ihm assoziiert wird. Jeder von uns kommt täglich mit einer Unzahl von Symbolen in Kontakt, zum Beispiel in Gestalt von Piktogrammen: graphische Symbole, die sich inzwischen international eingebürgert haben.

So würde niemand auf die Idee kommen, aus einer Flasche zu trinken, die mit einem Totenkopf und zwei gekreuzten Knochen gekennzeichnet ist. Jeder weiß, es handelt sich um Gift oder einen korrosiven Stoff. Und wer sich im Ausland befindet und die Landessprache nicht kennt, wird dankbar einem Pfeil mit einem stilisierten Mann und einer stilisierten Frau folgen. Weil ihm genau bekannt ist, daß es sich nicht um die Werbung eines Partnervermittlungsinstituts handelt, sondern um den Hinweis auf die Toiletten.

Die Experten streiten sich jedoch darüber, bis zu welchem Grad es sich um eine Übereinkunft handelt oder ob bestimmte Symbole universell sind: im kollektiven Unterbewußtsein so verankert, daß sie sich in allen Kulturen und Epochen in gleicher Form manifestieren.

Einige Symbole sind wirklich sehr zweideutig. Eines davon haben wir bereits kennengelernt: die Schlange. Allgemein gilt sie als Verkörperung der Erde, aber auch des Wassers. Insofern ist sie weiblich. Andererseits soll sie zum Beispiel in Träumen als phallisches Symbol gewertet werden, aufgrund ihrer suggestiven Form. In den östlichen Religionen ist sie das Symbol der Erleuchtung, im Christentum steht sie für die Versuchung.

Daneben gibt es Symbole, die eindeutig auf Definition beruhen. Ein Beispiel hierfür. In der ersten Hälfte des 18. Jahrhunderts, als in England die Dynastie der Hannoveraner die Stuart-Könige abgelöst hatte – wir gehen später, im Zusammenhang mit den Freimaurern, noch genauer auf diese Epoche ein – hatten die Anhänger der entthronten Stuarts ein besonderes Erkennungszeichen. Wenn sie in Gesellschaft aufgefordert waren, auf die Gesundheit des Königs zu trinken, so führten sie ihr Glas über das kleine Gefäß mit Wasser, das neben dem Teller stand, um sich die Finger zu reinigen. Damit deuteten sie an, daß sie auf den König »over the water«, wörtlich »über dem Wasser«, also jenseits des Meeres, tranken: den Stuart-Prätendenten im Exil.

Symbole eröffnen somit eine Möglichkeit der Verständigung auf zwei Ebenen. Wenn eine Gruppe von Eingeweihten allgemein gebräuchlichen Gesten einen neuen Sinn gibt, können sich die Mitglieder dieser Gruppe im Beisein von Andersdenkenden untereinander verständigen, ohne bei letzeren Anstoß zu erregen.

Und man kann sich des Eindrucks nicht erwehren, daß genau

so etwas tatsächlich auf dem Jakobusweg stattfand. So brachte im Jahre 1139 ein französischer Mönch namens Aymeric Picaud eine Art Reiseführer des Jakobusweges heraus. Zumindest wird dieser Reiseführer ihm zugeschrieben. Dieser Reiseführer beschreibt die beiden oben erwähnten Wegen über die Pyrenäen und dann den Weg ab dem Knotenpunkt Puente la Reina.

Aber warum teilte der Führer diesen Weg in drei beziehungsweise dreizehn Etappen? Weil es sich eben so anbot, wäre die logische Antwort. Nur stimmt sie nicht. Denn die vorgeschlagenen Tagesreisen schwanken zwischen vierundzwanzig und siebenundneunzig Kilometern. Mit den Schwierigkeiten der Strekke hat dies nichts zu tun. Eine der größten Herausforderungen des Jakobusweges sind die Oca-Berge, kurz vor Burgos. Und gerade dort schlägt der Reiseführer eine Tagesetappe von fünfundachtzig Kilometern vor.

Sollten Unvereinbarkeiten dieser Art die Bedeutung der Anzahl der Etappen an sich hervorheben: dreizehn? Daß diese Zahl eine rein »weibliche« ist, haben wir bereits besprochen. Das bedeutsamste Symbol des Jakobusweges bestätigt diese Interpretation: die berühmte Muschel. Verschiedene Legenden sollen erklären, wie es dazu kam, daß ausgerechnet die Muschel zum Symbol des Jakobusweges werden konnte. Die primitivste sagt, die Pilger hätten sich nach dem langen Marsch nach ihrer Ankunft an der galizischen Küste an Muscheln ergötzt. Eine andere Erklärung greift auf ein Wunder zurück. Als der Leichnam des Apostels in Galizien ankam, fiel ein Reiter samt seinem Pferd ins Meer. Als er wieder auftauchte, waren er selbst sowie sein Pferd von oben bis unten mit Muscheln bedeckt.

Allerdings bleibt diese Legende die Begründung schuldig, warum dem so war. Warum hat sich der Apostel gerade dieses Symbol auserkoren? Denn in Wirklichkeit hat die Muschel ganz andere Assoziationen. Ähnlich wie die Schnecke, wird sie aufgrund ihrer Form und Konsistenz als Symbol für die weiblichen Geschlechtsorgane betrachtet. Die blumenreiche französische Sprache benützt sie sogar als Synonym. Kein Wunder also, daß es eine Muschelart gibt, welche nach der Liebesgöttin Venus benannt ist. Der Gedanken liegt nahe. Denn die Göttin Venus sei als die »Schaumgeborene« dem Meer entstiegen. Eines der berühmtesten klassischen Gemälde, das von Botticelli, stellt sie in einer übergroßen Muschel dar. Sehr seltsam, daß genau solche Muscheln in manchen Kirchen als Weihwasser-Becken fungieren.

Der Gänsefuß

Spanische Autoren verbinden jedoch noch ein weiteres Symbol mit dem Jakobusweg, bei dem sie konstatiert haben, daß es sogar einer stilisierten Muschel gleicht. Es ist die Rede von der sogenannten *pata de oca*, den Gänsefuß: eine Art Kreuz, bei dem die Querbalken nach oben geneigt sind. Es handle sich um ein Steinmetzzeichen, das sich auf dem gesamten Jakobusweg wiederfinde.

Aber auch ohne diese Verbindung mit der Muschel wäre die *pata de oca* ein weibliches Symbol. Denn aufgrund der Verbindung zwischen dem Wasser und der Fruchtbarkeit assoziierten die Menschen speziell Wasservögel mit der Großen Göttin. Die Artefakte, welche dies belegen, sind um die fünfzehntausend Jahre alt.

Gerade in der ehemaligen Templerkomturei von Puente la Reina befindet sich bis zum heutigen Tag ein Kruzifix, das genau dieser *pata de oca* entspricht. Deutsche Pilger sollen es zurückgelassen haben. In der Kölner Kirche Sancta Maria im Kapitol befindet sich heute noch ein ähnliches. Spanische Autoren sehen dahinter den Einfluß des Templerordens beziehungsweise seiner Nachfolger, denn das Kreuz sei kurz nach dem Untergang des Templerordens in Puente la Reina aufgetaucht.

Zwei Aspekte stützen diese These. Der erste besteht in einem weiteren Kreuz der gleichen Art, das in einer Seitenkapelle der Kathedrale von Perpignan (Frankreich) verehrt wird. Auf der einen Seite muß diese Kreuzesform irgendwann einmal so Anstoß erregt haben, daß sie den üblichen Kruzifixen angepaßt wurde. Inzwischen weist dieses Kreuz nämlich einen ganz normalen Querbalken auf. Allerdings ist anhand der Stümpfe noch deutlich erkennbar, wie einst in Kniehöhe Jesu die ursprünglichen Querbalken ypsilonförmig abzweigten. Auf der anderen Seite hat man bei neueren Forschungen im Inneren der Christusgestalt Reliquien und ein Schriftstück gefunden, das ausgerechnet auf das Jahr 1307 datiert ist – das Jahr, in dem der französische König Philipp der Schöne die Templer seines Landes verhaften ließ.

Der zweite Aspekt, welcher speziell das Kreuz von Puente la Reina mit dem Orden der Tempelritter assoziiert, liegt im Namen der Stadt. *Puente la Reina* heißt wörtlich die Brücke der Königin. Nur weiß anscheinend niemand, nach welcher Königin die Stadt benannt wurde. Beziehungsweise warum sie plötzlich von Murugarren auf *Puente la Reina* umbenannt wurde. Und es gab tatsächlich eine Art Königin, welche mit einem Symbol wie der *pata de oca* assoziiert wird: die »Herrin der drei Wege«, die bereits erwähnte dreigesichtige Göttin Hekate.

Wesentlich bekannter als die *pata de oca* ist in Spanien jedoch ein Brettspiel, das gleichfalls mit der Gans zu tun hat: das *juego de la oca*, das Gänsespiel.

Das Spielfeld besteht aus einem spiralförmigen Weg, auf dem mehrere Spieler versuchen müssen, als erster den Mittelpunkt zu erreichen. Ein Würfel bestimmt die Anzahl ihrer Schritte. Manche Spielfelder beeinflussen jedoch ihre Geschwindigkeit. Sie verirren sich in einem Labyrinth, fallen in einen Brunnen, kommen ins Gefängnis, machen Halt in einem Gasthaus – und müssen eine oder mehrere Runden aussetzen. Wenn sie das Pech haben, auf dem »Todesfeld« zu landen, müssen sie zurück auf Feld 1.

Allerdings konnte es nicht ausbleiben, daß spanische Autoren dieses Spiel mit dem Jakobusweg identifizieren. Sie haben sogar versucht, einzelne Stationen des Jakobusweges mit bestimmten Punkten dieses Spielfeldes zu identifizieren.

Diese Überlegungen wollen wir nicht nachvollziehen. Obwohl sogar die Stadt Logroño, auf dem Jakobusweg gelegen, den Platz vor der Jakobuskirche mit einem riesigen Mosaik schmücken ließ, das als größtes *juego de la oca* der Welt gilt. Die einzelnen Felder stellen tatsächlich Szenen des Jakobusweges dar.

Andere Autoren sehen einen Zusammenhang zwischen dieser Spirale und den Labyrinthen, die sich einst in vielen gotischen Kathedralen wiederfanden und von denen leider nur mehr sehr wenige erhalten sind. Weil die Spirale lediglich die einfachste Form des Labyrinthes darstelle. Auch auf diesen Aspekt wollen wir nicht eingehen.

Beschränken wir uns darauf, das Spiel an sich zu untersuchen. Welche Punkte stehen in direkter Verbindung mit unserem Thema: den Templern und den alten Muttergöttinnen?

Im großen und ganzen gleichen sich die Spielfelder. Feld 42 ist immer das Labyrinth, Feld 58 stellt immer den Tod dar. Und immer hat das Spielfeld selbst – abgesehen vom Ziel – *dreizehn* Felder mit einer Gans. Wer auf einem dieser Felder landet, darf vorrücken bis zum nächsten Spielfeld mit Gans. Das Ziel selbst ist wesentlich größer als die übrigen Felder, die Spirale an sich stellt somit eine Art Neun dar. Diese Neun wiederholt sich in der Anzahl der Felder. Es sind nämlich genau dreiundsechzig, also *neun* mal sieben (beziehungsweise *fünf* mal zehn plus *dreizehn*). Und wiederholen damit die Zahl der templerischen Gebete für die mönchischen Horen.

Wäre das Gänsespiel ein isolierter Aspekt, könnten wir solche merkwürdigen Übereinstimmungen mit genau den Zahlen, welche auch in der Symbolik des Templerordens auftauchen, ignorieren. Aber global gesehen fügen sie sich so wunderbar ins das Muster ein, daß es sich wirklich kaum mehr um einen Zufall handeln kann.

Was nicht bedeutet, daß die Templer dieses Spiel »erfunden« haben. Aber vielleicht haben sie dafür gesorgt, daß es in Umlauf kam. Oder andere Gruppen, welche die gleichen Ziele verfolgten.

DIE ZEITGENOSSEN

Die Antoniter

Der 17. Januar ist der Namenstag des ägyptischen Einsiedlers Antonius (251–356). Obwohl es sich um einen sehr frühen Heiligen handelt, ist sein Leben recht gut dokumentiert: weil einer seiner Bewunderer, der heilige Athanasius, es schriftlich festhielt. Oder zumindest das, was er für erwähnenswert hielt.

Seine Reliquien wurden später nach Alexandria und dann nach Konstantinopel überführt. Schließlich gelangten sie nach Frankreich, wo sie in Saint-Didier de la Motthe verehrt wurden. Ironischerweise ganz in der Nähe von Vienne, wo das Konzil stattfand, das zum Verbot des Templerordens führen sollte.

Ende des 11. Jahrhunderts, kurz vor dem Aufbruch zum ersten Kreuzzug, gründete ein französischer Edelmann einen diesem heiligen Antonius geweihten Orden. Weil sein Sohn vom sogenannten Antoniusfeuer geheilt worden war, eine Krankheit, gegen welche der heilige Antonius als mächtiger Fürbitter galt.

Dieser Orden sollte die Aufgabe haben, sich speziell um Menschen zu kümmern, die von dieser Krankheit befallen waren. Heute weiß man, wie sie entstand: durch den Verzehr von Getreide, das von dem sogenannten Mutterkorn befallen ist. Seine Wirkung war ähnlich der des LSD: Halluzinationen. Daneben äußerte sich die Krankheit in einem lepraähnlichen Hautausschlag.

Zur Zeit der Hochblüte ihres Ordens besaßen die sogenannten Antoniter beinahe vierhundert Hospitale, in ganz Europa verteilt. Ihr spanisches Mutterhaus war in Castrojeriz, auf dem Jakobusweg. Die Ruine ihres Klosters ist heute noch erhalten.

Die spanischen Experten des Templerordens sehen eine Verbindung zwischen diesem und den Antonitern. Und das nicht nur, weil sie in Castrojeriz Nachbarn waren, denn auch eine Templerkomturei war dort angesiedelt. In erster Linie deshalb, weil sie der Meinung sind, daß auch die Antoniter einige recht unorthodoxe Züge aufzuweisen haben.

Das beginnt mit dem Abzeichen der Antoniter. Denn auf ihren Mänteln trugen sie weder ein herkömmliches Kruzifix noch ein gleichschenkliges Kreuz wie die meisten Ritterorden, sondern das sogenannte T-Kreuz oder Tau-Kreuz. Es hat seinen Namen daher, weil es schlicht wie ein T geformt ist: Die Verlängerung des Längsbalkens über den Querbalken hinweg fehlt. Da niemand weiß, wie das Kreuz Jesu tatsächlich aussah, eigentlich eine durchaus statthafte Abweichung. Nur drängt sich angesichts der Tatsache, daß der heilige Antonius Ägypter war, eine andere Assoziation auf. Denn auch die alten Ägypter benützten eine Art Kreuz als Heilssymbol: das sogenannte Anch- oder Henkelkreuz, in dem der obere Längsbalken durch eine Schlaufe ersetzt wird. Dieses Kreuz wird speziell mit der Göttin Isis assoziiert, deren Kult noch in nachchristlicher Zeit im gesamten Mittelmeerraum verbreitet war. Dieses Anch-Kreuz entspricht im übrigen ziemlich genau dem astrologischen Zeichen für den Planeten Venus.

Anch-Kreuz

Venus

Allerdings standen die Ägypter auch mit einem Land in Kontakt, in dem ein Symbol verbreitet war, das sogar auf Anhieb dem Tau-Kreuz entspricht. Es geht um die berühmte kretische Doppelaxt. Was sie genau bedeutet hat, weiß man nicht. Manche meinen, sie stelle die Polarität zwischen dem männlichen und dem weiblichen Element dar. Andere hingegen halten es für ein spezifisches Symbol einer Muttergöttin, welche die alten Kreter verehrten. Sie manifestiert sich in der bekannten Darstellung einer Frau mit üppigen nackten Brüsten, einer Wespentaille und weitem Rock, die in jeder Hand eine Schlange trägt. Einer Theorie nach läßt sich sogar das berühmte Labyrinth der kretischen Stadt Knossos auf das Wort *labrys*, die Doppelaxt, zurückführen.

Ein weiteres interessantes Indiz ist das Attribut, das dem heiligen Antonius auf graphischen Darstellungen gerne beigegeben wird: das Schwein. Einer Legende nach bezieht es sich auf die Versuchungen, denen der heilige Antonius in der Wüste ausgesetzt war. Denn hatte nicht schon Jesus Dämonen in Schweine gebannt (Mt 8/29, Mk 4/12, Lk 8/32)? Dennoch zogen die Antoniter Gewinn aus diesem etwas zwielichtigen Attribut: Sie hatten bestimmte Privilegien, was die Futtersuche ihrer Schweine betraf.

Dies hätte nicht unbedingt etwas zu bedeuten, wäre das Schwein nicht ein Symbol der alten Muttergöttinnen. Weil die Sau nun einmal in einem Wurf wesentlich mehr Junge zur Welt bringt als andere Wirbeltiere. Dementsprechend hat sie auch wesentlich mehr Zitzen – und erinnert damit wieder verdächtig an die Darstellungen der Artemis von Ephesus, die sich durch mehrere Reihen von Brüsten auszeichnet.

In der offiziellen kirchlichen Symbolik steht das Schwein für Freßsucht. Es soll den Gläubigen warnen, sich nicht mit übertriebenem Genuß den Gaumenfreuden hinzugeben. Auf gewisse Weise ergänzt diese Interpretation die obige, welche das Schwein mit den alten Göttinnen assoziiert. Denn Völlerei ist schließlich nur dort möglich, wo Überfluß herrscht.

Der seltsamste Aspekt des Ordens ist jedoch die weibliche Patronin, welche sich die Antoniter auserkoren hatten: eine Landsmännin des heiligen Antonius, die sogenannte Maria von Ägypten. Und hier sind die Parallelen zum Templerorden unübersehbar. Beziehungsweise zu der von diesem verehrten heiligen Maria Magdalena. Denn gleich dieser war die ägyptische Maria eine reformierte Prostituierte, die im 5. Jahrhundert gelebt haben soll. Nach einer erfolgreichen »Karriere« in Alexandria begab sie sich nach Jerusalem, um auch dort ihrem Gewerbe nachzugehen. Aus Neugier wollte sie das Heilige Kreuz besichtigen, aber eine unsichtbare Kraft stieß sie am Eingang der Kirche zurück. Den Rest ihres Lebens verbrachte sie dann büßend in der Wüste, jenseits des Jordan.

Konkret zwei Attribute teilt die ägyptische Maria mit ihrer

»Kollegin« Maria Magdalena. Wie diese wird sie gerne nackt dargestellt, nur von ihrem langen Haar umhüllt. Und beide haben neben sich einen Totenschädel. In einem Punkt weichen die Darstellungen der ägyptischen Maria jedoch von denen der Magdalena ab: Erstere erscheint üblicherweise als alte Frau, Maria Magdalena hingegen als schönes junges Mädchen. Dafür weist die ägyptische Maria eine Gemeinsamkeit mit den Schwarzen Madonnen auf: Sie hat auf den meisten Bildern eine sehr dunkle Hautfarbe. Die Erklärung der Kirche: Sie sei in der Wüste von der Sonne verbrannt worden.

Obwohl ein weiteres Symbol der ägyptischen Maria dieser Erklärung widerspricht. Zu ihren Symbolen gehören nämlich auch drei Brote, eigentlich ein Symbol der Fruchtbarkeit. Und warum ausgerechnet *drei* Brote? Auch hier ist die Kirche nicht um eine Begründung verlegen: diese drei Brote habe sie vor ihrem Rückzug in die Wüste gekauft und die ganzen Jahre von ihnen gelebt. Und der Löwe, in dessen Begleitung sie immer dargestellt wird? Dieser habe ihr Grab gegraben, versichern die Hagiographen.

In Wirklichkeit ist der Löwe ein Symbol der Göttin Kybele: ihr Wagen sei von Löwen gezogen worden. Wobei jedoch nicht nur der Löwe ein weibliches Symbol ist, sondern Katzen generell. In Anatolien fand man eine etwa achttausend Jahre alte Statue einer sitzenden Großen Göttin, neben deren Thron zwei Katzen Wache halten. Der germanischen Überlieferung nach waren Katzen vor den Wagen der bereits erwähnten Göttin Freya gespannt, die dem Freitag seinen Namen gab.

Man hat den Eindruck, als habe die christliche Hagiographie über die ägyptische Maria Statuen der Kybele in eine christliche Legende gehüllt. Wobei die Katze beziehungsweise der Löwe für die Verbindung mit Ägypten sorgte. Denn die alten Ägypter kannten sowohl eine Göttin mit Löwenkopf, Sechmet, als auch eine Katzengöttin, Bast. Bibelforscher haben festgestellt, daß die Katze als einziges Haustier von der Bibel kein einziges Mal erwähnt wird. Sie führen es darauf zurück, daß ihre Verfasser einen wahren Horror vor diesem typisch ägyptischen Produkt des Vielgottglaubens hatten. Aber warum übertrug sich dieser Abscheu nicht auf den Stier, als Apis in Ägypten hochverehrt, oder auf den Widder, Symbol des Gottes Amon? Wäre es nicht wesentlich logischer, daß die Religion Jahwes mit ihren typisch patriarchalischen Zügen dieses Symbol deshalb ignorierte, weil es das einer weiblichen Gottheit ist? Kein Wunder, daß eine Etymologie das Wort »Ketzer« auf »Katze« zurückführt. Oder daß die Illustrationen von Märchenbüchern bis zu diesem Tag den Hexen gerne eine Katze beigesellen, die auf ihrer Schulter sitzt.

Und just dieser Katze begegnen wir noch heute als Ornament in der Kirche der ehemaligen Templerkomturei von Temple Bruer im englischen Lincolnshire. Der reliefartig heraustretende Katzenkopf ist etwa in Kniehöhe angebracht; vielleicht befand er sich also ursprünglich neben einer Bank. Angesichts der Bedeutung, welche die Zahl Neun für die Templer zu haben scheint, fragt man sich auch, warum gerade einer Katze neun Leben zugeschrieben werden.

Zugegeben: bei dieser Skulptur handelt es sich um einen Einzelfall. Aber nur heute. Wie die Templerkirchen nämlich zur Zeit der Blüte des Ordens aussahen, wissen wir nicht. Abgesehen davon ist bekannt, daß die Templer tatsächlich Katzen hielten. Sie gehörten zu den Tieren, welche ein Templer verschenken durften.

Die Katharer

Kritiker der katholischen Kirche werfen ihr gerne vor, daß sie von der Sexualität geradezu besessen ist. Daß die Frage, was in den Betten der Gläubigen vor sich geht, sie mehr interessiere als das Unrecht, das sich sonst auf der Welt abspiele. Manche hoffen, daß sich diese Einstellung, zum Beispiel den Verhütungsmitteln gegenüber, eines Tages ändern wird. Denn hatte die Kirche nicht ursprünglich auch Schutzimpfungen verdammt? Weil eine Pokkenepidemie eine Strafe Gottes sei und von den Gläubigen als solche ergeben erduldet werden müsse?

Wer die Zehn Gebote des Alten Testaments mit denen eines

modernen katholischen Katechismus vergleicht, wird auch erstaunt feststellen müssen, daß sie einander nicht in allen Punkten entsprechen. Die katholische Kirche hat nämlich das zweite Gebot (keine Bildnisse zu machen) gestrichen und dafür das siebte Gebot (die Ehe nicht zu brechen) in gleich zwei Gebote aufgeteilt hat, die mit Sexualität zu tun haben: das sechste und das neunte. Das sechste verbietet unkeusche Handlungen, das neunte unkeusche Gedanken und Wünsche.

Manche halten es für eine ironische Tatsache, daß die katholische Kirche diese negative Einstellung der Sexualität gegenüber von einer Nebenströmung des Christentums übernommen hatte, die sie ansonsten bitter bekämpfte: den Gnostikern. Wobei diese Einstellung sich erst allmählich wandelte: in den ersten Jahrhunderten des Christentums erwartete die Kirche von ihren Bischöfen, daß sie verheiratet waren – ansonsten gerieten sie in den Verdacht, Gnostiker zu sein.

Allerdings haben wir gesehen, daß auch die Katharer Gnostiker waren. Insofern darf es uns nicht erstaunen, daß auch sie die Sexualität ablehnten. Und in erster Linie die Frauen für den Sündenfall – bei ihnen im übrigen mit Sexualität gleichzusetzen – verantwortlich machten.

Wo sich die Meinung der Katharer von der Roms unterschied, war in der Ablehnung des Gebotes »Seid fruchtbar und mehret euch!« Denn für die Katharer bedeutete die Fortpflanzung das Bannen weiterer Seelen in fleischliche Körper und die Verewigung des materiellen Elends. Und da die Hauptaufgabe bei der Fortpflanzung nun einmal bei den Frauen liegt, galten diese als minderwertig.

Aber wie durften dann Frauen bei den Katharern predigen und segnen, sogar das höchste Sakrament, das *Consolamentum*, spenden? Warum fühlten sich so viele Frauen von den Lehren der Katharer angezogen? Manche Katharer umgingen diesen Widerspruch, indem sie die Seele geschlechtslos machten: Frauen würden vor dem Eintritt in das Paradies eine männliche Seele erhalten. Und indem Männer und Frauen schon hier auf der Erde auf Sexualität verzichteten – das war die Bedingung für den

Empfang des *Consolamentum* –, warfen sie auf gewisse Weise ihre geschlechtliche Natur ab, wurden zu Zwittern.

Wir haben bereits erwähnt, daß speziell Esoteriker eine Verwandtschaft zwischen den Templern und den Katharern sehen. Wir wollen nicht bestreiten, daß Templer und Katharer gemeinsame Komponenten aufweisen. Es ist bereits suggestiv, daß die Prediger der Katharer immer zu zweit unterwegs sein mußten und auch die Templer ihre Komtureien nur in Begleitung eines Gefährten verlassen durften. Und wenn das Wort »Katharer« dem Namen der von den Templern verehrten heiligen Katharina ähnelt, dann deshalb, weil sie den gleichen etymologischen Ursprung haben: beide bedeuten »die Reine(n)«.

Nur, so ernüchternd es für manchen Leser klingen mag, in dieser Abhandlung müssen wir die Unterschiede zwischen Templern und Katharern hervorheben.

Obwohl manche Autoren meinen, die Liebeslieder der südfranzösischen Troubadoure seien in Wirklichkeit der Kirche der Katharer gewidmet, weil die Katharer selbst ihre Religion mit einer hohen Frau verglichen hätten. Aber es ist unbestreitbar, daß sich die negative Auffassung der Katharer vom weiblichen Prinzip auch in der Rolle niederschlug, welche bei ihnen die Jungfrau Maria spielte, die nun einmal in der Ideologie der Templer den höchsten Stellenwert einnimmt.

Wobei es unter den Katharern verschiedene Meinungen über die Natur der Maria gab. Die eine ging davon aus, daß es sich um einen Engel handelte, die andere hielt sie für eine Frau, von der Jesus jedoch nichts übernommen hatte. Maria war demzufolge nicht die Gottesmutter. In beiden Fällen fristete sie ein Schattendasein.

Im übrigen gibt es noch einen weiteren bedeutsamen Punkt, welcher die Lehren der Katharer von der Ideologie der Templer trennt: die Stellung, die bei ihnen die Person Johannes des Täufers innehat. Für die Templer war er einer der wichtigsten Heiligen. Bei den Katharern stellte er ein negatives Prinzip dar, dessen Wassertaufe, von der Kirchenhierarchie übernommen, sie ablehnten. Die einzig wahre Taufe sei die Christi, durch den Heiligen Geist.

Die Grenzen der Orthodoxie

Die christlichen Missionare arbeiteten nach dem Prinzip, Anrüchiges wenn möglich verschwinden zu lassen, es im wahrsten Sinne des Wortes zu »verteufeln«. Es ist kein Zufall, daß der Teufel des Volksglaubens sich einige Attribute von heidnischen Göttern entlieh. So haben sowohl der keltische Gott Cernunnos als auch der griechische Pan Hörner. Von letzterem hat der Teufel auch seine Bocksbeine.

Gerade der heilige Johannes ist jedoch ein weiteres gutes Beispiel dafür, wie die Kirchenhierarchie vorging, wenn es nicht möglich war, die alten Götter oder Bräuche in den Hintergrund zu drängen: In diesem Fall wurden sie vereinnahmt. Johannes der Täufer wird am 24. Juni gefeiert, also zur Zeit der Sommersonnwende. Ein anderer Johannes, der Evangelist, am 27. Dezember, also kurz nach der Wintersonnwende.

Wir haben untersucht, daß die Verehrung der Jungfrau Maria einige recht seltsame Komponenten aufweist: zum Beispiel die Mondsichel oder die Schlange, die man auf den meisten Darstellungen zu ihren Füßen wiederfindet. Wir haben weiterhin gesehen, daß sich diese merkwürdigen Komponenten im Umfeld der sogenannten Schwarzen Madonnen häufen. Legenden assoziieren sie mit Höhlen und Bäumen und machen jede von ihnen zu einer eigenständigen Persönlichkeit.

Und neben der Jungfrau Maria haben wir noch eine Reihe weiterer Heiliger kennengelernt, bei denen klar zu erkennen ist, daß hier lediglich eine heidnische Gottheit in ein christliches Mäntelchen gehüllt wurde: Maria Magdalena, die ägyptische Maria, Afra.

Es ist also eine sehr schmale Marge, welche das Orthodoxe vom Ketzertum trennt. Wobei diese Grenze zwar nicht gerade fließend ist, aber immer wieder neu definiert wird – von der Kirche, versteht sich.

Der heilige Bernhard, ein anerkannter Kirchenlehrer, müßte heute seinen Thesen über die Unbefleckte Empfängnis ganz schnell abschwören, um nicht denn Bannspruch auf sich zu ziehen. Und nicht nur er.

Esoteriker behaupten, die Portale der gotischen Kathedralen stellten nichts anderes als eine gigantische Vulva dar. Ihre Form ist tatsächlich seltsam suggestiv: Spitzbogen, die sich immer mehr verengen. Nicht erstaunlich also, daß manche Autoren zu der festen Überzeugung gekommen sind, die Templer hätten den Kathedralenbau massiv gefördert. Die Tatsache, daß die meisten der großen Kathedralen Notre-Dame geweiht sind, läßt dies auf den ersten Blick als plausibel erscheinen.

Manche Vertreter dieser Theorie gehen noch einen Schritt weiter und behaupten, die Templer hätten die für dieses Unterfangen notwendigen Mittel aus den Silberbergwerken Südamerikas bezogen. Das ist jedoch keinesfalls bewiesen. Und angesichts der Tatsache, daß die mächtigsten und schönsten Kathedralen in den großen Städten entstanden, ist auch der Einfluß der Templer zweifelhaft. Denn die reichen Handelsstädte des Mittelalters hatten zweifellos selbst die Mittel für ein solches Unterfangen, das ja auch den Zweck hatte, ihre Macht zu demonstrieren.

Es sieht eher so aus, als würden sich die verschiedenen Strömungen ergänzen, als hätten Templer und Kathedralenbauer, Antoniter und andere, jede Gruppe auf ihre Art, die Verehrung eines weiblichen Prinzips gefördert.

Wer weiß, wie sich das Schicksal nicht nur der Kirche, sondern auch des Abendlandes gestaltet hätte, wenn sich die Vorstellungen dieser Dissidenten durchgesetzt hätten. Vielleicht würden wir heute in den Kirchen kein herkömmliches Kruzifix, sondern das Henkelkreuz der alten Ägypter verehren.

Das nächste Kapitel zeigt, daß diese Vorstellung gar nicht so weit hergeholt ist.

DIE TEMPLER UND DAS HEILIGE KREUZ

Der Reliquienkult

Es gibt einige Kirchen, speziell aus der Zeit des Barocks, in denen sich empfindsame Besucher in ein Horrorkabinett versetzt fühlen. Weil sich dort in einem Glaskasten ein Skelett auf einem Ruhelager aus Samt zu räkeln scheint. Bei genauerer Betrachtung zeigt sich, daß die Rippenbögen – jeder einzeln, wohlgemerkt – bisweilen in kostbare Stoffe eingenäht sind. Die Knochen der Finger – manchmal nicht nur sie – sind mit Juwelen geschmückt.

Ein gruseliger Anblick. Zumindest für uns heute. Was hat es damit auf sich? Es handelt sich um Reliquien: die Gebeine eines Heiligen. Im Idealfall ist es der Heilige, dem die Kirche geweiht ist.

Aber auch wenn Reliquien nicht auf diese Art präsentiert werden: Sie sind in jeder katholischen Kirche vorhanden. Üblicherweise im Altar. Denn, wie gesagt, seit dem Konzil von Nicäa (787) definiert das kanonische Recht den Altar als Grab eines Heiligen. Die ersten Judenchristen wären über eine solche Vorstellung noch entsetzt gewesen. Leichen galten als unrein.

Die Hochblüte des Reliquienkultes war im Mittelalter. Kranke pflegten sich neben oder auf den Reliquien des jeweiligen Heiligen niederzulassen, in der Hoffnung, Gesundung zu erlangen. Die Reliquienschreine wiesen Öffnungen auf, durch die man ein krankes Glied strecken konnte. Oder auch nur einfach, um den heiligen Leichnam zu berühren. Es handelte sich um eine Art Sympathiezauber, welcher räumliche Nähe, sogar Berührung verlangte. Daß dieser Glaube immer noch in den Köpfen der Menschen verankert ist, ersehen wir daran, daß der ehemalige spanische Staatschef Franco (1892–1975) größten Wert darauf legte, eine Reliquie in seinem Schlafzimmer aufzubewahren: den

Arm der heiligen Theresa. Anscheinend vertraute er mehr auf dessen »wohltätige« Nähe als auf Gebete und dergleichen.

Aber ausgerechnet vom Gründer der christlichen Religion, Jesus selbst, gab es keine Reliquien. Zumindest keine primären. Darunter versteht man Körperteile. Denn schließlich war laut christlicher Lehre Jesus körperlich zum Himmel aufgefahren. Nicht ganz: Als Kuriositäten soll es noch einige Nabelschnüre und Milchzähne Jesu geben. Außerdem behaupten mindestens sieben Kirchen, die bei der Beschneidung Jesu angefallene Vorhaut in ihrem Besitz zu haben.

Daneben manifestierte sich das Bedürfnis, wenn schon nicht den Körper Jesu zu berühren, so doch an den Orten zu wandeln, die den Tritt seiner Füße gespürt hatten, die Stationen seines Lebens und seiner Passion zu besichtigen. Das erklärt die Wallfahrten nach Jerusalem. Und die Kreuzzüge, welche die heiligen Orte christlich machen sollten.

Auch die Templer blieben von dieser Haltung nicht unbeeinflußt. 1164 übersandte der Komtur der Templer von Jerusalem dem französischen König Ludwig VII. (1120–1180) einen Ring, den er an den Stätten der Passion Jesu getragen und dabei intensiv an den König gedacht hatte. Der Ring sollte also den Einfluß dieser Orte aufnehmen, welche gleichzeitig mit der geistigen Präsenz des Königs bekannt gemacht werden sollten.

Angesichts der fehlenden primären Reliquien Jesu war zu erwarten, daß die wenigen »sekundären« in den Mittelpunkt des Interesses rücken würden: Gegenstände, welche Jesus gehört haben oder die mit seinem Tod in Verbindung stehen.

Das war auch der Fall. So gab beziehungsweise gibt es eine ganze Reihe von »heiligen Nägeln«, welche bei der Kreuzigung verwendet worden sein sollen – ein Experte ist auf sechsunddreißig Stück gekommen.

Die Dornenkrone Christi befindet sich heute in der Kathedrale Notre-Dame von Paris. Allerdings ohne Dornen: diese sind separat im Umlauf. König Ludwig IX. von Frankreich (1214–1270), der wichtigste Teilnehmer des siebten Kreuzzugs, hatte diese Dornenkrone Balduin II. von Konstantinopel abgekauft –

beziehungsweise als Geschenk erhalten und dafür ein entsprechendes Geldgeschenk hinterlassen. Denn heilige Reliquien durfte man schließlich nicht verschachern.

In der Kathedrale von Oviedo in Nordspanien verehren die Gläubigen noch heute ein Tuch, welches das Haupt Jesu bei der Kreuzabnahme bedeckt haben soll. Experten sehen seine Echtheit dadurch bestätigt, daß die Anordnung der Flecken darauf der einer weiteren sekundären Reliquie Jesu entspricht: dem berühmten Grabtuch von Turin. Wir gehen auf dieses in einem späteren Kapitel noch ein.

Eine weitere Reliquie Jesu – die Echtheit soll uns in diesem Zusammenhang nicht interessieren – befindet sich in der deutschen Stadt Trier: der sogenannte Heilige Rock. Es soll sich um das Gewand Jesu handeln, das aus einem Stück gewoben war und das die Henkersknechte deshalb nicht zerschnitten, sondern vor der Kreuzigung verlosten (Joh 19/24).

Aber die wichtigste Reliquie Jesu war das sogenannte Heilige Kreuz: das Instrument seiner Passion und seines Todes, an dem er laut kirchlicher Lehre für unsere Sünden hingeopfert wurde.

Die Hüter des Heiligen Kreuzes

Die Legende behauptet, es sei Kaiserin Helena gewesen, die Mutter Kaiser Konstantins des Großen (ca. 285–337), welche im Jahre 326 dieses Kreuz in Jerusalem aufgefunden hatte, neben den beiden Kreuzen der Verbrecher, die an der Seite Jesu gekreuzigt worden waren (Mt 27/38, Mk 15/27, Joh 19/17). Nachdem ein Wunder darüber entschieden hatte, welches von den drei Kreuzen das »Wahre« Kreuz darstellte, ließ Helena einen Teil der Reliquie abschneiden und nach Konstantinopel bringen. Von diesen beiden Heiligen Kreuzen wurden immer wieder kleinere Partikel abgetrennt, um sie als Geschenk besonders geehrten Gästen oder Gastgebern zu vermachen.

Denn die Splitter des Heiligen Kreuzes gehörten zu den beliebtesten Reliquien überhaupt. Diese »Sucht« nach Partikeln des wahren Kreuzes führte dazu, daß Fälscher sich diese Sehnsucht nach einem Gegenstand, der den Leib Jesu berührt hatte, zunutze machten. Es begann eine wahre Inflation von Heiligen Kreuzen.

Auch die Templer nahmen an dieser Verehrung des Heiligen Kreuzes regen Anteil. Allein in Spanien haben Forscher vierzehn verschiedene Templerkomtureien mit Splittern des Heilige Kreuzes dokumentarisch nachgewiesen; einige dieser Reliquien sind sogar noch erhalten. Wir können davon ausgehen, daß es ursprünglich wesentlich mehr waren. Genauso gehört der Tag, an dem die Kirche die Auffindung des Heiligen Kreuzes durch die heilige Helena feiert, der 3. Mai, zu den Feiertagen, die laut Regel in allen Komtureien feierlich begangen werden mußten.

In Jerusalem hatten die Templer eine noch intensivere Verbindung mit dem Heiligen Kreuz. Denn zur Zeit der Hochblüte des fränkischen Königreiches von Jerusalem war es üblich, daß bei entscheidenden Schlachten das Heilige Kreuz dem christlichen Heer voranzog. Damit ist das große Bruchstück gemeint, welches Kaiserin Helena der Überlieferung nach in Jerusalem zurückgelassen hatte. Und dieses Heilige Kreuz war in der Schlacht einem Trupp von Templern anvertraut.

Sprich: Die Templer waren die Hüter des Heiligen Kreuzes von Jerusalem, der wichtigsten Reliquie der Christenheit. Aber genau den gleichen Templern warf man 1307 vor, das Kreuz zu verhöhnen und zu verunglimpfen. Warum?

Zum Teil erklärt sich dieser seltsame Widerspruch bereits durch die Ereignisse an sich. Denn bei einer dieser Schlachten, der von Hattin (1187), ging das Heilige Kreuz verloren. Der Templer, der dafür verantwortlich war, hatte es im Kampfgewühl vergraben – und konnte es anschließend nicht mehr wiederfinden. Ein böses Omen. Diese Schlacht von Hattin führte zum Verlust der heiligen Stadt Jerusalem. Das gleichnamige Königreich sollte zwar noch etwas mehr als hundert Jahre lang existieren, aber die neue Hauptstadt war Akkon.

Die Sarazenen behaupteten, das Heilige Kreuz von Hattin gefunden zu haben. Über dreißig Jahre lang benützten sie es in allen Verhandlungen als Druckmittel. Aber als es dann 1221, nach dem fehlgeschlagenen fünften Kreuzzug, tatsächlich an die Christen zurückgegeben werden sollte – war es nicht aufzufinden. Vielleicht ruht es heute noch im Wüstensand.

Um die Kreuzritter nicht allzu sehr zu demoralisieren, war kurz nach der Schlacht von Hattin ein weiteres Heiliges Kreuz fabriziert worden, aus einigen Splittern, die im Orient verehrt worden waren. Aber den Verlust des »Wahren« Kreuzes verschmerzten die Christen dennoch nicht. Und für diesen Verlust machten sie die Templer verantwortlich. Nicht nur, weil es ihrer Obhut anvertraut gewesen war. Auch deshalb, weil einer der Hauptverantwortlichen für das Debakel von Hattin Gérard de Ridefort war, Großmeister der Templer zwischen 1184 und 1189. Seinen Einflüsterungen war es zuzuschreiben, daß der König von Jerusalem, Guy de Lusignan, es überhaupt zur Schlacht kommen ließ, bei der die Christen eine katastrophale Ausgangsposition hatten.

Solche Überlegungen könnten dazu beigetragen haben, daß irgendwann der Verdacht aufkam, den Templern liege nichts am Kreuz Christi. Allerdings gibt es einen Ort, wiederum in Spanien, an dem sich die Frage aufwirft, wem nichts an diesem Kreuz liegt und was dieses Kreuz bedeutet.

Das Kreuz von Caravaca

Wir haben erwähnt, daß in zahlreichen Templerkomtureien Heilige Kreuze verehrt – oder zumindest aufbewahrt – wurden. Es gibt einen Ort in Spanien, in dem sich heute noch die Verehrung eines Heiligen Kreuzes in einem gewaltigen Volksfest manifestiert, zwischen dem 1. und dem 5. Mai, also anläßlich des Festes der Kreuzesauffindung. Dieses Kreuz ist so berühmt, daß es inzwischen in den Namen des Ortes aufgenommen wurde: Caravaca de la Cruz, in der Nähe von Murcia gelegen.

Die Legende behauptet, dieses Kreuz sei durch ein Wunder nach Caravaca gelangt, um das Jahr 1230. Caravaca sei eine der letzten Bastionen der Mauren in dieser Gegend gewesen. Und ihr Befehlshaber habe einem gefangenen Priester gestattet, für seine Mitgefangenen die Messe zu lesen. Aus Neugier, weil er wissen wollte, was dort vor sich ging. Der Priester hatte ihm mitgeteilt, was er für diese Heilige Messe benötigte, jedoch das Wichtigste vergessen: das Kreuz. Worauf plötzlich, mit strahlendem Glanz, ein solches erschien, getragen von zwei Engeln. Wie nicht anders zu erwarten, bekehrte sich der Maure umgehend zum Christentum.

Dieses Kreuz von Caravaca gehört zu denen, die mit den Templern assoziiert werden. Vielleicht war dies einer der Gründe dafür, daß die Kirchenoberen sich lange Zeit weigerten, es anzuerkennen: Sie verboten seine Verehrung. Und das, obwohl die äußere Form des Reliquienbehälters keinerlei Anlaß zur Beanstandung geben dürfte. Der Kreuzessplitter ist, wie viele andere auch, in ein sogenanntes Patriarchenkreuz integriert, also ein Kreuz mit zwei Querbalken, einem langen, wie üblich, und darüber einem wesentlich kürzeren. Erst 1380, also drei Generationen nach der offiziellen Aufhebung des Templerordens, genehmigte ein Papst offiziell den Kult des Kreuzes von Caravaca. Nur war dieser Papst ein Gegenpapst: Benedikt XIII. (1328–1424), mit richtigem Namen Pedro de Luna, der zeitweise im spanischen Peñíscola residierte.

Vielleicht ist es wiederum aufgrund der jahrhundertelangen Ablehnung durch die Kirchenhierarchie, daß diesem Kreuz von Caravaca noch heute magische Kräfte zugeschrieben werden. In Spanien findet ein Buch mit Gebeten für jeden Anlaß, welche sich auf das Kreuz von Caravaca berufen, immer noch reißenden Absatz. Und das, obwohl den meisten durchaus bewußt ist, daß das heutige Kreuz von Caravaca lediglich eine Kopie aus dem Jahre 1940 ist: Das Original wurde 1935 gestohlen.

Dieses Buch schreibt genau vor, unter welchen Umständen die Rituale durchgeführt werden müssen. So sollen die magischen Zeremonien bei abnehmendem Mond beginnen. Sehr sinnig, angesichts der Tatsache, daß der Name des Papstes, der die Verehrung des Kreuzes von Caravaca sanktioniert haben soll,

»de Luna«, in der Übersetzung »des Mondes« heißt. Daß er ausgerechnet der *dreizehnte* Papst mit dem Namen Benedikt war, macht die Sache noch seltsamer.

Heute sind solche Gebete und Bücher ein Kuriosum. Aber im Mittelalter, als allenthalben der Reliquienkult blühte, war die innere Einstellung, welche diesen Wunderglauben überhaupt aufkommen ließ, allgemein verbreitet. Abgesehen davon gibt es auch heute noch Leute, die darauf schwören, daß ein kurzes Gebet an den heiligen Antonius prompt Verlorenes wiederbeschafft oder der heilige Erasmus Bauchschmerzen, die heilige Apollonia hingegen das Zahnweh lindert. Das kann also nicht der Grund gewesen sein, daß gerade dieses Kreuz von der Kirchenhierarchie mit scheelem Blick betrachtet wurde.

Wie läßt sich diese Abneigung also erklären? Mit Sicherheit ist sie bis zu einem bestimmten Grad auf die Verbindung mit den Templern zurückzuführen. Wie dem auch sei, die offizielle Begründung der Kirche für die Ablehnung des Kreuzes von Caravaca ist beinahe schockierend. Sie gab nämlich an, beim Kreuz von Caravaca handle es sich nicht um ein christliches Kreuz.

Das Kreuz – ein weibliches Symbol?

Ein Widerspruch in sich, sollte man meinen. Denn ist nicht *das* Kreuz das spezifisch christliche Heilssymbol? Die Antwort hierauf lautet Nein. Denn, wie bereits im Zusammenhang mit dem ägyptischen Henkelkreuz erläutert, das Kreuz ist wesentlich älter als das Christentum. Nicht nur in Ägypten. Man hat Darstellungen des Kreuzes an allen Orten der Erde und aus allen möglichen Epochen gefunden. Und zwar nicht nur als schmückendes Ornament. Es muß Amulettfunktion gehabt haben. Das ägyptische Henkelkreuz ist lediglich das bekannteste Beispiel hierfür.

Und, wie wir in einem vorangegangenen Kapitel erfahren haben, war es seltsamerweise eine Frau, welche das Kreuz von Golgotha gefunden haben soll. Die Betonung liegt auf »soll«. Denn Eusebius (263–339 n. Chr.), der erste »Kirchengeschichtler«, ein Zeitgenosse der Kaiserin Helena und ein Freund ihres Sohnes, des Kaisers Konstantin, beschreibt zwar die Pilgerfahrt Helenas ins Heilige Land, aber nicht die Auffindung des Kreuzes unter ihrer Aufsicht. Genauso ist ein Schreiben des Kaisers an den Bischof von Jerusalem verbürgt, mit dem Auftrag, das Heilige Kreuz zu suchen. Aber die Legende, welche diese beiden Elemente verband und Konstantins Mutter die Auffindung des Kreuzes zuschreibt, kam erst siebzig Jahre nach diesen Ereignissen auf.

Weiterhin hatte der Kaiser befohlen, an diesem Ort eine christliche Kirche zu errichten. Aber um diesem Befehl zu genügen, mußte erst ein heidnischer Tempel abgerissen werden. Er war der Göttin Venus geweiht. Und damit haben wir vielleicht den Grund gefunden, warum die Legende Kaiserin Helena ins Spiel brachte. Vom Namen her hat sie Anklänge an die Helena der griechischen Mythologie, deren Entführung durch Paris den Trojanischen Krieg entfachte. Diese griechische Helena galt als die schönste Frau ihrer Zeit. Und begonnen hatte die Angelegenheit damit, daß besagter Paris bei einem Schönheitswettbewerb von drei Göttinnen die Venus zur Siegerin erklärt hatte und diese ihm dafür den Besitz der schönen Helena in Aussicht stellte.

Für die damalige Zeit war es also durchaus »logisch«, daß eine »neue« Helena auf dem Berg Golgotha die Venus »ablöste«, so wie Maria als »neue Eva« die Verfehlung der sündigen Urmutter der Menschheit wettgemacht hatte. Ironischerweise war die Kirche, welche Helena errichtet haben soll, rund. Man fragt sich unwillkürlich, ob sie wohl die alten Fundamente verwendet hat ...

Selbst wenn die Kaiserin einen anderen Namen als Helena getragen hätte: Die Verbindung zwischen ihr und der Venus wäre dennoch plausibel. Denn über ihre Herkunft gibt es nur Gerüchte. Konstantin ließ seine Mutter als *nobilissima foemina*, hocherhabene Frau, verehren. Die offizielle Theorie machte sie demzufolge zu einer Königstochter. Und selbstverständlich zur einzig rechtmäßigen Gemahlin von Konstantins Vater, dem römischen General Constantius Chlorus. Auch wenn dieser sie 292 verstieß, um eine Prinzessin zu heiraten und dadurch Kaiser zu werden. Weniger fromme Quellen behaupten, sie sei lediglich die Konkubine von Constantius Chlorus gewesen. Und während die einen sie zu einer hübschen Wirtstochter machen, behaupten andere, dies sei damals gleichbedeutend mit Kurtisane gewesen.

Allerdings assoziiert die Überlieferung die heilige Helena auch noch mit einer weiteren bekannten sekundären Reliquie Jesu. Einer Legende nach war sie es, welche der Stadt Trier, neben anderen Reliquien, den Heiligen Rock vermachte. Denn Trier sei ihre Heimatstadt gewesen. Sollte diese zweite Legende ihren Ruf endgültig retten? Denn würden sich die heiligsten Reliquien der Christenheit von einer Unwürdigen finden und berühren lassen? Oder ist im kollektiven Unterbewußtsein der Menschheit das Numinose so mit dem weiblichen Element verbunden, daß diese Verbindung zwischen einer Frau und Mutter und dem Heiligen ganz automatisch zustande kam? Wir wissen es nicht. Seltsam ist es auf jeden Fall.

Wir haben am Beispiel des ägyptischen Henkelkreuzes erläutert, daß dieses uralte Heilssymbol speziell mit einer Göttin assoziiert wird: der Isis. Auch die phönizische Göttin Tanit wurde in einer Gestalt dargestellt, welche verblüffend einem Kreuz ähnelt: mit seitlich ausgestreckten Armen und einer Art untailliertem Rock, der sich von den Achseln aus nach unten verbreitert.

Immanuel Velikovsky[23] behauptet, in Mexiko sei der Planet Venus in Form eines Kreuzes dargestellt worden. Genauso ist bezeichnend, daß das Kreuz in den romanischen Sprachen weiblich ist.

In dem englischen Ort Charlton-on-Otmoor (Oxfordshire) steht ein Kreuz, das die Gemeinde als weiblich betrachtet und bezeichnet. Weil es die Jungfrau Maria darstelle, der im übrigen auch die Kirche geweiht ist. Kein Wunder, daß es von der Form her verblüffend den Darstellungen der Tanit ähnelt.

23 Verfasser eines Bestsellers, der in den fünfziger Jahren die These aufstellte, der Planet Venus sei früher ein Komet gewesen und habe als solcher mehrere kosmische Katastrophen ausgelöst.

Wir haben festgestellt, daß in den erhaltenen Gebeten und Ritualen der Templer die Gestalt Jesu nicht nur vernachlässigt wird, sondern beinahe nicht existent ist. Notre-Dame hingegen, die Jungfrau Maria, bezeichneten sie als Anfang und Ende des Ordens. Stellte das Kreuz bei ihnen Notre-Dame dar? Eine abstruse Vorstellung – sollte man meinen. Denn wir müssen immer wieder darauf zurückkommen: den Templern wurde vorgeworfen, das Kreuz zu verunglimpfen.

Aber welches Kreuz verunglimpften sie? Wäre es nicht schon eine Schmähung des Kreuzes, zumindest in den Augen der christlichen Kirche, wenn sie deren Heilssymbol eine ganz andere Auslegung gaben? Gestanden die Templer lieber, das Kreuz zu bespucken, als zuzugeben, welche Funktion es tatsächlich für sie hatte?

Es sieht so aus, als hätte das Schicksal selbst dafür gesorgt, daß diese Assoziation erhalten bleibt. Denn just die Form des Kreuzes von Caravaca, das mit den Templern assoziiert wird, ist in Frankreich, wo der Orden offiziell gegründet und vernichtet wurde, eng mit einer Frau verbunden. Es wird dort Kreuz von Lothringen genannt und ist das Symbol für die Freiheit Frankreichs. Bekannt jedoch wurde es in den Händen von Jeanne d'Arc, der Jungfrau von Orléans.[24]

Generell fällt auf, daß die wichtigsten Reliquien Jesu sich nicht in der Obhut des Oberhauptes der katholischen Kirche befinden, also in Rom. Das trifft sowohl auf das Heilige Kreuz als auch auf den Heiligen Rock, das Tuch von Oviedo und das Grabtuch von Turin zu. Und noch mehr auf eine weitere Reliquie, die legendärste von allen: den Heiligen Gral.

24 Jeanne d'Arc (1412–1431) setzte während des Hundertjährigen Krieges zwischen Frankreich und England die Krönung des französischen Königs durch. Sie wurde von der katholischen Kirche als Ketzerin verbrannt – und 1920 heiliggesprochen.

Was ist der Heilige Gral?

Der Heilige Gral – für die meisten unter uns ein Begriff. Und sei es auch nur aufgrund des erfolgreichen Filmes von »Indiana Jones«. Filmen dieser Art verdankt es die Gralslegende, daß sie auch in unserer Zeit noch populär ist. Der Nachteil hingegen ist, daß sie das Wesen des Grales entstellen beziehungsweise ihn auf eine Facette festlegen: die des Kelches.

Allerdings gibt es noch eine weitere Assoziation, welche dieser Begriff, der Heilige Gral, heraufbeschwört: den sagenhaften König Artus oder Arthur und seine Tafelrunde. Auch dieser ist, Hollywood sei Dank, den meisten kein Unbekannter. Genausowenig wie seine berühmtesten Ritter, Parzival und Lanzelot. Nur hat die Filmindustrie auch hier dafür gesorgt, daß uns ein etwas verschobenes Bild von der Wirklichkeit präsentiert wurde.

Denn es gibt tatsächlich ein historisches Vorbild für König Arthur. Moderne Historiker gehen davon aus, daß ein walisisch-römischer Heerführer nach dem Zusammenbruch des römischen Weltreiches im 5. Jahrhundert versuchte, die in England einfallenden germanischen Barbaren zurückzuwerfen. Nur lebte dieser originale Arthur, wie immer er hieß, nicht in einer normannischen Burg mit Türmen und Zinnen, sondern vermutlich in rohen Holzfestungen. Genausowenig kleidete er sich in schimmernde Rüstungen.

Dennoch entstanden die eigentlichen Gralsgeschichten, welche diesen sagenhaften englischen Soldatenkönig mit dem Heiligen Gral verbinden, erst im Mittelalter. Genauer: zur Zeit der Kreuzzüge. Und einige Aspekte dieser Gralsgeschichten weisen verblüffende Parallelen zum Orden der Tempelritter auf. Aus diesem Grund gehen viele Historiker davon aus, daß schon ihre

Zeitgenossen die Templer mit dem Heiligen Gral assoziierten. Wir werden auf diese Aspekte später eingehen. Vorläufig müssen wir den Heiligen Gral genauer definieren. Denn er war beileibe nicht immer ein Kelch.

Als erste der Gralslegenden gilt eine Geschichte von Chrétien de Troyes, die um 1190 entstand: »Perceval le Gallois ou le conte du Graal« – Perceval der Waliser oder die Geschichte des Grals. Der Held dieser Geschichte ist ein junger Mann namens Perceval, der völlig weltfremd aufwächst. Seine Mutter hat Angst, daß er wie sein Vater und seine Brüder als Ritter umkommt. Sie kann dennoch nicht verhindern, daß auch er diese Berufung fühlt und sie schließlich verläßt. Zum Glück findet er bald einen Lehrmeister, Gornemant de Goort, der ihm die Grundlagen des Rittertums beibringt. Aus Unerfahrenheit befolgt er jedoch die Lehren Gornemants wörtlich, wie vorher die seiner Mutter. Und einer der Ratschläge Gornemants lautete, nicht zuviel zu reden.

Nachdem Perceval Gornemant verlassen hat, gelangt er in eine Burg. Während er bei Tisch sitzt, wird eine blutende Lanze an ihm vorbeigetragen, danach zwei Leuchter. Ihnen folgt ein silbernes Hackbrett und dann der Heilige Gral, aus reinem Gold, mit verschiedenen Edelsteinen geschmückt. Chrétien de Troyes spricht von »einem Gral«, ohne weitere Erläuterungen. Verschiedene Interpreten sind deshalb der Meinung, daß seinen Zeitgenossen bekannt war, was sie unter dem Begriff zu verstehen hatten. Auf uns trifft dies leider nicht mehr zu. Es muß sich um eine Art Gefäß gehandelt haben, weil seine Funktion darin bestand, jemandem eine Hostie zu reichen, aber ob es eher einem Teller, einer Schüssel oder einem Kelch glich, wissen wir nicht.

Perceval kann sich vor Neugier kaum zurückhalten. Er brennt vor Sehnsucht, zu erfahren, warum diese Lanze blutet und wen man mit dem Gral bedient. Aber er hält sich, getreu den Anweisungen Gornemants, bescheiden zurück. Später stellt sich heraus, daß er genau diese Fragen hätte stellen müssen, um seinen kranken Gastgeber, den Fischerkönig, von seinem Leiden zu erlösen. Der Rest der Geschichte handelt von dem verzweifelten Versuch Percevals, den Gral wiederzufinden.

Da diese Gralsgeschichte unvollendet blieb, wissen wir leider nicht, ob Chrétien de Troyes vorhatte, sich zum Schluß der Geschichte näher über das Wesen des Grales auszulassen oder ob er nur eine Nebenrolle spielt. Denn parallel zu den Erlebnissen Percevals bringt er einen weiteren Ritter namens Gauvan ins Spiel.

Zu dieser Gralsgeschichte existieren verschieden Fortführungen. Darin wird der Gral zum Kelch des Letzten Abendmahls, mit dem Joseph von Arimathäa später Blut aus der Seite des Erlösers auffing.

Allerdings kommt in diesen Fortsetzungen noch ein zweiter Gegenstand vor, der mit dem Gral assoziiert wird: eine Büste von Jesus Christus, die in der italienischen Stadt Lucca aufbewahrt werde. Interessant an dieser Version ist, daß in dieser Stadt tatsächlich eine solche Büste verehrt wird. Noch interessanter hingegen, daß diese Büste eine Besonderheit hat: Sie ist schwarz.

Kurze Zeit darauf, gegen 1200, bestätigt die Gralsgeschichte »Joseph d'Arimathie« von Robert de Boron die Interpretation der ersten Fortführung: Der eigentliche Heilige Gral sei identisch mit dem Kelch des Letzten Abendmahls, in dem Joseph von Arimathäa später einige Tropfen Blut aus den Wunden Jesu sammelte.

Gegen 1205 trat jedoch eine völlig andere Gralslegende mit den bisherigen in Konkurrenz: Wolfram von Eschenbachs »Parzival«. Eschenbach stellte die Richtigkeit der Gralslegende des Chrétien de Troyes in Abrede. Nur er, Eschenbach, habe aus den wahren Quellen des Grals geschöpft. Der Gral sei in Wirklichkeit ein Stein, den Engel auf der Erde zurückgelassen hätten.

Aber der Handlungsverlauf seiner Geschichte ist ähnlich wie bei Chrétien. Auch bei ihm wird ein junger Ritter von seiner Mutter geradezu gewaltsam isoliert, bis er eines Tages ausbricht und in die Gralsburg gelangt. Und auch von ihm wird eine Frage erwartet. Nur betrifft sie nicht die Person, die man mit dem Gral bedient, sondern seinen Gastgeber. Dieser hat eine geheimnisvolle Wunde in der Schamgegend und kann seine Beine nicht bewegen. Ihn hätte Parzival fragen müssen, was ihn so schmerzt. Sprich: Er hätte sein Mitleid bekunden sollen. Auch er versäumt aus Schüchternheit, diese Frage zu stellen.

Jedoch diese Version blieb genausowenig unwidersprochen. Immer neue Dichter nahmen das Thema auf. Nur sind nicht alle namentlich bekannt. Gegen 1220 entstand eine weitere Gralsgeschichte, der anonyme »Perlesvaus«. Der Gralsritter Sir Gawain sieht im Gral selbst einen Kelch, dann ein Kind, dann einen Gekreuzigten. Und die Frage, die der Gralsritter stellen muß, lautet: Zu was dient der Gral?

Etwa zum gleichen Zeitpunkt, 1220, kamen zwei volkstümliche Gralslegenden auf, »Lancelot« und »Queste del Saint Graal«, die Suche nach dem Heiligen Gral. Einmal wird der Gral darin als Kelch, ein anderes Mal jedoch als Buch beschrieben. Diese neue Auslegung greift auch der anonyme Autor der Romanze »Fulk le Fitz Waryn«, entstanden um 1250, wieder auf. Diese Romanze basiere auf der Biographie eines Mannes namens Fulk Fitz Waryn. Ein moderner englischer Autor ist der Ansicht, daß dessen Großvater, Payne Peveril, als Vorbild für »Perceval« diente, nicht nur aufgrund der Namensähnlichkeit, daß es also tatsächlich eine Art »Gralsfamilie« gab. Gegen 1330 entstand eine weitere Gralslegende, »La folie Perceval«, in der es sich ebenfalls anhört, als sei der Gral ein Buch.

Gleichzeitig existiert noch eine Überlieferung, die zwar den Gral mit dem Kelch des Letzten Abendmahls identifiziert, in dem später Joseph von Arimathäa Blut aus der Seite Christi auffing, ihm jedoch einen etwas anrüchigen Ursprung zuschreibt. Dieser Kelch sei nämlich aus einem Smaragd geschliffen worden. Und dieser Smaragd stamme aus der Krone Luzifers, des rebellischen Erzengels, und sei bei seinem Sturz in die Hölle auf die Erde gelangt.

Fassen wir die verschiedenen Interpretationen zusammen. Der Heilige Gral sei

- der Smaragd aus der Krone Luzifers;
- der Kelch des Letzten Abendmahles;
- ein Gefäß mit dem Blut des Erlösers;

– ein Stein, von Engeln auf der Erde zurückgelassen;
– ein Buch;
– der »schwarze Christus« von Lucca.

Das keltische Element

Kein Wunder, daß sich angesichts dieser vielfältigen Möglichkeiten die Literaturwissenschaftler und Historiker über den Ursprung der Gralsgeschichten nicht einig sind. Für einige geht es tatsächlich um eine christliche Reliquie. Nur ist diese, wie wir anhand der Assoziation mit der Krone Luzifers sehen, mit einem gewissen Schwefelgeruch behaftet.

Die meisten Autoren verweisen darauf, daß viele Elemente der Gralsgeschichte deutliche Anklänge an keltische Legenden haben. So gibt es tatsächlich eine uralte keltische Überlieferung, laut der König Arthur einen magischen Kelch sucht. Noch überzeugender sind jedoch die Legenden über die Tuatha de Danaan, ein irisches Feenvolk. Sie sollen nämlich vier magische Objekte besessen haben:
– den Schicksalsstein, mit dem getestet werden konnte, ob ein Anwärter auf den Königsthron tatsächlich diese Würde verdiente: Er schrie auf, wenn sich dieser Mann auf ihn stellte;
– das Schwert von Nuada, welches unbesiegbar machte;
– die Lanze von Lughaid, die tödliche Strahlen verschoß;
– den Kessel des Dagda, der seine Krieger mit Nahrung versorgte und sogar Tote zum Leben erwecken konnte.

Jeder dieser Gegenstände hat Anklänge an die Gralsgeschichten. Einer Überlieferung nach legitimierte sich König Arthur dadurch als rechtmäßiger König, daß er als einziger das Schwert Excalibur aus einem Stein ziehen konnte. In der Geschichte »Perlesvaus« kann der Gralsritter Gauvain nur dann Zugang zum Gralsschloß erringen, wenn er das Schwert herbeischafft, mit dem einst Johannes der Täufer enthauptet wurde.

Die Lanze taucht in allen Gralsprozessionen auf. Der Kessel des Dagda repräsentiert den Gral selbst, der hier die Form des

Gefäßes annimmt. Nur hat er die gleichen Eigenschaften wie der Gralsstein Wolfram von Eschenbachs, der vor jedem Tischgenossen die Nahrung erscheinen läßt, die er bevorzugt. Mehr noch: Wer ihn erblickt, kann nicht sterben. Der Gral stoppt den Alterungsprozeß.

Ein weiterer Beweis für den keltischen Einfluß auf die Gralsgeschichten findet sich speziell in der »Perlesvaus«-Geschichte wieder: der Kopfkult. Denn dort taucht eine Unzahl von abgeschlagenen Köpfen auf. Ritter werden enthauptet, zarte Mägdelein transportieren ihre abgeschlagenen Köpfe durch die Lande, zum Beispiel um einen Rächer für sie zu finden – und niemand entsetzt sich.

Es gibt noch einen weiteren abgeschlagenen Kopf aus der keltischen Sagenwelt, der direkt Eingang in die Gralslegenden gefunden hat: der des Bran. Auf der einen Seite, weil dieser Schädel für die Unterhaltung und die Nahrung der Gefährten Brans sorgte, wie der Gral Wolfram von Eschenbachs. Auf der anderen, weil dieser Kopf England schützen sollte. Es war König Arthur, welcher der Legende nach diesen Kopf unklugerweise ausgraben ließ, weil das Land ausschließlich ihm seinen Schutz verdanken sollte. Diese Dummheit sei verantwortlich für den Barbareneinfall.

Diese Legende vom Haupt des Bran ist heute noch aktuell. Denn anscheinend wurde dieser Kopf wieder auf dem Gelände des Towers von London begraben und schützt seitdem England von neuem vor Invasionen. Es ist aufgrund dieser Legende, daß im Tower von London Raben gehalten werden, denen man regelmäßig die Flügel stutzt, damit sie nicht entfliegen können. Denn Bran heißt Rabe, und die Legende besagt, daß kein Feind in England einfällt, solange »Bran« im Tower ist.

Eine Parodie des Christentums?

Die Autoren, welche den Gral zu einer rein christlichen Angelegenheit machen wollen, wehren sich in erster Linie gegen die esoterische Interpretation, welche eine Verbindung zwischen den Katharern und dem Heiligen Gral zieht. Diese Tradition identifiziert Wolfram von Eschenbachs Gralsburg Munsalwäsche mit der Katharerfestung Montségur und sieht die Katharer als Hüter des Heiligen Grales. Diejenigen Autoren, welche sowieso eine Verbindung zwischen Templern und Katharern sehen, fühlen diese Assoziation durch die Querverbindungen beider Gruppen mit dem Heiligen Gral bestätigt.

Wir wollen diese Theorien nicht im Detail diskutieren. Mit Sicherheit sind manche Autoren über das Ziel hinausgeschossen. Aber die Gegenthese, daß die Autoren der Gralsgeschichte ausnahmslos fromme Söhne der Kirche waren, ist noch weniger haltbar. Obwohl man tatsächlich davon ausgehen kann, daß einige der anonymen Gralslegenden von Mönchen verfaßt wurden. Speziell, wenn sie dadurch etwas zu gewinnen hatten.

Der Chronist Wilhelm von Malmesbury hatte bereits 1140 behauptet, daß Joseph von Arimathäa im Jahre 73 n. Chr. den Kelch des Letzten Abendmahles nach Glastonbury (Somerset/Südengland) gebracht hatte. Und siehe da, 1191 fanden die Mönche der dort ansässigen Abtei die sterblichen Überreste von König Arthur und Königin Guinevere. Sprich: das Avalon[25] des »Perlesvaus« war in Glastonbury angesiedelt. Respektlose Gemüter sehen einen direkten Zusammenhang zwischen dieser Auffindung der Gebeine Arthurs und der Tatsache, daß das Kloster 1184 abgebrannt war und dringend Gelder für den Wiederaufbau benötigte. Und die Gebeine Arthurs waren zwar keine Reliquien im eigentlichen Sinne, zogen jedoch zahlreiche Neugierige an.

Gerade die zeitliche Nachbarschaft der Gralsgeschichten mit den Katharerkreuzzügen demonstriert jedoch, daß sich die Verfasser der weniger orthodoxen Gralslegenden Zurückhaltung auferlegen mußten. Sie konnten nicht genau das sagen, was sie meinten. Bisweilen haben sie uns Andeutungen hinterlassen, manchmal sprachen sie in Symbolen.

25 Avalon war nicht der Name für das Reich Arthurs, sondern das geheimnisvolle Land im Westen, in das Arthur vor seinem Tod entrückt wurde. Wir gehen darauf später noch ein.

Es ist bezeichnend, daß die christlichen Exegeten einige Szenen der Gralslegenden in ihrem Sinne interpretieren, selbst wenn auf dem Papier genau das Gegenteil steht. Eine der typischsten Szenen dieser Art finden wir im »Perlesvaus«. Es geht um einen König, der seinen toten Sohn kochen und in kleine Stückchen schneiden läßt und dann jedem seiner Vasallen einen Bissen verabreicht. Eine Anspielung auf das Altarsakrament, behaupten die christlichen Interpretationen. Was sie geflissentlich ignorieren, ist die Tatsache, daß es sich um einen heidnischen König handelt, der sich erst anschließend bekehrt. Und daß der besagte Sohn ungetauft starb und demzufolge, zumindest der kirchlichen Meinung nach, in der Hölle braten muß.

Sogar mit der christlichen Erziehung der Helden der Gralsgeschichten selbst ist es nicht allzu weit her. So fällt der »Perceval« von Chrétien de Troyes vor dem erstbesten Ritter auf die Knie, in der Meinung, es mit dem allmächtigen Gott zu tun zu haben. Er weiß nicht einmal, was eine Kirche ist. Seine Mutter hatte ihn ohne die Grundbegriffe des christlichen Glaubens aufwachsen lassen.

Wolfram von Eschenbachs »Parzival« verhält sich genau gleich. Erst sein ritterlicher Lehrmeister, den Eschenbach Gurnemanz nennt, bringt ihm bei, was es mit Meßopfer, Kreuzeszeichen etc. auf sich hat. Abgesehen davon hatte sein Vater, Gachmuret von Anjou, im Dienste des moslemischen Sultans von Bagdad gestanden. Auch scheint sich mehr als ein Nichtchrist als willkommener Gast an König Arthurs Hof aufzuhalten. Wobei Eschenbach diese nonchalante Haltung in Glaubensbelangen zu teilen scheint. Sowohl im Zusammenhang mit Parzivals Halbbruder Feirefiz als auch bezüglich dessen Mutter Belakane betont er, daß die Tränen eines Heiden einer gültigen Taufe gleichkommen. Diese These krönt er mit der Hoffnung, daß sich derjenige, dessen Allgewalt alles vermag, auch eines weiteren Heiden erbarmen möge, falls dieser ungetauft sterbe. Die Quintessenz hiervon ist, daß es sehr wohl Heil außerhalb der Kirche gibt, eine These, welche die katholische Kirche trotz Ökumene nach wie vor in Abrede stellt.

Der oben erwähnte Feirefiz läßt sich übrigens am Ende von Eschenbachs Gralsepos tatsächlich taufen. Allerdings hat dies nichts mit frommen Beweggründen zu tun. Dahinter steht ausschließlich der Wunsch nach der Vereinigung mit einem christlichen Mädchen. Die Gralsfamilie, zu der dieses Mädchen gehört, hat anscheinend gegen seine Motivation nichts einzuwenden.

Manche vermuten sogar, daß Eschenbachs Gralsgeschichte mohammedanischen Ursprung hat. Auf jeden Fall baute er arabisches Wissen ein. Zum Beispiel verwendete er die arabischen Bezeichnungen für die Planeten. Die arabischen Astronomen hatten nämlich nicht nur das Wissen der Antike festgehalten, sondern waren auch in bezug auf die Forschung ihren christlichen Kollegen weit voraus. War es aufgrund von Verbindungen mit solchen arabischen Wissenschaftlern, daß Eschenbach um die Kugelgestalt der Erde wußte? Wie konnte er sonst die beiden Pole erwähnen – zu einem Zeitpunkt, als die Kirche steif und fest behauptete, die Erde sei eine Scheibe?

Bezeichnend ist auch, daß Eschenbach sich auf einen Informanten namens Kyot, den Provençalen, beruft. Manche meinen, es handle sich um den Troubadour Guyot von Provins, aus der uns inzwischen wohlbekannten Stadt gleichen Namens. Guyot hatte, wie viele andere, das große internationale Turnier in Mainz an Pfingsten 1184 besucht, als die Söhne Kaiser Friedrich Barbarossas zu Rittern geschlagen wurden. Theoretisch hätte er also Wolfram von Eschenbach sogar in Deutschland begegnen können. Dieser Kyot habe, so Eschenbach, die Geschichte des Grals nur deshalb lesen können, weil er getauft war. Allerdings sei der ursprüngliche Chronist der Gralsgeschichte ein Mann namens Flegetanis gewesen – ein Heide. Wie konnte dieser Heide etwas festhalten, für dessen Entzifferung nur ein Christ in Frage kam?

Der anonyme »Perlesvaus« schlägt ähnliche Töne an. Das beginnt damit, daß er Jesus Christus als heiligen Propheten bezeichnet. Eine etwas schwache Bezeichnung für den Angelpunkt der christlichen Ideologie, eines Wesens mit Gott selbst. Nur entspricht dieser Status genau dem, den Jesus zum Beispiel für die Mohammedaner einnimmt.

Überhaupt scheint Jesus im »Perlesvaus« lediglich die Funktion eines Zwischengliedes zwischen Judas Makkabäus, dem besten Ritter des Altertums, und Perlesvaus, seinem Nachfolger, einzunehmen.

Der Ort, an dem Jesus den Evangelien nach sein Leben aushauchte, ist ein Hügel namens Golgotha, vor den Toren Jerusalems (Mt 27/33, Mk 15/22, Lk 23/33, Joh 19/17). Er wird auch Kalvarienberg genannt. Beide Ausdrücke bedeuten Schädelstätte und beziehen sich auf den Schädel Adams, des Stammvaters der Menschheit, welcher dort begraben sein soll. Und der »Perlesvaus« nimmt der Schädelstätte ihren Nimbus. Denn der Schädel Adams wird in dieser Geschichte von einer Dame durch die Lande geführt, zusammen mit anderen Totenschädeln, kann also nicht in Jerusalem ruhen. Im Klartext: Die Schädelstätte ist gar keine solche mehr.

Sollte es auch keinen Opfertod Christi dort gegeben haben? Eine ketzerische These. Aber sowohl der »Perceval« als auch der »Perlesvaus« scheinen sie bestätigen zu wollen.

Der kirchlichen Lehre nach ist die Heilige Messe die Erinnerung an den Opfertod Christi, auf gewisse Weise sogar seine Wiederholung. Die Wandlung verwandelt die Hostie in den Leib Christi. Auf den ersten Blick erscheint es also sehr symbolträchtig, daß im »Perceval« des Chrétien de Troyes ein Mann vorkommt, dessen einzige Nahrung aus einer Hostie besteht, die ihm täglich im Gral serviert wird. Nur folgt prompt die Ernüchterung. Denn dies hat anscheinend nichts mit der Macht der Hostie zu tun. Dieser Effekt trete lediglich ein, weil dieser Mann einerseits ein sehr reiner Mensch und der Gral andererseits so heilig sei.

Der »Perlesvaus« führt auf andere Weise das Meßopfer ad absurdum. Für den kirchentreuen Christen ist die Teilnahme am sonntäglichen Gottesdienst eine Pflicht. Aber in der Gralsburg des »Perlesvaus« könnte er dieser Pflicht nicht genügen. Denn dort findet kein Sonntagsgottesdienst statt. Weil aus unbekannten Gründen zwischen Samstag, zwölf Uhr, und der Morgenmesse am Montag niemand die Burgkapelle betreten kann. Dafür wird der König der Gralsburg selbst als »Messios« bezeichnet, was Anklänge an Messias hat. Messias bedeutet der Gesalbte, gleich wie Christus. Ist die Gralsgemeinschaft deshalb nicht auf den Opfertod Christi angewiesen?

DER HEILIGE GRAL UND DIE VENUS

Die Symbole der Venus in den Gralsgeschichten

Wir haben besprochen, daß die Mönche von Glastonbury aus der Tatsache, daß sie ihr Kloster mit dem Avalon der Gralsgeschichte identifizieren konnten, Kapital schlugen. Im wahrsten Sinne des Wortes. Diese Geschichte wurde immer weiter ausgebaut. Der sogenannte Heilige Dornstrauch auf dem Klostergelände sei ein Ableger eines Weißdornbusches, der einst dem Stab Josephs von Arimathäa entsprossen sei, als dieser ihn ermüdet in die Erde gerammt hatte. Noch heute verweisen die Fremdenführer von Glastonbury auf einen Hügel namens Chalice Hill, der Hügel des Kelches. Dort sei Joseph begraben – mit dem Kelch des Letzten Abendmahles. Da das Wasser einer nahegelegenen Quelle eisenhaltig ist und daher bisweilen eine rötliche Färbung annimmt, drängte sich die Verbindung zum Blut Christi geradezu auf – und Chalice Well, der Brunnen des Kelches, war geboren. Obwohl das Mauerwerk, das diesen Brunnen umrahmt, vermutlich aus vorrömischer Zeit stammt.

Allerdings gibt es neben dieser »englischen« Version der Gralsgeschichte, daß Joseph von Arimathäa den Gral nach England brachte, noch eine weitere, welche die Ankunft des Grales in Frankreich proklamiert. Genauer: in der Gegend von Marseille. Und laut dieser Version war es nicht Joseph von Arimathäa, sondern Maria Magdalena, welche den Gral mit sich führte. Sprich: die einzige Heilige, welche die Templer neben der Jungfrau Maria und der heiligen Katharina von Alexandria in allen Komtureien verehrten, assoziiert die Legende mit dem Heiligen Gral.

Wobei diese Verbindung zwischen Maria Magdalena und dem Heiligen Gral gar nicht so unlogisch ist. Weil das Neue Testament sie an einer markanten Stelle zwar nicht mit dem Kelch des Letzten Abendmahles, dafür aber mit einem Gefäß assoziiert, das beinahe noch bedeutsamer ist als dieser. Sie wird nämlich mit der Frau identifiziert, die Jesus vor seiner Kreuzigung mit kostbarem Nardenöl salbte (Mt 26/7, Mk 14/3, Lk 7/37). Das Neue Testament erwähnt keine weitere Salbung. Auf der anderen Seite bedeuten die Worte »Christus« beziehungsweise »Messias« nichts anderes als »der Gesalbte«, ersteres auf Griechisch, letzteres auf Hebräisch. Es war also Maria Magdalena, welche Jesus mit Hilfe dieses Gefäßes erst zu einem »Messias« machte.

Daneben behauptete der griechische Dichter Olympiodorus bereits 410, es sei Maria Magdalena gewesen, welche Blut aus der Seite des Erlösers in einem Gefäß auffing. Dieses Gefäß habe die uns inzwischen wohlbekannte Kaiserin Helena 327 im Heiligen Grab gefunden. 410, kurz bevor die Westgoten Rom einnahmen, sei dieser Heilige Gral nach Großbritannien in Sicherheit gebracht worden. Das bedeutet, daß auch zumindest ein englischer Heiliger Gral mit Maria Magdalena zu tun hat.

Sollte hier einer »männlichen« Gralsversion eine »weibliche« gegenüberstehen? Beziehungsweise löste die »männliche« eine »weibliche« ab?

Es sieht ganz so aus. Denn bei genauer Untersuchung stellen wir fest, daß in allen Gralslegenden das weibliche Element vorherrscht. Das beginnt damit, daß es in allen Gralsprozessionen eine Frau ist, welche den Gral trägt.

Im »Perlesvaus« haben Frauen eine noch bedeutsamere Funktion. In einer Passage hat der Gralsritter Gauvain eine Vision, bei der drei schöne weißgekleidete Mädchen ineinander zu verschmelzen scheinen, bis er nur mehr eines sieht. Die übliche Interpretation sieht darin eine Anspielung auf die Heilige Dreifaltigkeit. Aber wenn dem so ist: Was hielt den unbekannten Autor davon ab, in diesem Falle ein entsprechendes Symbol zu wählen, das unzweideutig ist? Zum Beispiel einen alten Mann, einen jungen Mann und eine Feuerzunge? In der Form, wie er diese Vision festgehalten hat, erinnert sie eher an die gallischen Matres. Was sehr gut zum keltischen Charakter des Werkes paßt.

Wobei bereits der Gral an sich eine äußerst weibliche Angelegenheit ist. Die Symbolik assoziiert Gefäße aller Art mit dem weiblichen Schoß. Und der Stein in Eschenbachs Gralsversion ist genauso weiblich. Weil die Große Göttin im Nahen Osten häufig in Gestalt eines Steines verehrt wurde. Meist handelte es sich dabei um Meteoriten, sprich: Steine, die vom Himmel gekommen waren. Sogar noch die Statue der Artemis von Ephesus sei aus einem Meteoriten erschaffen worden. Und genau diesen Ursprung gibt Eschenbach seinem Gral: Engel hätten ihn auf der Erde zurückgelassen. Experten nehmen im übrigen an, daß die Benennung, die Eschenbach dem Gral gab, *lapsit exillis*, eine Verballhornung des lateinischen Ausdrucks *lapis ex coelis* ist: der Stein vom Himmel.

Generell scheint Wolfram von Eschenbach recht ungeniert der Venus zu huldigen. Sein Gralsepos »Parzival« ist gespickt mit sexuellen Anzüglichkeiten. Genauso läßt sich Wolfram im Detail darüber aus, daß sein Ritter Gawan mit seiner Geliebten die Nacht verbringt, ohne den kirchlichen Segen hierzu eingeholt zu haben. Generell dürfen nur Frauen, die einen Geliebten haben, an der runden Tafel Platz nehmen. Und diese Frauen reisen mit ihren ritterlichen Begleitern völlig ungeniert durch die Lande, auch im »Perceval«.

Bisweilen verstecken die Gralsdichter diesen weiblichen Aspekt hinter bestimmten Symbolen. Warum die Zahl Dreizehn einen weiblichen Aspekt hat, haben wir bereits in einem vorangegangenen Kapitel erläutert. Eine weitere »weibliche« Zahl ist die Fünf. Wir wissen inzwischen auch, daß der einzige Planet, der nach einer Frau benannt ist, nämlich nach der antiken Göttin Venus, am Himmel ein Pentagramm, also ein Fünfeck, beschreibt. Und zwar innerhalb von acht Jahren, was, mit der Fünf addiert, wiederum dreizehn ergibt. (Wir erinnern in diesem Zusammenhang an die Zahl »58«, also »5« und »8«, auf dem geheimnisvollen Reliquienkopf der Templer.) Genauso existieren uralte Darstellungen der Göttin Aphrodite mit einem Kopfputz aus fünf Federn oder Spitzen. Manche Autoren führen diese

Verbindung zwischen der Fünf und dem weiblichen Prinzip schlicht darauf zurück, daß eine Frau fünf Extremitäten hat, ein Mann hingegen sechs.

Und diese Zahl Fünf beziehungsweise ihr Vielfaches taucht in allen Gralsgeschichten auf. Das beginnt damit, daß König Arthur an seinem Hof besonderen Wert darauf legt, das Pfingstfest würdig feiern zu können. Und dieses Fest ist bekanntlich genau fünfzig Tage nach Ostern. Der Perceval Chrétien de Troyes' begegnet gleich zu Beginn des Werkes fünf Rittern, die ihn auf die Idee bringen, selbst Ritter zu werden. Später verliert er den Verstand, verbringt fünf Jahre im Wahn und kommt erst wieder zu sich, als er einer Karfreitagsprozession begegnet – bestehend aus *dreizehn* Personen. Der Gralsritter Gauvain befreit die Burg Merveille, in der ausschließlich Frauen und Jünglinge gefangen gehalten werden, die also eine rein weibliche Domäne ist. Sinnigerweise hat sie genau fünfhundert Fenster. Und die Burgherrin läßt fünfhundert Eimer Wasser erhitzen, damit sich die Knappen waschen könne. Die Mutter von Perlesvaus hat lediglich fünf Ritter zu ihrer Verteidigung zur Verfügung. Perlesvaus selbst trägt nacheinander fünf verschiedene Schilde mit unterschiedlichen Motiven. Weiterhin waren fünfundzwanzig Ritter, also fünf mal fünf, Arthur treu geblieben, während alle anderen ihn verließen, als sein Ruf zu verblassen begann. Später waren es genau fünfhundert Ritter, die ihn zur Feier des Johannisfestes in einer bestimmten Burg begleiten. Am symbolträchtigsten ist jedoch, daß der Gral vor den Augen Arthurs ausgerechnet fünferlei Gestalt annimmt. In der Geschichte »Gawain und der Grüne Ritter« stellt das Pentagramm sogar das offizielle Abzeichen von Logres dar, dem Reich König Arthurs.

Wolfram von Eschenbach läßt Parzivals Halbbruder Feirefiz fünfundzwanzig Heere befehligen und den Gralszug aus fünfundzwanzig Frauen bestehen. Er bezeichnet König Arthur als »Maienritter« und assoziiert auch diverse andere Personen mit dem Mai. Und dieser Monat, so haben wir konstatiert, ist inzwischen der fünfte Monat des Jahres und zudem nach einer alten Göttin, Maia, benannt.

Wenn wir König Arthur selbst genauer untersuchen, stellen

wir noch weitere weibliche Assoziationen fest. Sein Name leitet sich nämlich von dem walisischen Wort *arth* ab und bedeutet Bär. In Cornwall wird das Sternbild des Großen Wagens als Karren Arthurs bezeichnet. Der Große Wagen hat jedoch noch einen weiteren Namen: Großer Bär. Und dieser Große Bär, auch das haben wir bereits erfahren, ist in Wirklichkeit eine Bärin: Kallisto, die Geliebte des Zeus.

War Arthur ursprünglich nicht der Große Bär, sondern der Kleine, Kallistos Sohn Arkos, also eine Art »zweite Garnitur«? Sein Verhalten im »Perlesvaus« scheint diese These zu bestätigen. Denn dort repräsentiert er alles andere als einen vorbildlichen und weisen Herrscher. Er verbündet sich mit Rittern, die seinen Untergang planen und läßt auf die Einflüsterungen seiner Feinde hin den getreuen Lancelot einkerkern. Es drängt sich generell die Frage auf, ob die Tafelrunde überhaupt seine Idee war. Denn zum Schluß stellt sich heraus, daß es seine Gemahlin war, welche den runden Tisch mit in die Ehe brachte.

Der »Perceval« stößt in das gleiche Horn. Chrétien de Troyes läßt seinen Ritter eine äußerst ketzerische Meinung äußern. Seit die erste Frau aus der Rippe Adams geformt worden sei, habe es kein weibliches Wesen gegeben, dessen Ruf dem von Arthurs Königin gleichkomme. Sie sei die Lehrmeisterin aller Lebenden, der Ursprung alles Guten auf der Welt. Würden sich diese Worte auf die Jungfrau Maria beziehen, wären sie verständlich. Erstaunlich, daß noch niemand daran Anstoß nahm.

Die Farbe Grün

Eine weitere Anspielung auf das weibliche Element verbirgt sich hinter einem Symbol: der Farbe Grün. Denn Grün ist traditionell die Farbe der Venus. Die Alchemie assoziiert nämlich die Farben der verschiedenen Metalle mit der ihrer Fäulnis, also Oxydation. Jedem der wichtigsten Metalle hat sie einen Planeten zugeordnet. Der Grund dafür, daß Mars als der rote Planet bezeichnet wird, ist die Tatsache, daß er als die Verkörperung des Eisens gilt. Weil oxydiertes Eisen, also Rost, eine rötliche Farbe hat. Den Planeten Venus assoziierten die Alchemisten mit Kupfer. Und Kupfer bildet, wenn es oxydiert, einen grünlichen Belag: Grünspan.

Im »Perlesvaus« wird dem Gralsritter Gauvain auferlegt, das Schwert herbeizubringen, mit dem einst Johannes der Täufer enthauptet wurde. Das ist Bedingung für seinen Einlaß in die Gralsburg. Dieses Schwert, das somit eng mit dem Gral selbst verbunden wird, ist grün. Und in der Gralsburg befindet sich ein Splitter des Heiligen Kreuzes, getragen von einem Engel, der auf einer Säule aus Kupfer steht, dem »grünen« Metall.

Genauso haben wir soeben die Geschichte von Gawain und dem Grünen Ritter erwähnt. Auch hier ist die Farbe Grün mit der Liebe assoziiert: die Gemahlin des Grünen Ritters versucht, Gawain zu verführen. Allerdings verlangt die Ritterpflicht von Gawain, dieser Versuchung zu widerstehen, was er dennoch nicht ganz schafft. Bezeichnenderweise gehört diese Geschichte mit ihrer speziellen Moral zu einem der späten Gralsepen, dem von Sir Thomas Malory (1408–1471).

Aber am deutlichsten tritt nicht nur die Farbe Grün, sondern auch ihre direkte Verbindung mit der Venus bei Wolfram von Eschenbach heraus. Sein Ritter Gachmuret, der spätere Vater Parzivals, der mit zwei Frauen gleichzeitig verheiratet ist und damit ohnehin der Venus huldigt, reitet grün gekleidet in den Kampf. Und wird später unter einem smaragdenen Kreuz begraben. Auch hebt Eschenbach ausdrücklich hervor, daß sein Sohn Parzival in einer bestimmten Szene am Halsausschnitt eine aus einem Smaragd geschliffene Spange trägt, dem grünsten aller Edelsteine. Auch der Reliquienschrein Trevrizents, im übrigen ein Geschenk Gachmurets, ist grün.

Indirekt assoziiert Wolfram von Eschenbach sogar den Gral selbst mit der Farbe Grün. Er beschreibt ihn zwar lediglich als einen Stein und sagt nie ausdrücklich, wie dieser beschaffen ist. Vielleicht mußte er vorsichtig sein, um nicht die Assoziation mit dem Smaragd aus der Krone Luzifers zu erwecken. Aber zumindest gibt er an, daß der Gral auf einem grünen Seidentuch ruht.

Eschenbach geht noch einen Schritt weiter und assoziiert den

Gral sogar mit Fruchtbarkeit. Weil er aus sich selbst heraus Nahrung hervorbringt, wie ansonsten nur ein Baum – oder die weibliche Brust. Die Botin des Grales, Eschenbach nennt sie Cundry, wirkt auf den ersten Blick nicht gerade anziehend. Eschenbach sagt, ihre Zähne hätten denen eines Ebers geglichen. Nur wissen wir inzwischen, daß das Schwein und somit auch die Wildsau seit altersher als Symbol der Fruchtbarkeit gilt: weil sie in einem Wurf unverhältnismäßig viele Junge zur Welt bringt.

Natürlich könnte es sich um einen Zufall handeln – isoliert betrachtet. Aber wenn man berücksichtigt, daß Condwiramurs, die Gemahlin des neuen Gralskönigs Parzival, Zwillinge gebiert, erscheint diese Zufallstheorie nicht mehr sehr wahrscheinlich. Einer ihrer beiden Söhne war Lohengrin, der Schwanenritter. Der Schwan war wiederum eines der Symbole der Göttin Venus. In manchen Darstellungen sind es Schwäne, die ihren Wagen ziehen.

Und wenn man die Geschichte Lohengrins genauer untersucht, stellt man erstaunliche Parallelen zu der antiken Legende über Amor und Psyche fest. Amor, der Gott der Liebe, heiratet darin ein sterbliches Mädchen namens Psyche. Sie darf ihn zwar berühren, aber nie sehen. Von ihren mißgünstigen Schwestern aufgestachelt, hält sie es eines Nachts vor Neugier nicht mehr aus und entzündet eine Lampe. Worauf Amor verschwindet und sie ihn erst nach zahlreichen Prüfungen wiederfindet. Lohengrin hingegen untersagt seiner Frau Elsa, nach seiner Herkunft zu fragen. Weil sie dieses Gebot verletzt, muß er sie verlassen. Allerdings gibt es für diese beiden kein Happy End mehr.

Nicht nur, daß Lohengrin, wenn wir ihn mit Amor identifizieren, zum Gott der Liebe wird. Er hat auch eine direkte Verbindung mit der Venus: denn Amor war ihr Sohn.

Im Dienste der Venus

Parzivals Gattin Condwiramurs stellt somit als Mutter des Schwanenritters Lohengrin eine Verkörperung der Venus dar. Kein Wunder also, daß Eschenbach ihr ungeheure Macht verleiht: Er betont ausdrücklich, sie habe ihren Mann über vier Königreiche hinweg mit der Macht der Liebe in Schutz genommen.

Auf der anderen Seite identifiziert er jedoch nicht nur die Sehnsucht Parzivals nach Condwiramurs, sondern sogar Condwiramurs selbst mit dem Heiligen Gral. Sprich: Der Gral ist identisch mit der Göttin Venus. Damit diese These gewiß nicht untergeht, stützt Eschenbach sie, indem er die Turteltaube zum Abzeichen der Gralsgemeinschaft macht. Denn die Turteltauben waren im Altertum die Totemtiere der Venus.

Wobei Eschenbach diese Condwiramurs jedoch nicht als Ausnahme unter den Frauen betrachtet. Denn ihr Gatte Parzival gibt auch seinem Gefährten Gawan den Rat, sich nicht auf die Allmacht Gottes zu verlassen, sondern lieber auf die Güte einer Frau. Andere Frauen haben somit die gleichen Fähigkeiten wie Condwiramurs. Gawan scheint diesen Rat zu beherzigen. Er sagt zu einem jungen Mädchen, dem er seine Ritterdienste anbietet, daß man zwar ihn im Kampf sehen werde, sie jedoch unsichtbar an seiner Seite reite. Für Eschenbach ist also jede Frau eine Verkörperung der Venus.

Das erklärt, wie Eschenbach auf der einen Seite die Familie Parzivals zu Gralshütern macht und auf der anderen generell wörtlich behaupten kann, Parzival entstamme einem Geschlecht, das der Liebe diene. Es handelt sich nicht um zwei verschiedene Dienste, sondern um ein und denselben. Wer im Dienste des Grals steht, dient auch der Liebesgöttin Venus.

Auf den ersten Blick mag es als ein Widerspruch erscheinen, daß Eschenbachs Gral seine Kraft ausgerechnet alljährlich am Karfreitag erneuert. Wie kann ein Gegenstand, der mit diesem allerchristlichsten Fest zu tun hat, gleichzeitig ketzerische Assoziationen haben? Nur dürfen wir nicht vergessen, wie das Osterfest und damit der Karfreitag berechnet werden. Ostern wird nämlich am ersten Sonntag nach dem Frühlingsvollmond gefeiert, ist also vom Mond abhängig. Und der Mond, so haben wir festgestellt, hat weiblichen Charakter.

Noch bezeichnender ist der Freitag an sich. Denn haben wir nicht bereits konstatiert, daß er der Göttin Venus geweiht ist?

Vielleicht wird mancher Leser an dieser Stelle einwenden, daß keinesfalls bewiesen ist, daß Eschenbach sein Werk tatsächlich in diesem Sinne verstanden haben wollte. Das stimmt. Aber hätte er sich deutlicher ausdrücken sollen – und damit sich selbst als Ketzer brandmarken, sein Todesurteil unterzeichnen?

Er mußte sich auf Andeutungen beschränken. Wobei er trotz allem recht weit ging. Zum Beispiel, indem er die Gestalt des Klingsor kreierte. Denn dieser Klingsor hat eine körperliche Besonderheit: Er wurde kastriert. Dies verleiht ihm deutliche Anklänge an den griechischen Gott Uranos. Allerdings machte die Mythologie diesen Uranos gerade aufgrund dieser Kastration zum Vater der Liebesgöttin Aphrodite. Sie wurde aus dem Schaum geboren, der sich bildete, als Kronos, der Sohn des Uranos, das abgeschnittene Glied seines Vaters ins Meer warf.[26]

Und es gibt einen Punkt, wo Eschenbach sich tatsächlich in die gefährliche Nähe des Scheiterhaufens wagte. Wir haben gesehen: Die Form, die er seinem Gral gab, hat Anklänge an die Meteoriten, welche speziell in Kleinasien als Symbole der Großen Muttergöttinnen verehrt wurden. Wir haben auf der anderen Seite konstatiert, daß er seinen Gral nicht näher beschreibt, eventuell, um Assoziationen mit dem Smaragd Luzifers zu vermeiden.

Dafür erwähnt er an einer anderen Stelle Luzifer wörtlich. Als Parzival dem Einsiedler Trevrizent ankündigt, er wolle um jeden Preis den Gral wiederfinden, warnt dieser ihn vor dem Schicksal Luzifers. Trevrizent spielt auf die Legende über die Rebellion der Engel an, als ein Teil von ihnen unter Luzifers Führung von Gott abfielen. Eine Legende, die man im übrigen vergeblich in der Bibel suchen wird.

Wir haben weiterhin festgestellt, daß Eschenbach seinen Gral

26 Der Komponist Richard Wagner, welcher aus dem »Parzival« des Wolfram von Eschenbach seine Oper »Parsifal« zurechtschnitt, interpretiert Klingsors Geschichte jedoch anders. Seiner Lesart zufolge hatte sich Klingsor selbst kastriert, um sich dem Gral nähern zu können. Das rückt ihn verdächtig in die Nähe der Kybele-Priester, die sich ebenfalls selbst zu kastrieren pflegten. Natürlich ist Klingsor bei Wagner der Bösewicht, nur entspricht dies nicht Eschenbachs Vorlage. Genausowenig wie der Charakter Cundrys, welche Wagner zu einer Zauberin macht.

mit der Venus identifiziert. Und die Venus ist identisch mit Luzifer – zumindest dem Namen nach. Denn der Planet Venus, der als Abendstern auch Hesperus genannt wird, heißt als Morgenstern Luzifer. Diese Feststellung ist kein tiefes esoterisches Geheimnis, sondern kann in jedem guten Konversationslexikon nachgelesen werden.

Daß Eschenbach sich über diese Assoziation durchaus im klaren war, ersehen wir daraus, daß seine Gralsbotin Cundry bei der Aufzählung der damals bekannten sieben Sterne[27] in der arabischen Sprache für die Venus den Ausdruck Alligafir benützt. Er meint Al Lukafir alias Luzifer. Genauso hätte er jedoch den weitaus üblicheren Ausdruck Al Zuhari verwenden können.

Bezeichnend ist auch, daß Parzival sich die Warnungen Trevrizents vor dem Schicksal Luzifers nicht zu Herzen nimmt – und den Gral erobert. Indirekt macht Eschenbach ihn damit zu einem zweiten Luzifer – aber einem erfolgreichen.

27 Damals galt der Saturn als äußerster Planet, dafür wurden Sonne und Mond als Sterne betrachtet, wie heute noch in der Astrologie üblich.

DIE TEMPLER UND DER HEILIGE GRAL

Hinweise auf die Templer in den Gralsgeschichten

Wir haben festgestellt, daß in allen Gralsgeschichten das weibliche Element eine hervorragende Stellung einnimmt, daß bei Wolfram von Eschenbach Gral und Venus sogar identisch sind.

Wir haben weiterhin konstatiert, daß die von den Templern verehrte heilige Maria Magdalena lediglich eine christianisierte Version der Venus darstellt und sich der Orden generell durch eine Verehrung des weiblichen Prinzips auszeichnete.

Zudem entstanden die berühmtesten Gralsgeschichten genau zu dem Zeitpunkt, als der Orden der Tempelritter seine Hochblüte feierte: Ende des 12. beziehungsweise Anfang des 13. Jahrhunderts. Kein Wunder, daß die Überlieferung die Tempelritter zu Gralshütern stilisierte.

Wobei sich diese Verbindung geradezu aufdrängt. Am weitesten von allen Gralsdichtern geht wiederum Wolfram von Eschenbach. Er bezeichnet seine Gralshüter schlicht als Templeisen. In seinem Epos »Titurel« beschreibt er zudem die Gralsburg als Oktagon; sie hat also genau die Form der templerischen Kirchen.

Damit nicht genug, vergleicht er Parzival und seinen Halbbruder Feirefiz mit Lämmern an Lauterkeit und Löwen an Kühnheit. Damit greift er im Wortlaut das auf, was schon der heilige Bernhard von Clairvaux über die Templer sagte: sie seien milder als Lämmer und fürchterlicher als Löwen. Es handelt sich keinesfalls um eine zufällige Übereinstimmung der Metaphern. Denn Jacques de Vitry, ein Chronist der Kreuzzüge, benützte etwa eine Generation nach Eschenbach die gleichen Worte, als er die Templer beschrieb: sie seien Löwen im Krieg, aber sanfte Lämmer in ihren Häusern.

Ebenso versteht Eschenbach es, deutlich auf die Farben der Templer hinzuweisen. Ihre Kriegsstandarte, der berühmte Beauséant, war schwarz und weiß. Die gleichen Farben wies der Schild von Parzivals Vater Gachmuret auf: ein schwarzer Anker auf weißem Grund. Belakane, seine erste Frau, führte als Wappen ihr eigenes Bild auf weißem Grund. Belakane war schwarzhäutig, ihr Wappen hatte also die gleichen Farben wie das Gachmurets. Diese Beobachtungen krönt Eschenbach damit, daß er dem gemeinsamen Sohn Belakanes und Gachmurets keine kaffeebraune Haut verleiht, sondern ihn als gefleckt beschreibt: seine Haut gleiche dem Gefieder einer Elster. Ein Vogel, der im übrigen schon im ersten Satz des ersten Kapitels auftaucht.

Ebenso kommt in Eschenbachs Gralsgeschichte ein Schachbrett vor, genauso wie im übrigen im »Perceval« und »Perlesvaus«.[28] Der »Perceval« beschreibt zudem noch ein Pferd, dessen Kopf halb schwarz und halb weiß ist.

Neben diesem Beauséant besaßen die Templer noch eine weitere Flagge, die als das eigentliche Abzeichen des Ordens gilt: das rote Tatzenkreuz auf weißem Grund. Dieses prangte nicht nur auf ihrer Fahne, sondern auch auf ihrer Kleidung, speziell den weißen Mänteln. Auf diese weißen Mäntel waren sie ungeheuer stolz. Als auch der Orden der Deutschherren sich einen solchen weißen Mantel anmaßte, erhoben sie dagegen Einspruch, obwohl die Deutschherren den ihren mit einem schwarzen Kreuz geschmückt hatten.

Auch diese Farben der Templer, Weiß und Rot, tauchen in allen Gralsgeschichten auf. Im »Perceval« trägt der Held selbst eine rote Rüstung, während seine Gemahlin Blanchefleur heißt. Blanchefleur bedeutet »die weiße Blume«. Gemeinsam stellen die beiden die Farben Weiß und Rot dar. Hat es mit dieser Farbsymbolik zu tun, daß die – eigentlich weißgekleideten – Templer in manchen Gegenden Europas als »die roten Mönche« bekannt waren?

28 Kenner der Templerregel mögen in diesem Zusammenhang anmerken, daß den Templern das Schachspiel untersagt war. Allerdings war für die Übertretung dieses Gebotes keine Strafe vorgesehen.

Da Wolfram von Eschenbach der Gattin seines Parzival den Namen Condwiramurs gegeben hatte, mußte er eine andere Möglichkeit wählen. Experten gehen davon aus, daß Arthurs Burg Kardiöl identisch ist mit der nordenglischen Stadt Carlisle. Und diese Stadt trägt heute noch ein Templerkreuz, rot auf weißem Grund, in ihrem Wappen.

Der »Perlesvaus« macht diese Stadt, in der französischen Form Cardoel, sogar zur bevorzugten Residenz Arthurs. Daneben besitzt in dieser Geschichte der Eremit Pelles ein weißes Maultier mit einem roten Kreuz auf der Stirn. Es sieht ganz so aus, als handle es sich um eine Anspielung auf die Sitte der Templer, ihre Tiere mit einem weißen Stofflappen zu kennzeichnen, auf dem das rote Kreuz des Tempels prangte. Daß es sich bei dieser Farbgebung des »Perlesvaus« nicht um einen Zufall handelt, ersehen wir daran, daß er diese Farben an markanter Stelle wiederholt. Perlesvaus gelangt auf eine Insel, die von weißgekleideten Männern mit einem roten Kreuz auf der Brust bewohnt wird. Und die Geschichte endet damit, daß Perlesvaus sich für immer auf diese Insel zurückzieht. Auch das Schiff, das ihn dorthin bringt, trägt ein rotes Kreuz auf seinem weißen Segel.

In der Gralsburg des »Perlesvaus« wird der Ritter Gauvain ausgerechnet von zweiundzwanzig Rittern begrüßt, bei denen nur ihr weißes Haar das hohe Alter verrät. Ist das ein weiterer Grund dafür, daß aus unerfindlichen Gründen immer behauptet wird, es habe zweiundzwanzig templerische Großmeister gegeben, obwohl die Quellen sehr uneinheitlich sind?

Eine weitere Anspielung auf die Templer ist die mehrmalige Erwähnung des heiligen Johannes. Er stand bei den Templern in hohem Ansehen. So betont der »Perlesvaus«, daß auch König Arthur das Johannisfest feiert – vermutlich ist das des Täufers gemeint, am 24. Juni. Und, wie bereits erwähnt, Bedingung für den Einlaß Gauvains in die Gralsburg ist die Übergabe des Schwertes, mit dem einst Johannes der Täufer geköpft wurde.

Auch ein Mann namens Josue, der gegen Wegelagerer kämpft, obwohl er ein Kleriker ist und als solcher eigentlich kein Blut vergießen dürfte, stellt eindeutig eine Anspielung auf die militärischen Orden an.

Genauso ist bezeichnend, daß ein gewisser »Sire des Mores« die Burg von Parzivals Mutter angreift. Dieser Sire des Mores könnte sehr wohl als Herr der Mauren interpretiert werden, welche das *Mutter*land der Christenheit, Palästina, in ihren Besitz gebracht hatten.

Und es ist bekannt, daß sich die Templer als Nachfolger von Judas Makkabäus betrachteten, welcher für die Juden das Heilige Land erobert hatte. Diesen Judas Makkabäus erwähnt der »Perlesvaus« wörtlich, als den besten Ritter seiner Zeit.

Der Zufall will es, daß seine Initialen sogar denen von Jacques de Molay entsprechen, des letzten Großmeisters der Templer, der 1314 in Paris verbrannt wurde. Oder sollten ihn die Templer genau aus diesem Grund gewählt haben, weil sie damals, nach dem Verlust des Königreiches Jerusalem, sich nach einem neuen Judas Makkabäus sehnten?

Die Verhöhnung des Kreuzes

Daneben enthält der »Perlesvaus« eine Passage, welche auf einen der Vorwürfe anzuspielen scheint, die den Templern während ihres Prozesses gemacht wurden. Und das, obwohl der »Perlesvaus« drei, vielleicht sogar vier Generationen vorher entstand. Der »Perlesvaus« nimmt also diese Anschuldigungen vorweg.

Diese seltsame Szene spielt sich in einer Waldlichtung ab, an deren Rand sich ein scharlachrotes Kreuz erhebt. Ebenso am Rande dieser Lichtung sitzt ein Ritter, ganz in weiß gekleidet, mit einem goldenen Kelch in der Hand. Ihm gegenüber steht ein schönes junges Mädchen, auch sie in weißer Kleidung und mit einem goldenen Kelch in der Hand.

Schon an diesem Punkt ist diese Episode äußert interessant. Weil sie nicht nur die Farbe Weiß mit einem roten Kreuz verbindet, sondern gleichzeitig das weibliche Prinzip dem männlichen als gleichberechtigt gegenüberstellt. Nur ist dies erst der Anfang.

Kurz darauf, nachdem der Ritter und das Mädchen die Lichtung verlassen haben, erscheinen zwei Priester. Sie bitten Perlesvaus, den Weg zum Kreuz freizugeben. Dann kniet der eine Priester vor dem Kreuz nieder und küßt es inbrünstig, mehr als zwanzigmal, wie der »Perlesvaus« ausdrücklich hervorhebt, und bekundet dabei tiefe Freude. Darauf entfernt ihn sein Gefährte gewaltsam und beginnt, zum Entsetzen von Perlesvaus, das Kreuz zu prügeln, wobei er jedoch bitter weint. Und er weigert sich strikt, Perlesvaus die Motive für diese für Perlesvaus unverständliche Handlungsweise zu nennen.

Und weniger als hundert Jahre später warfen die Ankläger den Templern vor, bei ihren geheimen Einweihungszeremonien das Kreuz zu schmähen, zu bespucken und mit Füßen zu treten. Die Parallelen sind unverkennbar. Während manche Autoren sich darauf beschränken, diese Anklage in Zweifel zu ziehen, haben andere versucht, sie zu interpretieren. Zum Beispiel als Test, ob der neue Templer gewillt sei, den Befehlen seiner Oberen bedingungslos und absolut zu gehorchen, selbst wenn die Ausführung des Befehls seinen eigenen und sogar den christlichen Prinzipien widersprach.

Andere sehen es als Beweis dafür, daß die Templer Gnostiker waren. Da bei diesen nun einmal der Opfertod Christi und damit auch das Kreuz wenig Bedeutung haben. Weil jeder einzelne sich selbst »erlösen« muß.

Ein Gedanke, den die Katharer wieder aufgriffen. Zwei Indizien im »Perlesvaus« scheinen tatsächlich auf katharisches Gedankengut hinzuweisen. Denn »Perlesvaus« wird einmal als *Par-lui-fait* interpretiert, jemand, der sich selbst geschaffen hat. Wenn man jedoch die mittlere Silbe streicht, bleibt *par-fait* übrig: vollkommen. Und genau so, als *parfaits*, die Vollkommenen, bezeichneten sich die Katharer selbst. Zumindest diejenigen, welche die höchste Stufe der Einweihung überschritten hatten.

Der »Perlesvaus« selbst liefert später durchaus eine Erklärung des Geschehnisses. Sie wird von einem Einsiedler, einem Onkel des Perlesvaus, vorgebracht. Der eine Priester habe das Kreuz verehrt, weil an ihm der heilige Leib Christi gehangen habe. Der andere habe es geschlagen, weil es das Instrument sei, welches Jesus gefoltert habe. Nur ist diese letzte Begründung zwar nicht unlogisch, aber reichlich ketzerisch. Denn es gibt keine Lehre der Kirche und keine offizielle kirchliche Zeremonie, welche sie rechtfertigt. Dabei existiert diese Theorie durchaus – allerdings nur in den Reihen der Ketzer. Den Gnostikern verwandte Gruppen weisen darauf hin, daß es absolut widersinnig sei, einen Pfahl zu verehren, an dem ein Gott oder auch nur ein hochverehrter religiöser Lehrer auf gewaltsame Weise sein Leben aushauchte.

Kein Sohn würde das Messer hochachten, das seinen Vater tötete, keine Gattin das Schwert lieben, das ihren Mann enthauptete, keine Mutter würde in Andacht vor dem Strick versinken, mit dem ihr Sohn gehenkt wurde.

Es ist ausschließlich in der Lehre der christlichen Kirchen, daß das Kreuz Christi nicht als uraltes Heilssymbol verehrt, sondern als Hinrichtungsstätte zum Heilsobjekt gemacht wurde. Weil ihre gesamte Ideologie auf dem Opfertod Christi an diesem Kreuz beruht.

Die weiteren Erklärungen des Eremiten zu diesem Ereignis sind noch unlogischer. Denn kurz bevor die beiden Priester aufgetaucht waren, hatte sich noch eine weitere Szene auf dieser Lichtung abgespielt. Ein schneeweißes Tier war am Fuß des Kreuzes von seinen eigenen Jungen, die es gerade geboren hatte, zerrissen worden. Der Eremit sagt, diese zwölf Jungen stellten die Stämme Israels dar, das weiße Tier selbst Jesus.

Dieses Erklärung kann schon deshalb nicht stimmen, weil es nicht zwölf, sondern dreizehn Stämme Israels sind. Jakob hatte dreizehn Kinder, darunter zwölf Söhne, aber die Nachkommen Josephs werden in die Stämme Manasse und Ephraim unterteilt (Jos 14/4).

Weiterhin läßt der Erzähler des »Perlesvaus« anklingen, daß dieses weiße Tier ursprünglich nicht zu dem Kreuz gerannt war, weil es unbedingt geopfert werden sollte, sondern weil es dort Schutz und Hilfe erwartete. Auf diesen Schutz und diese Hilfe hoffte es vergeblich.

Noch erstaunlicher ist, daß gerade ein weibliches Tier Jesus darstellen soll. Denn hat nicht Papst Johannes Paul II. noch unlängst verkündet, Frauen dürften in der katholischen Kirche nicht Priester werden, weil unser Herr Jesus Christus ein Mann gewesen sei? Wenn schon das Mittelalter die geschlechtliche Rolle Jesu relativierte, sollte dies der weiblichen Ordination Tür und Tor öffnen. Will der »Perlesvaus« genau das andeuten? Es sieht so aus. Denn nach dem Tod des weißen Tieres kehren sowohl der Ritter als auch das junge Mädchen zurück, um gemeinsam seine Überreste einzusammeln, jeder in seinen Kelch.

Natürlich könnte man einwenden, es handle sich nur um ein Symbol. Aber warum gab der unbekannte Autor diesem Symbol dann smaragdgrüne Augen? Durch dieses Attribut beziehungsweise diese Farbe wird das Tier unzweideutig zu einem Symbol der Venus.

Was bedeutet diese Szene also in Wirklichkeit? Mit Sicherheit werden wir es nie wissen. Eine Interpretation bietet sich jedoch an. Das Tier, unzweideutig weiblich, wie wir konstatiert haben, könnte die Religion der alten Göttin repräsentieren. Diese hatte sich in den Schutz des Templerordens geflüchtet, war jedoch von der Religion der zwölf Apostel vernichtet worden. Denn auf gewisse Weise ist die Religion der Großen Göttin die »Mutter« aller anderen. Wir haben gesehen, daß sie die älteste Religion überhaupt und mindestens dreißigtausend Jahre alt ist. Was von dem weißen Tier, also der alten Religion der Großen Mutter, übrigblieb, kann nur von einer Religion, welche Mann und Frau als gleichberechtigt anerkennt, auch in der Liturgie, bewahrt werden.

Zugegeben: eine äußerst ketzerische Erklärung. Aber zumindest ist sie logischer als die »offizielle«. Und sie wird durch einen weiteren äußerst seltsamen Aspekt der Gralslegenden gestützt.

Der Muttermord

Das Töten der eigenen Eltern galt schon in der Antike als eines der schlimmsten Verbrechen, welche ein Mensch begehen kann. Egal, welches Motiv dahintersteht. So verfolgen in der griechischen Tragödie die Rachegöttinnen den Muttermörder Orestes, obwohl dieser seine Mutter Klytämnestra lediglich getötet hatte, um seiner Sohnespflicht zu genügen und seinen Vater Agamemnon zu rächen, den Klytämnestra ihrerseits umgebracht hatte.

Und ein solcher »Muttermord« kommt auch in den bekanntesten Gralslegenden vor. Im »Perceval« des Chrétien de Troyes und dem »Parzival« Wolfram von Eschenbachs ist es der Held selbst, welcher seine Mutter tötet, wenn auch ohne es zu wollen.

In beiden Geschichten stirbt die Mutter, weil ihr Sohn sie verläßt und sie nicht über die Trennung hinwegkommt. Bei Chrétien de Troyes ist diese Tat und die Schuld, die Perceval damit auf sich lud, der Grund, daß er es versäumte, in der Gralsburg die bedeutsame Frage zustellen. Dieser Faktor ist für Chrétien de Troyes so bedeutsam, daß er ihn sogar wiederholt.

Allerdings leuchtet diese Anklage nicht ganz ein. Denn sowohl im »Perceval« als auch im »Parzival« hat die Mutter des Helden eine völlig unnatürliche Beziehung zu ihm. Sie läßt ihn nämlich bewußt völlig weltabgeschieden aufwachsen, damit er nicht der Versuchung des Rittertums verfalle. Weil bereits ihr Gatte beziehungsweise im »Perceval« auch ihre weiteren Söhne als Ritter umgekommen waren. Um ihren einzigen beziehungsweise den ihr verbliebenen Sohn zu bewahren, bringt sie ihn nicht nur um eine ritterliche, sondern auch um eine königliche Erziehung, so Eschenbach wörtlich.

Aber nicht nur das. Denn, wie bereits besprochen, Perceval und Parzival sind nicht einmal mit den Grundlagen der christlichen Religion vertraut. Das bedeutet, zumindest dem Verständnis des Mittelalters nach, daß die jeweilige Mutter mit dem Seelenheil ihres Sohnes spielte.

Ironischerweise hatte Herzeloyde, so heißt die Mutter Parzivals bei Wolfram von Eschenbach, ihrem späteren Gatten Gachmuret noch erklärt, seine Ehe mit Belakane sei ungültig, weil Belakane eine Heidin sei. Herzeloyde zieht also die christliche Religion nur dann hervor, wenn es ihren Zwecken dient.

König Arthur sagt über Perceval, seine schlechten Manieren seien auf einen schlechten Lehrmeister zurückzuführen. Was er nicht weiß, lediglich der Leser, ist, daß der einzige Lehrmeister Percevals bis zu diesem Moment seine Mutter war. Sowohl Perceval als auch Parzival befolgen die Lehren ihrer Mutter wörtlich und bringen damit nicht nur sich selbst in Verlegenheit, sondern stürzen auch andere ins Unglück. Zum Beispiel eine Edeldame, die von ihrem Gefährten mißhandelt wird, weil dieser der festen Überzeugung ist, sie habe sich von Parzival verführen lassen.

Wie wäre also das Schicksal von Perceval und Parzival verlaufen, wenn sie ihre Mutter nicht verlassen hätten? Vermutlich hätten sie weiter an ihrer Seite dahinvegetiert, anders kann man es nicht nennen. Abgesehen davon kann man ihnen nicht mangelnde Mutterliebe vorwerfen. Im Gegenteil. Perceval liebt seine Mutter innig und weigert sich strikt, die Kleider, die sie ihm gegeben hat, abzulegen, auch wenn sie nicht zu seiner späteren ritterlichen Ausrüstung passen. Die Mutter Parzivals hatte ihn bewußt wie einen Narren gekleidet, so Wolfram von Eschenbach, auf daß er von der Welt verspottet werde und umso früher wieder zu ihr zurückkehre.

So betrachtet, wird die Mutter Percevals beziehungsweise Parzivals zu einer eingefleischten Egoistin, einer Übermutter, die ihrem Sohn jede Entwicklungsmöglichkeit raubt. Oder zumindest rauben möchte. Ist es also wirklich ein Verbrechen, wenn dieser Sohn sie verläßt, um seinen eigenen Weg zu gehen?

Oder steht in Wirklichkeit etwas ganz anderes hinter dieser Episode? Hat sie den gleichen Hintergrund wie die Geschichte des weißen Tieres mit den grünen Augen? Geht es wiederum um die Entthronung der allmächtigen Muttergottheit? Ein Schritt, der vielleicht in der Menschheitsgeschichte bedauerlich, aber notwendig war? Weil das, was zu diesem Schritt führte, die Menschheit in ihrer Entwicklung voranbrachte?

Eine kühne Interpretation und auf den ersten Blick unvereinbar mit dem mittelalterlichen Weltbild. Nur haben wir immer wieder feststellen müssen, daß dieses mittelalterliche Weltbild generell in den Gralslegenden angegriffen wird.

Und eine weitere Gralsgeschichte, der anonyme »Perlesvaus«, bestätigt diese Interpretation. Perlesvaus teilt nicht das Schicksal von Parzival und Perceval: Er wächst mit beiden Eltern auf und wird nicht isoliert. Im Gegenteil: Sein Vater hofft, daß er eines Tages seine Ländereien zurückerobert. Aber auch im »Perlesvaus« kommt ein Muttermord vor. Der Vetter des Perlesvaus hat seine Mutter getötet. Und zwar nicht ungewollt, sondern bewußt: weil er der Meinung war, daß sie ihn nicht genügend liebte.

Seitdem brenne die Burg, in der diese Untat stattfand. Dieses Feuer, so der »Perlesvaus« wörtlich, werde eines Tages das Ende der Welt herbeiführen. Diese Voraussage ist erschreckend aktuell. Denn es ist unbestritten, daß alle matriarchalischen Religionen im Einklang mit der Natur lebten, während die patriarchalischen sie zu bezwingen suchen. Was, wie gesagt, auf der einen Seite die Menschheit in ihrer Entwicklung gewaltige Schritte voranbrachte. Aber andererseits für die Zerstörung unserer Umwelt verantwortlich ist.

Wo ist Avalon?

Sollten die Templer mit ihrem Marienkult versucht haben, diese Entwicklung zu stoppen? Oder zumindest ihre schlimmsten Auswirkungen zu verhindern? Wir wissen es nicht. Nur läßt der Autor des »Perlesvaus« das weiße Tier mit den grünen Augen, das sich dem Schutz des roten Kreuzes unterstellt hatte, schließlich umkommen. Hatte er einen Fehlschlag dieser Mission bereits erahnt?

Oder war sie letztendlich gar nicht zum Scheitern verurteilt? Perceval und Parzival haben keine andere Wahl, als den Tod ihrer Mutter in Kauf zu nehmen, um selbst Befreiung zu erlangen. Vielleicht würde ein moderner Psychologe sagen, sie mußten ihren Ödipus-Komplex[29] überwinden. Das tun sie: sie vermählen sich mit einer anderen Frau, Chrétien de Troyes nennt sie Blanchefleur, Eschenbach Condwiramurs. Nachdem sie hierdurch zum Mann gemacht wurden, beschließen sowohl Perceval als auch Parzival aus freien Stücken, sich nach dem Schicksal ihrer Mutter zu erkundigen – beide wissen in diesem Moment noch nicht, daß sie bereits tot ist. Aber auf der Suche nach ihr begegnet ihnen prompt etwas anderes, aber wesentlich Höheres: der Heilige Gral. Und künftighin streben sie dem Heiligen Gral nach. Die Suche nach etwas, das sie verloren, aber gleichzeitig überwunden hatten, führt also zu einem Erfolg, wenn auch in völlig unerwarteter Hinsicht.

Es gibt verschiedene Theorien, ob und auf welche Weise es den Templern gelang, ihr Vermächtnis in Sicherheit zu bringen. Auf die »üblichen« sind wir in »Der Mythos der Templer« eingegangen. Hier wollen wir nur die der spanischen Autoren diskutieren. Weil sie direkt mit dem Heiligen Gral in Verbindung steht.

Diese Theorie basiert nämlich auf der Lokalisierung von Avalon, der geheimnisvollen Insel der Feen. Wir haben besprochen, daß manche es mit Glastonbury identifizieren. Speziell die offiziellen Führer von Glastonbury selbst. Schließlich sorgt diese Identifizierung noch heute für einen ununterbrochenen Strom von Besuchern in der alten Abtei. Sie bieten sogar eine Erklärung dafür an, wie dieser Name aufkam: Avalon bedeute Insel der Apfelbäume, und solche Bäume seien in Glastonbury schon seit altersher gezüchtet worden. Das mag stimmen.

Wer jedoch in der antiken Mythologie einigermaßen bewandert ist, dem kommt bei diesem Begriff, Insel der Apfelbäume beziehungsweise Äpfel, eine andere Insel in den Sinn: die der Hesperiden. Wobei die griechische Sage sich nicht genau festlegt, wer damit gemeint ist. Es handelt sich um eine Schar von Frauen, Töchter der – einer anderen Version nach des – Hespe-

29 Der Ödipus der griechischen Sage heiratete seine eigene Mutter; die Psychologie versteht unter dem nach ihm benannten Komplex eine überstarke Bindung eines Jungen an seine Mutter.

rus. Und Hesperus, so wissen wir inzwischen, ist der Abendstern. Sprich: Die Hesperiden sind die Töchter der Venus.

Diese Hesperiden hüteten die goldenen Äpfel der Hera, auf einer Insel im äußersten Westen. Und genau dort soll auch Avalon liegen. Nur seine geographische Lage im Westen Großbritanniens ließ den Anspruch Glastonburys, mit Avalon identisch zu sein, überhaupt plausibel erscheinen. Eine Insel sei Glastonbury deshalb gewesen, weil früher lediglich Hügel aus dem umgebenden Marschland herausragten.

Spanische Autoren sind der Meinung, die Insel beziehungsweise Inseln der Hesperiden gefunden zu haben: die Kanaren. Und genau diese Inseln identifizieren sie mit dem Avalon der Artussage.

Ihre Theorie basiert darauf, daß die Kanarischen Inseln eine ideale Zwischenstation auf dem Weg nach Amerika darstellen, wie schon Kolumbus und seine Zeitgenossen konstatiert hatten. Wir haben bereits erwähnt, daß manche Autoren die Ansicht vertreten, auch die Templer hätten den amerikanischen Kontinent gekannt. Dies ist zwar nicht auszuschließen, auf der anderen Seite jedoch auch nicht beweisbar. Genausowenig wie ihre Landung auf Teneriffa.

Wenn die spanischen Autoren die Templer dennoch speziell mit dieser Insel verbinden, dann aufgrund der Tatsache, daß dort um 1400 eine Statue am Strand aufgefunden wurde, die sie als »letzte Schwarze Madonna des Templerordens« bezeichnen. Niemand weiß, woher sie kam: ob sie vom Meer angetrieben oder von Besuchern zurückgelassen wurde. Auf jeden Fall wurde sie zu einem Zeitpunkt verehrt, als die Insel noch gar nicht christianisiert war. Die Missionierung begann erst Ende des 15. Jahrhunderts, zwischen 1493 und 1496. Es waren die christlichen Missionare, welche konstatierten, daß die von den eingeborenen Guanchen verehrte Statue eine Madonna mit Kind darstellte.

Die Legende über ihre Ankunft um das Jahr 1400 und Verehrung durch die Guanchen wurde jedoch erst hundert Jahre nach der Missionierung festgehalten, in einem 1594 erschienenen Buch. Kein Wunder also, daß manche glauben, die zeitliche Einordnung müsse nicht unbedingt stimmen: Die Statue könne genausogut hundert Jahre früher als angenommen nach Teneriffa gelangt sein, also zu einem Zeitpunkt, als der Templerorden noch existierte. Konkret: Sie könne von Templern dorthin gebracht worden sein.

Wie dem auch sei: Es ist erstaunlich, daß der erste Priester, dem Ende des 15. Jahrhunderts die Gemeinde der Kirche von Achbinico anvertraut war, wo die Schwarze Madonna lange Zeit residierte, Robert Sablé hieß. Ein Mann gleichen Namens war einst Großmeister der Templer gewesen. Da dieser erst als zweifacher Witwer in den Orden eintrat, könnte es sich bei diesem Priester von Achbinico theoretisch sogar um einen Nachkommen gehandelt haben.

Diese den Templern zugeschriebene Schwarze Madonna von Teneriffa ist nach dem Fest »Candelaria« benannt: Lichtmeß. Nicht nur, weil sie eine Kerze in der Hand trägt, sondern weil diese Kerze grün ist. Grüne Kerzen werden nämlich speziell mit dem Lichtmeßfest am 2. Februar assoziiert. Grün – die Farbe der Venus.

Die Frage, warum gerade das Lichtmeßfest mit dieser typischen Farbe einer alten Göttin assoziiert wird, ist einfach zu beantworten. Es löste in Rom ein Fest zu Ehren der Fruchtbarkeitsgöttin Ceres und bei den Kelten das Imbolc-Fest Anfang Februar ab. In Irland gemeinsam mit dem Fest der heiligen Brigitte, der christianisierten Nachfolgerin der dreifachen Brigit, die, so haben wir gesehen, am 1. Februar gefeiert wird, am Tag vor Lichtmeß.

Wobei im übrigen nicht auszuschließen ist, daß die Kanarischen Inseln tatsächlich bereits von irischen Mönchen besucht worden waren. Denn Legenden, zum Beispiel die des heiligen Brendan, schildern, wie solche Mönche sich in winzigen Booten auf das offene Meer hinauswagten und fremde wunderbare Länder besuchten. Angesichts dieser Zusammenhänge leuchtet ein eventueller Zusammenhang zwischen den Kanarischen Inseln und dem Avalon der Artussage durchaus ein.

Aber das Bindeglied sind die Templer. Und das weibliche Element in Gestalt zumindest einer Schwarzen Madonna.

Baphomet und Heiliger Gral

Fassen wir zusammen: Erstens, die Gralsgeschichten, wie wir sie heute kennen, entstanden genau in dem Zeitraum, in dem der Orden der Templer seine Hochblüte hatte. Zweitens, die Gralsgeschichten haben eine äußerst ketzerische Basis, die verblüffend den Anschuldigungen gegenüber dem Templerorden gleicht. Mehr noch, die Ideologie der Templer teilt einen ganz spezifischen Aspekt mit den Gralsgeschichten: die Betonung des weiblichen Elements. Drittens, alle Gralsgeschichten enthalten Hinweise, welche die Templer mit dem Heiligen Gral verbinden, sie sogar zu seinen Hütern machen.

Auf der anderen Seite haben wir konstatiert, daß die Templer der Überlieferung nach tatsächlich ein bestimmtes Objekt in ihrer Obhut hatten: den Baphomet. Es bietet sich an, diesen mit dem Heiligen Gral zu identifizieren.

Diese These ist im übrigen nicht neu. Zurückgeführt wird sie auf einen modernen Alchemisten, der sich selbst Fulcanelli nannte. Unter diesem Namen veröffentlichte er Ende der zwanziger Jahre dieses Jahrhunderts zwei Bücher. Seine wahre Identität ist bis heute umstritten.

Auch wenn wir alle oben wiederholten Punkte, welche die Gralsgeschichten an sich mit den Templern verbinden, ignorieren: der Heilige Gral und der Baphomet haben mehrere Gemeinsamkeiten. Das beginnt damit, daß ihre Gestalt nicht eindeutig definiert ist. Beide werden auf völlig unterschiedliche Weise beschrieben, und bei beiden konnte nie eindeutig geklärt werden, was wirklich dahintersteckt. Genauso wird jedoch beiden eine Verbindung mit Fruchtbarkeit nachgesagt. Der Baphomet soll das Land zum Ergrünen bringen und die Bäume blühen lassen, der Gral Unsterblichkeit verleihen und Nahrung herbeizaubern.

Daneben hat der Heilige Gral in allen Berichten ein spezifisches Element: daß er eine Frage provozieren will. Diese bezieht sich entweder auf das Wesen des Grales oder muß von Nächstenliebe inspiriert sein. Im »Perceval« hätte der Held fragen müssen, warum die Lanze blutet und wen man mit dem Heiligen Gral bedient. Ähnlich im »Perlesvaus«. Hier lautete die Frage, wen man mit dem Gral bedient und zu was er dient. Im »Parzival« hingegen erwartete die Gralsgesellschaft die Frage: »Was schmerzt Dich, Onkel?«

In allen Gralsgeschichten zieht das Versäumnis, diese Frage nicht gestellt zu haben, Kalamitäten nach sich. Der »Perlesvaus« wird noch deutlicher. Denn er beschreibt ganz konkret eine Burg, welche »Château de l'Enquête« heißt: die Burg der Fragen. Und genau diese Burg bewacht den Zugang zum Reich des Fischerkönigs, in dessen Burg wiederum der Gral gehütet wird. Es sind jedoch nicht die gralssuchenden Ritter, die befragt werden, im Gegenteil. Es wird von ihnen erwartet, daß sie dort Fragen stellen.

Sollte sich der Baphomet gerade in diesem elementaren Punkt vom Heiligen Gral unterscheiden? Oder ist es genau umgekehrt? Implizieren die Gemeinsamkeiten zwischen dem Heiligen Gral und dem Baphomet, daß auch dieser Fragen provozieren will? Schonfields Vermutung, das Wort Baphomet bedeute nichts anderes als Sophia, die Weisheit, scheint diese These bestätigen zu wollen. Denn Wissen kommt nicht von allein. Neugier ist die unabdingbare Voraussetzung, um es zu erlangen. Und Neugier manifestiert sich in Fragen.

Und es sieht ganz so aus, als sei den Autoren der Gralsgeschichten diese Identität zwischen dem Baphomet und dem Heiligen Gral bewußt gewesen. Im »Perceval« trägt die Gralsbotin einen Bocksbart, erinnert also verdächtig an eine der Beschreibungen des templerischen Baphomet. Dieses Attribut des Bocksbarts, einer Frau zugeschrieben, ist ausgefallen genug, um eine zufällige Übereinstimmung auszuschließen.

Wolfram von Eschenbach formuliert diesen Zusammenhang zwischen dem Gral und dem Baphomet auf eine andere Weise. Wir haben bereits besprochen, daß er Parzivals Liebe zu seiner Gemahlin Condwiramurs mit seiner Sehnsucht nach dem Gral gleichsetzt, sogar den Gral selbst mit Condwiramurs identifiziert. Auf der anderen Seite sagt er, daß Parzival einem Geschlecht entstamme, das der Liebe diene. Indem Parzival also seiner Gattin huldigt, dient er gleichzeitig auch dem Gral. Später wird er sogar offiziell Gralskönig. Gleichzeitig gibt Eschenbach wörtlich kund, daß diese Liebe, die er als Frau Minne personifiziert, der Inbegriff aller Weisheit sei. Er stellt somit eine Gleichung her: Gral = Liebe = Weisheit.

Mit anderen Worten: Der Gral entspricht der Sophia. Und damit laut Schonfield dem Baphomet. Es sieht so aus, als gehe unsere Gleichung Gral = Baphomet auf.

Und was ist mit der Verbindung zur Liebe? Handelt es sich um eine Erfindung Wolfram von Eschenbachs? Nein. Denn haben wir nicht immer wieder feststellen müssen, daß das weibliche Prinzip auch in der Ideologie der Templer einen hervorragenden Platz einnimmt?

Eine weitere Etymologie des Wortes Baphomet scheint sogar eine direkte Verbindung zwischen diesem, den Templern und der Liebe herstellen zu wollen. Denn dieses Wort hat eine seltsame lautliche Ähnlichkeit mit Baphos, einer Stadt auf Zypern, also der Insel, die Ende des 12. Jahrhunderts kurze Zeit den Templern gehörte. Auch konnten sie sich dort recht lange halten; die Templer von Zypern waren noch auf freiem Fuße, als ihre französischen Kollegen schon längst in den Kerkern schmachteten. Erst 1309 wurden sie verhaftet – beziehungsweise diejenigen, die sich zu diesem Zeitpunkt noch auf der Insel befanden.

In Baphos selbst hatten die Templer eine ihrer größten Niederlassungen auf Zypern gehabt. Und genau in dieser Stadt hatte sich der berühmteste Tempel der Aphrodite des Altertums befunden. Noch zu Lebzeiten Kleopatras, also kurz vor der Zeitenwende, war der Aphroditetempel von Alexandria so ausgerichtet, daß der Eingang nach Baphos wies.

Trotz dieser mehrfachen Übereinstimmungen hat unsere Theorie einen Schönheitsfehler. Zumindest, wenn wir an diesem Punkt stehenbleiben. Es ist gut und recht, wenn die Autoren der Gralsgeschichten eine Verbindung zwischen dem Heiligen Gral und den Templern herstellen beziehungsweise sogar moderne Autoren vorwegnehmen, welche diesen Heiligen Gral direkt mit dem Baphomet assoziieren. Nur: Was sagen die Templer dazu?

Es ist kaum anzunehmen, daß sie gegen ihren Willen zu Gralshütern stilisiert wurden. Vermutlich hat Wolfram von Eschenbach sie sogar im Heiligen Land besucht, um vor Ort Eindrücke zu sammeln. Dennoch wäre es gut, wenn sie selbst aktiv noch irgendeine Beziehung zum Heiligen Gral herstellen würden. Wie sieht es damit aus?

Wenn sie diese These nicht bestätigen, ist unsere Argumentation hinfällig.

Keine Sorge, sie bestätigen sie. Sogar in ihrer Regel. Und zwar nicht irgendeiner umstrittenen, geheimen, sondern der offiziellen. Auf der einen Seite über ihre Verehrung der Maria Magdalena, der christianisierten Nachfolgerin der Venus. Denn haben wir nicht gesehen, daß eine Legende sie zur ersten Gralshüterin macht? Mehr noch: Es gibt zwei Übersetzungen für ihren Namen. Die einen behaupten, Magdalena leite sich von *migdal*, dem Turm, ab. Die anderen hingegen führen Magdalena auf den Ausdruck *magdala* zurück. Dieser bedeute »Ort der Taube«. Das wiederum verbindet diese Heilige direkt mit dem Wappentier von Eschenbachs Gralsgemeinschaft.

Schon diese Übereinstimmung ist verblüffend. Daneben hat jedoch noch ein zweiter Heiliger der Templerregel eine Verbindung zum Heiligen Gral, zumindest in der spanischen Überlieferung: der heilige Lorenz. Denn die Legende behauptet, daß er es war, der im 3. Jahrhundert den Kelch des Letzten Abendmahls von Rom nach Huesca überführte. Dieser Kelch existiert heute noch. Er wird in der Kathedrale von Valencia als »Santo Cáliz«, heiliger Kelch, verehrt.

Eine Zeitlang wurde dieser »Santo Cáliz« von Valencia auf dem Jakobusweg aufbewahrt. Eine seiner Stationen dort war das Kloster San Juan de la Peña. Allerdings ist beziehungsweise war dies nicht der einzige »Gral« des Jakobusweges. Denn noch in zwei weiteren Orten existieren Kelche, um die sich eine seltsame Geschichte spinnt. Der eine gehört der Kirche San Isidoro in León, der andere befindet sich in O Cebreiro.

An dieser Stelle könnte der Einwand auftauchen, es sei unlogisch, auf der einen Seite den Heiligen Gral mit dem Baphomet und auf der anderen mit einem Kelch gleichzusetzen. Denn wird nicht der Baphomet immer wieder als Kopf beschrieben?

Bei genauerer Untersuchung fällt dieser Einwand in sich zusammen. Denn, wie in einem vorangegangenen Kapitel diskutiert: Die verschiedenen Gralslegenden sind sich durchaus nicht darüber einig, wie genau der Gral beschaffen ist.

Bei Eschenbach ist er ein Stein, in anderen Gralsversionen ein Buch. Die keltische »Peredur«-Legende wird zu den Gralsgeschichten gezählt, obwohl der Gral als solcher dort überhaupt nicht erwähnt wird. Dafür eine Art Gralsprozession, in der jedoch ein abgeschlagenes Haupt, das in einer Schüssel hereingetragen wird, den Gral ersetzt. Selbst die Versionen, in denen er tatsächlich ein Gefäß darstellt, weichen voneinander ab. Eine Version verbindet ihn mit der Büste des schwarzen Christus von Lucca.

Und damit überschneiden sich die beiden Vorstellungen, vom Heiligen Gral und vom Baphomet. Denn genau so, als Büste eines Mannes, beschreiben manche Protokolle den Baphomet.

Sollte der schwarze Christus von Lucca irgendwann einmal den Templern gehört haben, so ist diese Verbindung nicht mehr nachweisbar. Wir haben jedoch erwähnt, daß in den erhaltenen Protokollen über den Templerprozeß ein Gegenstand vorkommt, der tatsächlich den herkömmlichen Beschreibungen des Baphomet gleicht: eine Schädelreliquie in einem silbernen Behältnis, das die Form eines Kopfes hatte. Genauso bezeichnend ist, daß Maria Magdalena nicht nur mit einem Kelch assoziiert, sondern auch gerne mit einem Totenschädel dargestellt wird. Oder daß die heilige Katharina, eine weitere von den Templern verehrte Heilige, gerade den Tod durch Enthauptung starb.

Genauso haben wir besprochen, daß es in Spanien eine ganze Reihe solcher Köpfe gab beziehungsweise noch gibt, welche die Überlieferungen mit dem Orden der Tempelritter verbinden.

Warum gerade in Spanien? Die Erklärung ist einfach. Auf der Iberischen Halbinsel wurden die Templer, zumindest die meisten von ihnen, nicht brutal unterdrückt, sondern bei der Aufhebung des Ordens schlicht von anderen militärischen Ritterorden assimiliert. In Portugal behielten sie die gesamte Ordensstruktur bei und nannten sich 1319 lediglich in Christusorden um. Für die Templer von Aragón und Katalonien gründete König Jakob II. (1267–1327) 1317 den Orden von Montesa. Das bedeutet, daß Reliquien in diesen Gegenden nach wie vor der Obhut der Templer unterstanden und erst allmählich, nachdem die militärischen Orden nach dem Abschluß der Rückeroberung der Iberischen Halbinsel von den Mauren (1492) sich langsam auflösten beziehungsweise der Krone unterstellt wurden, in weltlichen Besitz übergingen. Und natürlich bestand in diesem Fall kein Anlaß, ihre Herkunft zu vertuschen. Im Gegenteil. Man war stolz darauf.

So entstand die Kapelle, welche die Büste des heiligen Saturio von Soria beherbergt, zwar erst nach dem Untergang des Templerordens, dennoch ist der achteckige Grundriß eines früheren Bauwerks beibehalten worden. Das Gelände gehörte zur Templerkomturei San Polo. Zugegeben: diese Reliquienbüste ist eine Nachbildung aus dem Jahre 1813 und zudem heute leer: die Schädelreliquie selbst wird inzwischen in der Kathedrale San Pedro aufbewahrt. Dennoch verblieb die Büste selbst in der Kirche des heiligen Saturio. Sie stellt einen älteren Mann mit dunkler Haut und Bart dar, hat also laut den spanischen Autoren den eindeutigen Baphomet-Charakter beibehalten.

Und manche dieser Reliquienköpfe werden bis heute zu merkwürdigen Zeremonien verwendet. Zeremonien, welche alle auf irgendeine Art mit dem Aspekt der Fruchtbarkeit beziehungsweise Gesundheit zu tun haben. Leider können wir hier nur die wichtigsten kurz streifen.

Der Reliquienkopf aus der ehemaligen Komturei von Sepúlveda wird einem Heiligen namens Frutos zugeschrieben. Er sei früher bei Trockenheit in eine Quelle getaucht worden, bis es schließlich regnete und so die Ernte gesichert war. Schon der Name des Heiligen, Frutos, bedeutet Früchte.

Interessant ist auch der Reliquienschädel des heiligen Gregorius in Sorlada (Navarra). Er befindet sich in einem silbernen Behältnis, das den Kopf eines bärtigen Mannes darstellt. Dieses Behältnis hat oben und unten eine Öffnung, durch die Weihwasser gegossen wird. Dieses wird dann, je nach Bedarf, kranken Menschen oder Tieren verabreicht oder auf die Felder gespritzt. Eine ähnliche Funktion hat der Reliquienkopf eines spanischen heiligen Wilhelm, Guillermo oder Guillén genannt, der ausgerechnet in der Nähe der seltsamen Polygonkapelle von Eunate verehrt wird, welche den Templern zugeschrieben wird.

Reliquien dieser Art verbinden also auf geradezu verblüffende Weise die Form eines Kelches mit der eines Kopfes. Und der Funktion sowohl des Baphomet als auch des Grales, Fruchtbarkeit oder Heilung zu bringen. Denn diese beiden Komponenten ergänzen einander und gehören zusammen.

Es ist eine ironische Tatsache, aber nichtsdestoweniger eine Tatsache, daß sogar das Neue Testament diese Verbindung zwischen einem Schädel und der Fruchtbarkeit bestätigt, zumindest indirekt. Denn unmittelbar auf den Bericht von der Enthauptung Johannes des Täufers folgt die wundersame Brot- und Fischvermehrung und die Speisung von über fünftausend Menschen in der Wüste (Mt 14/11–21, Mk 6/27–42).

Die Templer sollen im Besitz einer Reliquie Johannes des Täufers gewesen sein. König Balduin von Jerusalem habe seinen Zeigefinger Hugues de Payens, dem ersten Großmeister der Templer, anvertraut. Vielleicht ist es deshalb, daß eine Überlieferung behauptet, sie hätten auch seinen Kopf besessen. Und dieser Kopf dann mit dem Baphomet identifiziert wurde, wie wir bereits erläutert haben. Wahr ist auf jeden Fall, daß die Templer diesem Heiligen eine besondere Verehrung zollten. Sein Festtag, der 24. Juni, mußte laut Regel in allen Komtureien feierlich begangen werden. Genauso unbestreitbar ist, daß die volkstümlichen Traditionen gerade das Fest Johannes des Täufers mit einigen recht seltsamen Bräuchen verbinden, die gleichfalls mit Fruchtbarkeit zu tun haben, zum Beispiel dem Johannisfeuer.

Nur hat der Zufall oder das Schicksal bestimmt, daß auch hier wieder das weibliche Element ins Spiel kommt. Denn laut Evangelium (Mk 6/28) waren die ersten »Besitzerinnen« dieser Kopfreliquie des heiligen Johannes zwei Frauen: Herodias, die Gemahlin von König Herodes, und ihre Tochter Salome.

Und aus unerfindlichen Gründen identifiziert der Volksglaube des Mittelalters genau diese beiden mit der heidnischen Diana beziehungsweise der Hekate, der Herrin des Hexensabbats. Wobei die Inquisition den Hexen ähnliche Vergehen vorwarf wie einige hundert Jahre vorher den Templern.

Das Grabtuch von Turin

Der Vollständigkeit halber müssen wir noch eine weitere Reliquie erwähnen, welche neuerdings mit dem Baphomet der Templer identifiziert wird: das berühmte Grabtuch von Turin.

Auf den ersten Blick fehlt jeder Bezug zu den üblichen Beschreibungen des Baphomet beziehungsweise des Heiligen Grals. Denn ein Tuch ähnelt schließlich weder einem Kelch noch einem Schädel noch einem Buch. Nur gehen Vertreter dieser These davon aus, daß dieses Grabtuch von Turin vor seinem ersten offiziellen Auftauchen so zusammengefaltet war, daß nur das Gesicht sichtbar blieb und daß auch nur wenige Templer es je in seiner Gesamtheit erblickten. Insofern entspricht dieses Grabtuch also durchaus der üblichen Form des Baphomet, einem Kopf.

Untersuchen wir nun die Geschichte dieses Grabtuches beziehungsweise die Indizien, welche es mit dem Orden der Tempelritter verbinden. Seine Geschichte läßt sich zurückverfolgen bis ins

Jahr 1355. Damals tauchte es plötzlich im Besitz der Familie de Charny auf, welche dieses Tuch in der Kirche von Lirey ausstellte.

Interessant ist nicht nur, daß sich diese Ereignisse in der Gegend von Troyes abspielten, wo der Orden der Tempelritter einst gegründet worden war, sondern auch der Name der Familie, die es in ihrer Obhut hatte. Weil der Name de Charny verdächtig an den des templerischen Präzeptors der Normandie erinnert, der 1314 gemeinsam mit Jacques de Molay hingerichtet worden war: Geoffroi de Charnay.[30]

Eine Theorie drängt sich geradezu auf: daß Geoffroi de Charnay vor seiner Verhaftung das Tuch einem Mitglied seiner Familie anvertraut hatte, um es vor den Häschern der Inquisition in Sicherheit zu bringen.

Es existiert sogar eine durchaus plausible Theorie, wie die Templer selbst in den Besitz des Tuches gelangt sein könnten. Denn im Jahre 1204 hatten die westeuropäischen Kreuzfahrer in einem Unternehmen, das man nur als Parodie eines Kreuzzugs bezeichnen kann, die ebenfalls christliche Stadt Konstantinopel erobert. Und dort sei ein Tuch mit dem Abbild Jesu verehrt worden.

Der zeitgenössische Autor Ian Wilson identifiziert dieses Tuch mit einem weiteren, dessen Existenz bis ins 6. Jahrhundert zurückgeführt werden kann und das 944 nach Konstantinopel entführt wurde. Bis zu diesem Zeitpunkt sei es in Edessa aufbewahrt worden. Die Legende führt es auf König Abgar V. zurück: einen Zeitgenossen Jesu.

Die Legenden bezeichnen dieses Tuch als Tetradiplon: Etwas, das vierfach zusammengefaltet ist. Aus diesem Grund geht Wilson davon aus, daß damals nur das Gesicht sichtbar war.

Und nachdem das Tuch 1204 in den Besitz der Templer gelangt sei, habe es hundert Jahre lang das eifersüchtig gehütete Geheimnis des Ordens dargestellt, um wiederum vierzig Jahre später als Grabtuch von Turin wieder aufzutauchen.

30 Die abweichende Schreibweise hat nichts zu bedeuten. Charnay wird auch als Charney wiedergegeben.

Ein Geheimnis stellte das Tuch deshalb dar, weil die Templer hervorragende Wundärzte in ihren Reihen hatten und etwas wußten, was Generationen von frommen Verehrern des Grabtuches nicht berücksichtigt haben: Ein Toter blutet nicht. Der Mann, dessen Abbild sich auf dem sogenannten Grabtuch verewigt hat, lebte. Es war kein Grabtuch, sondern umhüllte einen schwer Verwundeten. Wenn auf diesem Tuch also die Konturen Jesu verewigt wurden, dann starb dieser nicht am Kreuz.

Diese These findet sich dadurch bestätigt, daß die kirchlichen Autoritäten das »Grabtuch« bei seiner Präsentation in Lirey alles andere als begeistert begrüßten. Im Gegenteil. Peter von Arcis, der Bischof von Troyes, wandte sich 1389 schriftlich an Papst Klemens VII.: Er möge bitte dafür sorgen, daß dieses Tuch nicht mehr öffentlich vorgezeigt werden dürfe – es sei eine grobe Fälschung.

Ein seltsames Argument. Auf der einen Seite ist das Grabtuch so einmalig, daß seine Entstehung bis heute weder erklärt noch nachvollzogen werden konnte. Alle diesbezüglichen Versuche bleiben hinter dem Original weit zurück. Auf der anderen nahm die katholische Kirche die bereits erwähnten Vorhäute und Nabelschnüre Jesu in mehrfacher Ausfertigung oder die sechsunddreißig Kreuzigungsnägel ungerührt zur Kenntnis, ohne Einspruch zu erheben.

Und in Rom selbst war etwa zur gleichen Zeit, im Heiligen Jahr[31] 1350, ein sogenanntes Schweißtuch der Veronika mit Jubel aufgenommen worden. Auf dem Weg zur Hinrichtungsstätte habe eine Frau Jesus mitleidig ein Tuch gereicht, mit dem er sich den Schweiß vom Gesicht wischen sollte. Zum Dank habe Jesus darin seine Gesichtszüge hinterlassen.[32]

31 In den sogenannten »Heiligen Jahren«, derzeit in Rom alle fünfundzwanzig Jahre gefeiert, wird den Gläubigen eine besondere Verzeihung der Sünden versprochen, wenn sie bei einer Wallfahrt nach Rom bestimmte Bedingungen erfüllen. Das älteste und bekannteste »Heilige Jahr« ist jedoch das von Santiago de Compostela, das nicht mit dem römischen zusammenfällt, sondern dann ausgerufen wird, wenn der Namenstag des Apostels, der 25. Juli, auf einen Sonntag fällt.

32 Auch hier wissen die meisten frommen Katholiken nicht, daß diese Geschichte sich nicht in den Evangelien wiederfindet. Zumindest nicht in den kanonischen. Sie stammt aus dem sogenannten Apokryphen, den als nicht göttlich inspirierten verworfenen Evangelien.

Diese Theorie, daß der Baphomet identisch mit dem Grabtuch von Turin ist, würde eines erklären: den Schrecken, welchen der Begriff »Baphomet« verbreitet haben soll. Für die katholische Kirche ist nebensächlich, daß aus der Bergpredigt (Mt 5) eine tiefe Weisheit spricht, daß Jesus als Prophet auch von anderen Religionen neidlos anerkannt wird, zum Beispiel dem Islam. Ihre Ideologie beruht darauf, daß er Gott und Mensch war und für uns am Kreuz sterben mußte. Wenn dieser Opfertod nicht stattfand, hat sie keine Basis mehr.

Wenn das Tuch tatsächlich bei besonderen oder zweiten Einweihungen Templern vorgeführt wurde, muß in diese eine Welt zusammengebrochen sein. Alles, was sie Zeit ihres Lebens geglaubt hatten, die Hoffnung auf die ewige Seligkeit durch den Sühnetod Jesu, wurde auf einen Schlag hinfällig. Sie waren gezwungen, eine völlig neue Weltanschauung zu finden.

Interessant ist auch, daß gerade Geoffroi de Charnay zu den Templern gehörte, welche vor der Inquisition gestanden, man habe ihnen bei der Einweihung gesagt, sie sollten nicht an den Gekreuzigten glauben: weil er nicht mit Gott identisch sei.

Noch interessanter ist allerdings, daß Hugues de Pairaud, ein weiterer hoher Würdenträger, zu Protokoll gab, der Baphomet habe vier Beine gehabt, zwei vorne, wo das Gesicht war, und zwei hinten. Und diese Beschreibung trifft akkurat auf das Grabtuch zu.

Aber was hat diese Theorie zum Grabtuch von Turin in einem Buch verloren, das sich mit einem Zusammenhang zwischen den Templern, dem Heiligen Gral und der Magna Mater beschäftigt? Denn diese These, daß der Baphomet mit dem sogenannten Grabtuch von Turin identisch ist, stellt keine Verbindung mit dem Heiligen Gral her.

Nun, dafür stellen manche Gralsgeschichten einen teilweise direkten, teilweise indirekten Bezug zum Grabtuch Jesu her. Der »Perlesvaus« erwähnt das Grabtuch Jesu wörtlich. Die Schwester des Perlesvaus schneidet ein Stück davon ab. Warum? Weil es ihr helfen soll, ihre Ländereien zurückzugewinnen. Dieses Grabtuch hat also mit Reichtum und somit im weitesten Sinne mit

Überfluß und Fruchtbarkeit zu tun. Mehr noch: Das abgeschnittene Stück wird anschließend in der Gralskapelle aufbewahrt und damit tatsächlich auf gewisse Weise mit dem Gral identifiziert. Und genau wie dieser selbst war es von einer Frau transportiert worden. Aber während der Gral selbst verschwindet, auf irgendeine Weise entrückt wird, dokumentiert der »Perlesvaus« die weitere Geschichte des Grabtuches beziehungsweise des abgeschnittenen Stückes: Perlesvaus habe die Reliquien der Gralskapelle unter den Einsiedlern der Umgebung verteilt, bevor er das Schiff mit dem roten Kreuz auf weißem Segel bestieg.

Eine Anspielung auf das fürchterliche Geheimnis des Baphomet hingegen läßt sich aus dem »Perceval« herauslesen. Denn eine der Fragen, welche der Held dort hätte stellen müssen, lautete: »Warum blutet die Lanze?«

Die Legende identifiziert diese Lanze mit dem Speer des römischen Soldaten, welcher die Seite Jesu durchbohrte (Joh 19/34). Fromme Legenden nennen ihn Longinus. Seltsamerweise gehen die meisten künstlerischen Darstellungen der Kreuzigung davon aus, daß diese Lanze in die rechte Körperseite gestoßen wurde. Wenn es sich dabei um eine Maßnahme handelte, welche sicherstellen wollte, daß Jesus wirklich tot war: warum dann nicht in das Herz?

Warum berichtet die Bibel, daß Blut und Wasser aus der Wun de flossen? Eigentlich würde man eher erwarten, daß das Blut nach dem Tod in die tiefergelegenen Körperregionen absackt und dann stockt.

Will der »Perceval« mit seiner Frage, warum die Lanze blutet, genau auf diesen Sachverhalt hinweisen? Lautet die Antwort schlicht: Die Lanze blutet, weil sie in einen lebenden, atmenden Körper gestoßen wurde? Ein Aspekt, wiederum im »Perlesvaus«, scheint diese Interpretation zu bestätigen. Denn darin kommt auch die Zange vor, welche die Nägel aus den Hand- und Fußgelenken Jesu zog: Auch sie wird als blutig beschrieben. Die Gralsgeschichte Robert de Borous bestätigt diese Auslegung: Bei ihm beginnen die Wunden Jesu nach der Waschung gleichfalls zu bluten.

Existierte der Baphomet?

Dem bedauernswerten Leser schwirrt vermutlich inzwischen der Kopf. Schon die Gralslegenden an sich beschreiben den Gral auf völlig unterschiedliche Weise: als Gefäß, als Stein, als Buch, als Büste. Und identifizieren ihn einerseits mit dem Smaragd aus der Krone Luzifers und andererseits dem Kelch des Letzten Abendmahls. Durch die Verbindung mit dem Baphomet werden seine Umrisse noch verschwommener. Weil hier noch Reliquienköpfe und ein Grabtuch im Spiel sind.

Zugegeben: Der Baphomet und damit auch der Heilige Gral haben wesentlich mehr Facetten, als die Handlung der entsprechenden Episode von »Indiana Jones« erahnen läßt.

Und wenn es auch eine ganze Reihe »Heiliger Grale« gibt, von denen einige durchaus aus der Frühzeit des Christentums stammen dürften: einen absoluten Anspruch auf Echtheit kann keiner erheben.

Dieses Buch will auch keine Antwort darauf geben, was der Heilige Gral und damit auch der Baphomet tatsächlich war – oder ist. Wer nämlich den Heiligen Gral auf eine Facette festlegt, raubt ihm sein wichtigstes Attribut: das Undefinierte und Undefinierbare.

Der Baphomet war kein Götze. Das würde seinem Wesen widersprechen. Er war ein Symbol und stand für Erkenntnis – oder zumindest die Sehnsucht danach. Das beweist die Identität von Baphomet und Sophia, der Weisheit. Und was wäre natürlicher, als eine solche Sehnsucht mit der nach einer geliebten Frau gleichzusetzen? Auch wenn man dem Tod selbst trotzen muß, um sie zu erlangen, wie in der nekrophilen Geschichte?

Was nicht bedeutet, daß dieses Symbol nicht auch einen ganz konkreten Aspekt hatte – zum Beispiel die Form eines Reliquienschädels. Beziehungsweise deren mehrere. Oder das Gesicht auf dem Grabtuch. Weisheit oder Erkenntnis hat mit Gehirn und Verstand, kurz: dem Kopf, zu tun. Was läge näher, als genau den Kopf zum Symbol der Weisheit und Erkenntnis zu machen? Der Uneingeweihte würde die Reliquien eines Heiligen darin verehren. Der Eingeweihte hingegen erkannte die Analogie. Und konnte vielleicht an bestimmten Zeichen erkennen, ob er in der jeweiligen Komturei Gleichgesinnte treffen würde. Nur konnten die Eingeweihten vermutlich nicht immer verbergen, daß bisweilen Themen behandelt wurden, die nicht für die Ohren aller bestimmt waren. Was den abergläubischen Schrecken, welchen der Begriff Baphomet unter den Uneingeweihten hervorrief, verständlich machen würde. Die Uneingeweihten machten aus einem Symbol ein Idol.

Und den Eingeweihten konnte dies nur recht sein. Je mehr sich die Suche nach dem einzig wahren Baphomet an einem konkreten Objekt orientierte, desto besser blieb das wirkliche Geheimnis gewahrt.

Der amerikanische Schriftsteller Edgar Allan Poe (1809–1849) vertrat in seiner Detektivgeschichte »Der entwendete Brief« die These, das beste Versteck für einen Gegenstand sei nicht das verborgenste, sondern eines, das allen Augen zugänglich ist. Weil kaum einer auf die Idee kommt, genau dort zu suchen.

Das dem so ist, bestätigt ein weiteres Symbol ähnlicher Art, das genauso undefiniert wie der Baphomet ist und dem auch ähnliche Eigenschaften nachgesagt werden: der sogenannte Stein der Weisen.

Die Alchemisten

In Prag trägt eine kleine Straße den Namen »Goldmachergäßchen«. Ihr Name rührt daher, weil sich dort zur Zeit Kaiser Rudolfs II. (1552–1612) eine ganze Reihe von Männern niedergelassen hatten, welche nach einer Möglichkeit suchten, um unedle Metalle in Gold umzuwandeln. Diese Konzentration von Alchemisten in Prag kam nicht von ungefähr. Kaiser Rudolf, der dort residierte, interessierte sich selbst gleichfalls brennend für die Alchemie, die Kunst der Transformation der Metalle.

Allerdings, wie bereits besprochen, ist die Alchemie weit älter als vierhundert Jahre. Der Name nach stammt, der Vorsilbe »al« nach zu schließen, von den Arabern. Vielleicht gelangte sie mit diesen über Spanien in die übrigen Länder Europas. Genausowenig kann man jedoch ausschließen, daß sie sich über den Vorderen Orient auch in Europa verbreitete. Konkret: während der Kreuzzüge. Und aufgrund des fabelhaften Reichtums der Tempelritter konnte es nicht ausbleiben, daß auch sie mit der Kunst des Goldkochens assoziiert wurden.

Wobei es dieser Erklärung gar nicht bedurfte, um ihren Reichtum zu erklären. Sie erhielten laufend Schenkungen, sei es von Gönnern oder Männern, die sich dem Orden anschlossen. Sie hatten hervorragende Finanzverwalter und waren die eigentlichen Erfinder des modernen Bankwesens, zum Beispiel des bargeldlosen Zahlungsverkehrs. Im Gegensatz zu den meisten anderen militärischen Orden unterhielten sie in der Regel auch keine Hospitale und Hospize, karitative Ausgaben entfielen deshalb. Und nachdem das fränkische Königreich 1291 untergegangen war, wurde der Orden unaufhaltsam immer reicher.

Aber die geheimnisumwitterten Templer an sich, die seltsamen Anklagen und der Prozeß, der sie zu Märtyrern gemacht hatte, faszinierten die Menschen so, daß sie die Templer mit allem verbanden, was irgendwie aus dem Rahmen fiel. Und dazu gehört nun einmal die Alchemie.

Gleichgültig, ob die Templer dem Geheimnis der künstlichen Goldherstellung auf die Spur gekommen waren oder nicht: Es ist unbestreitbar, daß sie tatsächlich einige markante Punkte mit den Alchemisten teilten.

Dazu gehört zum Beispiel das Ketzertum. Denn die Basis der Alchemie ist die These, daß Elemente nicht unwandelbar sind. Diese These stellt das Schöpfertum Gottes in Frage. Wenn der Mensch nämlich selbst Elemente herstellen kann, dann ist er Gott gleich. Noch ketzerischer war die Begründung der Alchemisten, warum diese Umwandlung eines Elements in ein anderes überhaupt möglich ist. Sie gingen schlicht davon aus, daß jedem Element schon aus sich heraus die Tendenz innewohnt, vollkommen zu werden. Sprich: sich in Gold umzuwandeln. Ihrer Meinung nach ruhte Gold nicht einfach im Gestein, sondern »wuchs« organisch aus anderen Metallen; in der gesamten Natur sei ein permanenter Umwandlungsprozeß in Gange. Die Aufgabe des Alchemisten bestehe lediglich darin, die unedlen Metalle bei diesem Prozeß zu unterstützen, ihn zu beschleunigen.

Diese Vorstellung ist eindeutig gnostisch. Denn ein ähnlicher Prozeß spielt sich den Vorstellungen der Gnostiker nach in der Seele des Menschen ab. Sie sehnt sich nach Vollkommenheit und ist bestrebt, sich aus der Welt der Mischungen, der Materie, zu befreien. Dazu bedarf es keines Opfertodes Jesu, dieser kann höchstens Vorbildfunktion haben. Ausschlaggebend ist allein das eigene Bemühen. Kein Wunder, daß der christliche Mystiker Eckhart (ca. 1260–1327), der genau diesen Vergleich mit den Metallen wählte, die, wie die Seele, nach Vollkommenheit strebten, Schwierigkeiten mit der Inquisition hatte.

Bezeichnend ist auch, daß der erste Schritt der Goldherstellung darin bestand, den sogenannten »Stein der Weisen« herzustellen. Aus diesem Stein der Weisen wurde dann das »Projektionspulver« gewonnen, das, in winzigen Mengen dem flüssigen

Metall beigegeben, dieses in Silber oder Gold umwandelte. Der Stein der Weisen sollte jedoch nicht nur unedle Metalle in Gold verwandeln, sondern gleichzeitig alle Krankheiten heilen können und den Alterungsprozeß aufhalten. Genau diese Eigenschaft, ewige Jugend zu bewahren, schrieb man auch dem Heiligen Gral zu, der wiederum, so haben wir gesehen, mit den Templern untrennbar verbunden ist. Der letzte Schritt war die Identifikation des Steins der Weisen mit dem Gral.

Schon an sich ist dieser Begriff, Stein der Weisen, sehr suggestiv. Weil er nun einmal nicht nur an Eschenbachs Gralsstein, sondern auch an Weisheit erinnert. Und über das griechische Wort für Weisheit, Sophia, landen wir prompt beim Baphomet der Templer. Konkret: Der Baphomet ist nicht nur identisch mit dem Heiligen Gral, sondern auch mit dem Stein der Weisen.

Bis heute weiß man nicht, welchen Grundstoff die erfolgreichen Alchemisten – falls es solche gab – für die Herstellung des Steins der Weisen verwendeten. Die alten alchemistischen Traktate verschweigen, um was es sich gehandelt hat. Sie sagen lediglich, dieser Grundstoff müsse im »Geschlecht der Isis« gewonnen werden.

Diese Anweisung ergibt nur dann einen Sinn, wenn wir die Isis mit den alten Erdgöttinnen identifizieren und ihren Schoß mit dem Inneren der Erde.[33]

Und damit sind wir wieder bei den Templern angelangt. Konkret: bei der Geschichte über einen Ritter, der seine tote Geliebte in ihrem Grab vergewaltigt und später in der Vorstellung seiner Zeitgenossen zu einem Templer wurde. Denn einer der mittelalterlichen Autoren, welche diese Geschichte festgehalten haben, Roger von Hoveden, gab dem Mädchen einen Namen: Yse, was verdächtig an Isis erinnert.

Vielleicht waren Roger von Hoveden die Traktate der Alchemisten bekannt, so daß er diesen Zusammenhang bewußt herstellte. Vielleicht haben die Templer selbst gar nie nach dem

33 Selbst wenn die alten Ägypter selbst eines der wenigen Völker waren, welche einen männlichen Erdgott verehrten. Die Alchemisten hatten diese Terminologie ihren Vorstellungen angepaßt.

Stein der Weisen geforscht und demzufolge auch nie sein Geheimnis gekannt.

Aber unbestreitbar ist, daß genau die gleichen weiblichen Komponenten, denen wir in der Ideologie der Templer begegnet sind, auch in der Alchemie auftauchen.

Das große Tabu

Die Alchemie gründet sich auf die Grundlagen der Hermetik. Darunter versteht man verschiedene Schriften, welche dem ägyptischen Gott Thoth zugeschrieben wurden. Die Griechen nannten ihn Hermes Trismegistos, den Dreifach-Großen. Wieder die Zahl Drei, der wir bereits im Zusammenhang mit den Templern laufend begegnet sind. Und diese hermetischen Schriften gipfeln in der Maxime »Wie oben, so unten«: das, was sich in den Gestirnen abspielt, wiederholt sich auf der Erde. Und umgekehrt.

Das hermetische Symbol des Sternenhimmels, genannt Makrokosmos, ist ein regelmäßiger Sechsstern, das Hexagramm. Was uns zur Zahl Drei zurückführt: zwei mal drei gleich sechs. Der Mikrokosmos, die Welt des Menschen, wird durch ein regelmäßiges Fünfeck repräsentiert, das Pentagramm. Wir haben dieses Symbol bereits kennengelernt: im Zusammenhang mit dem Planeten Venus, der diese geometrische Figur am Himmel beschreibt.

In Goethes »Faust« dient das Pentagramm dazu, den Teufel zu beschwören. Nicht weiter verwunderlich: das Pentagramm erinnert, auf eine Spitze gestellt und mit zwei Spitzen nach oben weisend, an ein stilisiertes Bockshaupt. Und damit wiederum an den Baphomet der Templer.

Kein Wunder, daß die Alchemisten von der Inquisition mit reichlich scheelen Blicken bedacht wurden. Und das, obwohl es unter ihnen sogar Päpste gab. Auch der Kirchenlehrer Albertus Magnus (1193–1280) wird heute noch von manchen als Alchemist betrachtet, auch wenn zumindest ein Teil der ihm zugeschriebenen Schriften erst nach seinem Tod entstanden sein kann. Ausgerechnet sein Name wird jedoch auch mit einem künstlichen Kopf assoziiert, den sein Schüler, Thomas von Aquin (1226–1274), gleichfalls ein Kirchenlehrer, schließlich als Teufelswerk vernichtete. Es konnte nicht ausbleiben, daß auch dieser Kopf mit dem Baphomet assoziiert wurde.

Aber das Tabu, dem die Alchemisten unterliegen, ist weit älter als die Inquisition, sogar älter als die Alchemie als solche. Denn die alchemistischen Prozesse benötigten Hitze, und die Beschäftigung mit dem Feuer rückte die Alchemisten in die Nähe der Schmiede. Und es ist allgemein bekannt, daß den Schmieden in allen Kulturen etwas Magisches, Unheimliches anhaftete. Genauso ist auffallend, daß die Schmiede der Märchen und Legenden hinken, wie der volkstümliche Teufel, vom griechischen Hephaistos, von den Römern Vulkan genannt, bis zum germanischen Wieland. Auf letzteren wird auch ein seltsames Abzeichen zurückgeführt, das auf den Wappen vieler mittelalterlichen Schmiedezünfte auftauchte: eine Schlange. Es existieren verschiedene Erklärungen, wie diese Schlange in das Wappen gelangte. Keine ist überzeugend.

Dabei wird die einfachste oft ignoriert. Denn das Metall, das die Schmiede verarbeiten, stammt aus dem Schoß der Erde. Was wäre also sinniger, als ihnen die Schlange als Symbol zuzugesellen? Die römische Mythologie macht den letzten Schritt und siedelt die Werkstatt ihres Schmiedegottes Vulkan im Inneren der Erde, in einem Vulkan an: dem Ätna.

Auch der griechische Hephaistos residiert nicht auf dem Olymp, der Wohnstatt der Götter. Und das, obwohl er ein Sohn des Göttervaters Zeus und seiner Gemahlin Hera war. Zeus hatte ihn mittels eines Fußtrittes hinausgeworfen. Bei seinem Aufprall auf die Erde verletzte er sich. Dieser Fall, der im übrigen verblüffend an Luzifers Höllensturz erinnert, war für sein Hinken verantwortlich, das ihn noch mehr in die Nähe des christlichen Teufels rückte.

Sowohl Hephaistos als auch Vulkan werden als ausnehmend häßlich beschrieben. Umso befremdender, daß die Mythologie ihnen als Gemahlin die Liebesgöttin Aphrodite beziehungsweise Venus beigesellt. Aber nur auf den ersten Blick. Denn angesichts der Tatsache, daß der gleichnamige Planet Venus als Morgenstern wiederum Luzifer genannt wird, eine sehr passende Ergänzung.

Aber vielleicht erfolgte diese Namensgebung erst später und nahm mehr oder weniger vorhandene Tatsachen lediglich zur Kenntnis. Denn das Schmiedehandwerk hat schon von sich aus eine starke weibliche Komponente vorzuweisen. Das wichtige Metall der Schmiede, das Eisen, hatte nämlich in der Frühzeit der Menschheit einen eindeutig weiblichen Charakter. Die Gewinnung von Eisen aus Eisenerz verlangt immens hohe Temperaturen. Und die Menschen verarbeiteten Eisen bereits zu einem Zeitpunkt, als sie es noch nicht herstellen konnten. Sie gewannen es aus Meteoriten. Steinen, welche ihrer Meinung nach die Große Göttin vom Himmel geworfen hatte.

In der Ideologie der alten Ägypter war der Himmel weiblich, repräsentiert durch die Göttin Nut, und bestand aus einer großen Eisenplatte, die auf Pfeilern ruhte.

Aufgrund solcher uralten Vorstellungen, die alle Einfluß auf die Alchemie nahmen, war dieses Thema zeitlich schwierig einzuordnen. Die Alchemisten gehören sowohl zu den Vorläufern als auch den Zeitgenossen als auch den geistigen Nachfolgern der Templer. Wir hielten es daher für besser, ihnen ein eigenes Kapitel zu widmen.

Die Templer und Robin Hood

Ähnliches gilt auch für ein weiteres Thema, das sogar noch kontroverser ist. Denn es gibt moderne Autoren, welche eine Verbindung zwischen den Templern und Robin Hood ziehen, dem edlen Räuber des Sherwood-Waldes. Eine gar nicht so abstruse Theorie, sollte man denken. Denn existiert schließlich nicht ein Zwischenglied, in Gestalt von König Richard Löwenherz (1157–1199), dem Helden des dritten Kreuzzugs? Weil dieser einerseits mit den Templern hervorragende Beziehungen pflegte, wie die Geschichte weiß, und andererseits auch von Robin Hood unterstützt wurde, wie verschiedene Hollywood-Filme uns illustrieren?

Nur ist gerade diese Verbindung zwischen den Templern und Robin Hood relativ sekundär. Denn die von Hollywood reproduzierte Version der Erlebnisse Robin Hoods entstand im wesentlichen erst Ende des 16. Jahrhunderts. Sie entsproß 1598 der Feder eines Mannes namens Anthony Munday. Was nicht heißt, daß die Legende an sich nicht wesentlich älter ist. Die erste erhaltene Erwähnung Robin Hoods wird auf das Jahr 1377 datiert und erscheint in einem Gedicht namens »Piers Plowman«. Aber die Vorlage für Mundays Geschichte waren alte Balladen – sechs von ihnen können noch dokumentiert werden –, die er seinen literarischen Bedürfnissen anpaßte. Denn der Robin Hood der meisten dieser volkstümlichen Balladen war kein geächteter Adeliger aus dem Sherwood-Wald von Nottinghamshire, sondern ein Bauer aus Yorkshire, der sein räuberisches Unwesen in der Nähe von Barnsdale trieb – und sein Diebesgut keinesfalls unter den Armen verteilte.

Man nimmt an, daß Munday den volkstümlichen Robin Hood der Balladen mit der um 1350 entstandenen ritterlichen Romanze »Gamelyn« verschmolz. Der Held dieser Geschichte ist ein Adeliger, der als Geächteter gegen einen Sheriff kämpft und schließlich vom König begnadigt wird. Seine Biographie gleicht somit verdächtig der von Robin Hood. Hundert Jahre später, gegen 1450, begegnen sich die beiden Gestalten, Robin Hood und Gamelyn, literarisch: in der Romanze »Robin und Gamelyn«. Etwa zum gleichen Zeitpunkt war die älteste der volkstümlichen Balladen über Robin Hood zum ersten Mal festgehalten worden. Anthony Munday machte den letzten Schritt und vereinigte sie: Er machte Robin Hood zu einem Grafensohn.

Genauso verpflanzte er Robin Hood in die Zeit von Richard Löwenherz. Die Balladen selbst erlauben keine zeitliche Einordnung. Zwei Quellen des 16. Jahrhunderts stimmen Mundays

Version zu: Robin Hood sei um 1160 geboren worden und um 1250 gestorben. Eine Legendensammlung, die um 1510 zum ersten Mal gedruckt wurde, läßt jedoch aufgrund verschiedener Indizien eher vermuten, daß Robin Hood ein Parteigänger des Grafen von Lancaster[34] war, der 1323 gegen König Eduard II. (1284–1327) rebellierte. Weil ein Rebell mit einem ganz ähnlichen Namen tatsächlich historisch nachgewiesen werden kann: Er hieß Robert Hood und war aus Wakefield. Zeitlich gesehen könnte es sich in der Tat um einen ehemaligen Templer handeln, wie manche Autoren meinen. Schließlich war der Orden erst 1312 aufgelöst worden. Und, wie gesagt, in England hatten die Templer zudem ausreichend Zeit gehabt, sich nach 1307 der drohenden Verhaftung zu entziehen.

Nur gibt es daneben noch eine weitere Romanze, in der tatsächlich eine Gestalt vorkommt, welche ähnliche Züge wie Robin Hood aufweist und zudem gegen König Johann I. rebellierte, den Bruder von Richard Löwenherz, genau wie der von Hollywood verwertete Robin Hood Mundays. Wir haben diese Romanze beziehungsweise den Namen des Rebellen bereits erwähnt: »Fulk le Fitz Waryn«. Weil diese Geschichte in manchen Episoden an die Artussage erinnert und der Großvater des historischen Fulk Fitz Waryn (ca. 1170–1256) vielleicht sogar als Vorbild für den »Perceval« diente. Schon deshalb, weil er ihm bereits im Namen ähnelt: Payne Peveril.

Wenn Payne Peveril und somit auch sein Enkel Fulk Fitz Waryn tatsächlich einer Art »Gralsfamilie« angehörten, wäre eine Verbindung zu den Templern gegeben, über den Heiligen Gral.

Manche Autoren gehen allerdings aufgrund dieser Unmöglichkeit, Robin Hood zeitlich einzuordnen, davon aus, daß er gar nie existierte, daß es sich bei der Bezeichnung »Robin Hood« entweder um einen generischen Namen für Diebe oder um eine Art Waldgeist handelte, der mit den Maifesten zu tun hatte, eine

34 Dieser Graf von Lancaster hat nichts mit dem Rosenkrieg zu tun, den wir in einem früheren Kapitel im Zusammenhang mit der Rose von Provins angesprochen hatten. Der Rosenkrieg, im den das Haus Lancaster die rote Rose und die Grafen von York die weiße vertraten, spielte sich erst Mitte des 15. Jahrhunderts ab.

Verkörperung der Fruchtbarkeit. Schon die Tatsache, daß Robin Hood immer in grüner Kleidung dargestellt wird, ist sehr suggestiv.

Interessant ist in diesem Zusammenhang, daß es in England tatsächlich eine Kirche gibt, in der ein solches Vegetationssymbol auf die Templer zurückgeführt wird. Es ist die Rede vom sogenannten Grünen Mann von Garway in Herefordshire: die Skulptur eines Kopfes, gehörnt, wohlgemerkt, aus dessen Mund sich lianenförmige Bänder winden, in einer Säule der Dorfkirche. Garway ist eine ehemalige Templerkomturei. Außerhalb der Kirche stieß man erst in diesem Jahrhundert wieder auf die Fundamente der alten templerischen Rundkirche. Natürlich konnte es nicht ausbleiben, daß man diesen Kopf beziehungsweise Köpfe dieser Art mit dem Baphomet identifizierte. Schon deshalb, weil es sich wirklich um ein Symbol der Fruchtbarkeit handelt.

Egal, wer Robin Hood war: es ist erstaunlich, daß sich tatsächlich so viele Zwischenglieder anbieten, welche die Templer mit Robin Hood assoziieren. Aber für unser Thema müssen wir all diese Querverbindungen ignorieren. Robin Hood darf uns nur interessieren, wenn er, wie die Templer selbst, als Verehrer eines weiblichen Prinzips zu gelten hat. Und keine Sorge, das hat er. Zumindest in den ursprünglichen Versionen, die vor der Reformation entstanden. Die Balladen heben hervor, wie sehr er die Jungfrau Maria verehrte – ein Aspekt, der bei Munday untergeht: schließlich war Munday Protestant. Mehr noch, Robin Hood habe täglich vor dem Abendessen dreimal die Heilige Messe gehört: einmal für Gottvater, einmal für den Heiligen Geist – und einmal für die Jungfrau Maria. Derjenige, auf den die Heilige Messe laut christlicher Lehre zurückzuführen ist, Jesus, fehlt genauso souverän wie in der Templerregel.

Munday bleibt insofern seinem Vorbild treu, daß er die Gefährtin Robin Hoods Marian nennt, eine Zusammensetzung aus Maria und Anna. Obwohl er betont, daß sie ursprünglich Mathilda hieß und sich erst später selbst umbenannte. Die frühen Balladen hatten Robin Hood im übrigen keine Gefährtin beigesellt. Aber schon in alten Gedichten waren die Namen Robin und Marian in einem Atemzug genannt worden.

In der um 1510 gedruckten Legendensammlung wird ein Ritter, ein Freund Robins, von hundert Männern begleitet, deren Kleidung weiß und rot ist. Ein Zufall? Wenn die gleiche Legendensammlung Robin Hood eine der Maria Magdalena geweihte Kirche gründen läßt?

Und ist es eine Anspielung oder tatsächlich Ironie des Schicksals, daß für den Tod des Robin Hood der Balladen eine Frau verantwortlich ist? Konkret: eine Äbtissin? Denn sein Tod unter diesen Umständen erinnert beinahe allzusehr an die Worte der Templer:

»Notre-Dame war der Beginn unseres Ordens und in ihr und zu ihrer Ehre wird, wenn Gott will, auch das Ende unseres Lebens und das Ende unseres Ordens sein, wann immer es Gott bestimmt.«

Es ist seltsam, daß eine These, die bestimmt für manchen auf den ersten Blick an den Haaren herbeigezogen erscheint, wie die über einen Zusammenhang zwischen den Templern und Robin Hood, sich bei näherer Betrachtung auf mehreren Ebenen bestätigt.

DIE GEISTIGEN NACHFOLGER

Gai Savoir

Im Frühjahr 1312 zogen beim Konzil von Vienne zwei Bullen von Papst Klemens V. den offiziellen Schlußstrich unter die Geschichte des Templerordens. Er war aufgehoben. Ein Urteil, das damals nur provisorisch sein sollte, denn die endgültige Entscheidung über Schuld und Unschuld des Ordens stand noch aus – und steht bis heute aus. Regionale Konzile in Spanien und Deutschland hatten die Anklagen gegen die Templer zurückgewiesen. Dennoch wurde der Orden von der Kirche nie rehabilitiert, aber auch nie verurteilt.

Aber seit dem Jahre 1312 scheiden sich die Geister, ob er in irgendeiner Form weiterlebte beziehungsweise noch weiterlebt. Eine Theorie besagt, der Orden habe sich nach Schottland zurückgezogen und sei schließlich in den Freimaurerlogen aufgegangen. Andere sehen die Rosenkreuzer als Nachfolger der Templer. Und dann gibt es natürlich noch Gruppen, die sich tatsächlich als Templer bezeichnen – es soll sich um einige hundert handeln –, welche behaupten, die einzige wahren Erben des Ordens zu sein.

Diese Punkte haben wir bereits in »Der Mythos der Templer« behandelt. Wir wollen daher die Diskussion nur insofern nachvollziehen, wie sie mit unserem Thema zu tun hat. Unser Ausgangspunkt ist die These, daß die Templer ein souveränes weibliches Prinzip verehrten, wie es sich in den alten Erd- und Muttergöttinnen, aber auch im Heiligen Gral manifestierte. Aus diesem Grund muß sich unsere Untersuchung darauf beschränken, ob auch die Rosenkreuzer und Freimaurer solche Themen aufgegriffen haben.

Aber da wir diese Untersuchung chronologisch durchführen

wollen, müssen wir vor diesen beiden eine weitere Gruppe erwähnen, welche lange vor den Rosenkreuzern und den Freimaurern entstand. Beziehungsweise zumindest vor dem offiziellen Erscheinen der Rosenkreuzer und Freimaurer existierte. Denn es gibt sowohl unter den Rosenkreuzern als auch unter den Freimaurern Strömungen, die ihren Ursprung ins alte Ägypten zurückführen wollen.

Die Gruppe, von der wir hier sprechen, wurde gegründet im Jahre 1323, also genau neun Jahre nach dem Tod des letzten Großmeisters der Templer auf dem Scheiterhaufen. Seltsam, daß wir auch hier wieder der Zahl Neun begegnen, wie bereits mehrmals im Zusammenhang mit der Gründung, den Statuten und dem Untergang des Templerordens selbst. Wobei diese Gruppe allerdings keinerlei Anspruch darauf erhob, die Nachfolge der Templer antreten zu wollen. Das wäre einem Selbstmord gleichgekommen. Nicht nur, weil laut dem Konzilsbeschluß von 1312 jeder, der sich als Templer bezeichnete, automatisch exkommuniziert war und die Inquisition nach wie vor die gleiche Macht hatte. Auch deshalb, weil diese Gesellschaft in einer Stadt gegründet worden war, die den Kirchenoberen sowieso suspekt war, weil sie weniger als hundert Jahre zuvor die Hochburg der Katharer gewesen war: Toulouse.

Wir können daher lediglich untersuchen, inwiefern diese Gruppe die Ideale der Templer wieder aufgriff. Sie nannte sich »Compagnie du Gai Savoir«, wörtlich die Gesellschaft zum frohen Wissen. Und hier begegnen wir bereits dem weiblichen Element. Denn dieses »frohe Wissen«, auch als *gaie science* bezeichnet, war die Kunst der Troubadoure. Und diese huldigten eindeutig dem Ideal der Weiblichkeit. Ihre Lieder besangen meist eine unerreichbare Schöne, die sich ihrem Werben beharrlich entzieht. Wir haben bereits nachvollzogen, daß aus diesem Grund manche Autoren die Dame der Troubadoure mit der Kirche der Katharer identifizieren. Weil die Katharer als Ideal ein völlig keusches Leben priesen.

Viele Autoren sind der Meinung, daß es sich bei der höfischen Minne um eine äußerst keusche Angelegenheit handelte. Die

Vertreter dieser These berufen sich darauf, daß die angebetete Dame eines Troubadours oft die Gemahlin eines hohen Adeligen war. Dieser habe die Verehrung des Troubadours nicht nur geduldet, sondern sich in seinem Besitzerstolz noch bestätigt gefühlt. Aus diesem Grund könne es sich nur um eine Anbetung aus der Ferne gehandelt haben. Abgesehen davon hätten auch die strengen Gesetze bezüglich des Ehebruchs, speziell der Frau, eine körperliche Beziehung zwischen dem Troubadour und seiner Dame unmöglich gemacht.

Andererseits fragt man sich, ob nicht die Minnelieder teilweise eine bewußte Mißachtung – zumindest theoretischer Art – eben dieser Gesetze darstellen. Bestätigt wird diese Theorie dadurch, daß manche Minnegesänge weit weniger elegisch sind und sogar recht herzhaft die Reize von Frauen beschreiben, welche gar nicht so unerreichbar sind. Genauer: deren Verlockungen der entsprechende Troubadour bereits sehr genau kennengelernt hat. Wenn auch nicht alle so weit gingen wie der österreichische Minnesänger Ulrich von Lichtenstein, der ausdrücklich angab, er kämpfe zu Ehren von Frau Venus selbst.

Vielleicht sollte man bezüglich der Minne überhaupt keine Einschränkungen treffen, weil beide Arten parallel existierten. Sogar die Gralsdichtungen illustrieren dies. Während der »Parzival« Wolfram von Eschenbachs auf der einen Seite vor sexuellen Anzüglichkeiten geradezu strotzt, nähert sich der Held Parzival selbst seiner Gemahlin erst nach drei Nächten sexuell. Im »Perlesvaus« leben die Gralsritter sehr keusch. Sogar Launcelot, der Königin Guinevere innig liebt. Denn seine Liebe findet nie Erfüllung.

Ab dem 15. Jahrhundert nannte sich die »Compagnie du Gai Savoir« »Akademie der Blumenspiele«. Schon immer hatten die Preise der poetischen Wettbewerbe in Blumen aus Gold oder Silber bestanden.

Und mit dieser Gesellschaft wird der Name einer Frau verbunden, die noch heute in Toulouse ein Begriff ist: Clémence Isaure. Sie sei 1450 geboren und ein Idol der »Compagnie du Gai Savoir« gewesen. Im Jahre 1500 starb sie und wurde in der Kirche von La Daurade begraben. Noch nach ihrem Tod sei sie die Wohltäterin der Stadt Toulouse gewesen. Bis ins 19. Jahrhundert habe die Stadt von ihrem Nachlaß gezehrt.

Drei Fakten sind für uns interessant. Erstens das Alter von fünfzig Jahren, weil es ein Vielfaches der Zahl Fünf darstellt. Zweitens die Jahreszahlen: weil sie sich wiederum durch fünfzig teilen lassen. Und drittens die Kirche La Daurade. La Daurade ist nämlich, wie bereits geschildert, der Name einer der berühmtesten Schwarzen Madonnen Frankreichs. Sie wird speziell bei Überschwemmungen angerufen, hat also mit Fruchtbarkeit im weitesten Sinne zu tun. Abgesehen davon steht ihre Kirche auf dem Fundament eines der Göttin Athene geweihten Tempels.

Damit nicht genug, erinnert der Name Isaure eindeutig an den der ägyptischen Göttin Isis, eines der Vorbilder der Schwarzen Madonnen. Und *clémence* ist das französische Wort für Gnade oder Huld. Eine Eigenschaft, die sehr gut zur Göttin Isis paßt. Allerdings betonen die Chronisten, daß Clémence Isaure sehr keusch gelebt habe, was einen wichtigen Aspekt der Weiblichkeit ignoriert. Die Legende macht jedoch dieses Manko mehr als wett. Ihr Vater habe nämlich Lucius geheißen. Ein Name, der sich vom lateinischen *lux*, das Licht, ableitet und somit Anklänge an Luzifer und damit auch die Venus hat. Seltsamerweise erwähnen die Vorschriften der Templer zu ihrem Klosterleben ausgerechnet eine christliche Heilige mit einem ganz ähnlichen Namen: Lucia. Noch bedeutungsvoller ist, daß diese an einem 13. des Monats gefeiert wird, im Dezember.

Diese Geschichte der Clémence Isaure ist also beinahe schon zu bezeichnend, um wahr sein. Und genau zu diesem Schluß sind moderne Historiker gekommen: daß Clémence Isaure gar nie existiert hat. Schon im 16. Jahrhundert waren weder ihr Testament noch ihre Gesänge im Original auffindbar.

Die Frage ist nur: wer sorgte dann dafür, daß diese Geschichte genau in dieser Form in Umlauf kam? Und heute noch im Umlauf ist? Denn das Blumenfest, dessen Patronin sie einst war, wird immer noch gefeiert, wenn auch inzwischen eher in Form eines folkloristischen Spektakels.

Hosenbandorden und Goldenes Vlies

Einen ähnlichen Eindruck, daß nämlich irgend jemand für bestimmte ideologische Zusammenhänge sorgte, erhält man bei einer genaueren Untersuchung von einigen Orden, die im ausgehenden Mittelalter gegründet wurden. Die markantesten zwei wollen wir hier untersuchen. Denn bei beiden unterscheidet sich die offizielle und geschichtlich nachweisbare Existenz von den Legenden, die sie umranken.

Der erste und bekannteste Orden, auf den dies zutrifft, existiert heute noch: der berühmte Hosenbandorden. Schon seine Ursprünge haben mit unserem Thema zu tun. Denn dem Gründer, König Eduard III. von England (1312–1377), schwebte tatsächlich eine Art Neuauflage der Tafelrunde vor. Ursprünglich dachte er an einen gewaltigen weltlichen Orden von dreihundert Mitgliedern. Aber als die schon vier Jahre vorher geplante Ordensgründung dann 1348 tatsächlich erfolgte, hatte sich die Zahl der Mitglieder auf genau sechsundzwanzig reduziert. Warum gerade sechsundzwanzig, also zwei mal dreizehn? Warum nicht, zum Beispiel, genau zwei Dutzend, also vierundzwanzig?

Angesichts der Tatsache, daß der König genau in dem Jahr geboren wurde, in dem das Konzil von Vienne den Orden der Tempelritter verbot, ist die Zahl sechsundzwanzig äußerst suggestiv. Sie wird noch suggestiver, wenn wir die Bedeutung des Wortes »Hosenband« genauer untersuchen. Denn im englischen Original nennt sich der Hosenbandorden »Order of the Garter«. *Garter* bedeutet nichts anderes als Strumpfband oder Strumpfhalter. Im Deutschen drängt sich dabei unwillkürlich die Assoziation mit Strapsen auf, also eine etwas anrüchige Verbindung. Vermutlich wurde aus diesem Grund in der Übersetzung die wesentlich maskulinere Bezeichnung Hosenband gewählt.

Seltsam ist weiterhin, daß niemand mit Sicherheit zu sagen vermag, wie es überhaupt zu diesem Ordensnamen kam. Die ältesten erhaltenen Statuten stammen aus dem Jahr 1415 und geben keinerlei Anhaltspunkt hierzu. Erst mehr als hundert Jahre nach der Gründung gelangte eine Geschichte in Umlauf, welche die Gründung des Ordens auf einen Zwischenfall zurückführt, in den eine Dame des königlichen Hofes verwickelt war. Während diese Dame mit dem König tanzte, fiel ihr Strumpfband zu Boden. Als die Umstehenden begannen, sich mit anzüglichen Bemerkungen über sie lustig zu machen, habe ihr der König eine Beschämung ersparen wollen und das Strumpfband unter seinem eigenen Knie befestigen lassen, als habe er selbst es verloren, und dabei die berühmten Worte geäußert: »Honi soit qui mal y pense.« – Ein Schuft, wer Schlechtes dabei denkt. Der Zufall will es zudem, daß der Name, welchen ein Chronist der Dame gab, mit Honig zu tun hat – er lautete Honeysuckle, der Name einer Blume – und damit an den heiligen Bernhard erinnert. Ein noch größerer Zufall läßt den Namen dieser Blume im Deutschen Geißblatt lauten, was wiederum Anklänge an die Bocksgestalt des Baphomet hat.

Genauso interessant ist jedoch, daß im 17. Jahrhundert ein Mann namens Elias Ashmole (1617–1692) die Geschichte des Hosenbandordens niederschrieb und dabei auch lobend die Templer erwähnte. Ashmole selbst gilt als Rosenkreuzer und war einer der ersten Freimaurer, letzteres zumindest ist gesichert. Beide Vereinigungen werden mit den Templern assoziiert, und auf beide gehen wir noch näher ein.

Zuvor müssen wir jedoch noch einen weiteren Orden behandeln: den des Goldenen Vlieses. Gegründet hat ihn Philipp der Gute, Herzog von Burgund (1396–1467), anlaßlich seiner Heirat mit Isabella von Portugal im Jahre 1430. Dieser Orden umfaßte ursprünglich vierundzwanzig Ritter, hinzu kam der Herzog selbst. Die Gesamtzahl betrug also fünfundzwanzig: fünf mal fünf.

Der Name des Goldenen Vlieses bezieht sich dem Vernehmen nach auf die griechische Sage von Jason und dem Argonautenzug, welcher auszog, um das Goldene Vlies zu erobern: ein dem Zeus geweihtes Widderfell in Kolchis. Dieses Synonym der Suche nach dem Goldenen Vlies benützten im übrigen auch die Alchemisten für ihr Streben nach dem Stein der Weisen.

Seltsam ist jedoch, daß auch hier prompt eine Legende aufkam, welche die Gründung des Ordens mit einer Frau assoziierte. Es heißt nämlich, daß Herzog Philipp eine Dame in Brügge verehrte, deren rotblondes Haar es ihm angetan hatte. Auch hier hätten sich die Höflinge über die entsprechende Dame lustig gemacht, weil diese Haarfarbe damals nicht hoch im Kurs stand. Worauf Philipp, dieser Dame beziehungsweise ihrem rotgoldenen Haar zu Ehren, den Orden des Goldenen Vlieses gegründet habe.

Diese Geschichte erinnert so sehr an die über die Gründung des Hosenbandordens, daß man geneigt ist, von einem ähnlichen Urheber auszugehen. Nur müssen wir unsere obige Frage wiederholen: Wer stand dahinter? Die gleichen, die dafür sorgten, daß die Statuten von beiden Orden die Teilnahme seiner jeweiligen Mitglieder an einem neuen Kreuzzug vorsahen und somit eine ideologische Verbindung mit den Templern noch betonen?

Die Rosenkreuzer

Natürlich handelt es sich hierbei nur um indirekte Hinweise, daß es durchaus Gruppen gegeben haben könnte, welche mit den Idealen der Templer sympathisierten und versuchten, diskret Einfluß zu nehmen. Daneben gibt es jedoch unzählige andere Gruppen, welche sich als die direkten – und einzigen – Nachfolger der Tempelritter betrachten. Einige davon berufen sich dabei auf die Rosenkreuzer. Was ihnen gleichzeitig den Vorteil verschafft, eine Verbindung mit den Alchemisten herstellen zu können. Denn das Rosenkreuzertum ist ohne die Alchemie undenkbar.

Aber um diese Verbindungen zu erläutern, müssen wir den Begriff Rosenkreuzer zuerst definieren.

Anfang des 17. Jahrhunderts, kurz vor dem Dreißigjährigen Krieg, erschienen in Deutschland drei Traktate, welche für einen gewaltigen Aufruhr unter den Gelehrten sorgten: die »Fama Fraternitatis«, der Ruf der Bruderschaft, die »Confessio«, das Bekenntnis, und »Die chymische Hochzeit des Christian Rosencreutz«. Ihre anonymen Autoren gaben an, der von diesem Christian Rosencreutz gegründeten Bruderschaft des Rosenkreuzes anzugehören. Die Kontroverse, ob es sich dabei um einen Scherz oder um einen ernstgemeinten Versuch einer Reformation der ganzen Welt handelte, wie diese Schriften behaupten, dauert bis heute an. Das Thema Rosenkreuzer rechtfertigt ein eigenes Buch, wir können daher diese Kontroverse nicht im Detail nachvollziehen.

Beschränken wir uns auf die Untersuchung, warum die Templer mit den Rosenkreuzern assoziiert werden.

Der erste indirekte Hinweis ist bereits das Datum des ersten Manifestes. Man kann sich des Eindrucks nicht erwehren, daß die Rosenkreuzer es bewußt gewählt haben. Die »Fama« erschien nämlich 1614, also genau dreihundert Jahre nach dem Tod des letzten Großmeisters der Templer auf dem Scheiterhaufen. Eine Zahl, die zudem die Drei und ein Vielfaches der Fünf enthält.

Ein weiteres Indiz findet sich in der »Confessio« wieder, wenn wir sie mit der »Fama« und der »Chymischen Hochzeit« vergleichen. »Die chymische Hochzeit« erwähnt nämlich wörtlich die Bücher einer Bibliothek, die zum Verbrennen bestimmt sind. Und laut »Confessio« wurde Christian Rosencreutz im Jahre 1378 geboren – just *dreizehn* Jahre, nachdem christliche Kreuzfahrer die Bibliothek von Alexandria niedergebrannt hatten. Das erklärt auch, warum die »Fama« hervorhebt, daß Christian Rosencreutz sich nur kurze Zeit in Ägypten aufhielt und dort lediglich Pflanzen und Tiere untersuchte – mehr gab es zu diesem Zeitpunkt dort nicht mehr zu studieren.

In der »Chymischen Hochzeit« treten die Hinweise auf die Templer gehäuft auf. Das Buch beschreibt die Erlebnisse von Christian Rosencreutz, als er eines Tages die Einladung zu einer königlichen Hochzeit enthält. Diese Hochzeit besteht in einem alchemistischen Prozeß, bei dem Rosencreutz und seine Gefährten aus dem Blut der alten Könige und Königinnen ein neues Königspaar erschaffen.

Die Hinweise auf die Templer beginnen bereits mit der Kleidung, die Christian Rosencreutz bei seinem Aufbruch trägt: ein weißer Mantel. Diese Anspielung auf die Templer verstärkten die Autoren der »Chymischen Hochzeit«, indem sie hervorheben, daß sich auf seinen Schultern ein blutroter Gürtel kreuzt. Damit diese Anspielung gewiß nicht untergeht, wird sie im späteren Verlauf der Handlung noch verstärkt. Später hält er nämlich ein weißes Banner mit einem roten Kreuz in der Hand: das Wappen der Templer.

Rosencreutz gelobt, seine Kenntnisse nicht zur Mehrung der eigenen Ehre, sondern zum Ruhme des Namens Gottes einzusetzen. Das Motto der Tempelritter lautete ähnlich: *Non nobis, Domine, non nobis, sed nomini tuo da gloriam.* – Nicht uns, oh Herr, gewähre Ruhm, sondern Deinem eigenen Namen.

Weiterhin ist bezeichnend, daß gerade neun Männer vor der wichtigsten Probe zurückgeschreckt waren und neun Alchemisten das Große Werk zu Ende führten. Und genau neun Männer sollen 1118 den Orden der Tempelritter gegründet haben, um dann neun Jahre nur unter sich zu leben.

Die deutlichste Anspielung auf die Templer ist allerdings nur für »Insider« ersichtlich. Denn einer der Teilnehmer erzählt eine Geschichte, welche die nekrophile Erzählung aus den Protokollen des Templerprozesses wiederholt: von einem Mann, der eine verheiratete Frau innig liebte und nach ihrem Tod ihr Grab öffnete, um sie wenigstens einmal in den Armen zu halten.

Soviel zur herkömmlichen und allseits bekannten Verbindung zwischen den Templern und den Rosenkreuzern. Wesentlich wichtiger für unser Thema sind jedoch Punkte, welche die Rosenkreuzer mit dem Heiligen Gral auf der einen und dem weiblichen Element auf der anderen verbinden. Stellen die Schriften der Rosenkreuzer einen solchen Zusammenhang her?

Die Antwort hierauf lautet Ja. Schon allein vom Titel der »Chymischen Hochzeit« her. Denn ohne die Teilnahme einer Frau ist eine Hochzeit – zumindest derzeit noch – nicht durchführbar. Genauso hebt die »Chymische Hochzeit« die Bedeutung der Zahl Fünf hervor. Sogar die Göttin Venus höchstpersönlich taucht auf. Ihr Sohn Cupido verletzt Rosencreutz mit seinem Pfeil.

Der eindeutigste Hinweis auf dieses weibliche Element ist jedoch der Name »Rosenkreuzer« an sich. Und das, obwohl er üblicherweise gerne durch ein mit Rosen geschmücktes Kreuz illustriert wird. Nur wissen wir inzwischen, daß das Symbol des Kreuzes wesentlich älter als das Christentum ist. Und daß das Henkelkreuz Altägyptens, das den oberen Balken durch eine Art Schlaufe ersetzt, eines der Attribute ist, mit denen speziell die Göttin Isis gerne dargestellt wird. Die Rose hingegen, speziell die rote, ist eindeutig ein Symbol der Liebe.

Waren die Rosenkreuzer also tatsächlich die Nachfolger des mittelalterlichen Templerordens? Wenn sie es jedoch waren, dann höchstens die ideologischen. Denn alles deutet darauf hin, daß es gar nie einen Orden der Rosenkreuzer gab. Zumindest nicht im eigentlichen Sinne, als festgefügte Organisation mit Hierarchie und Mitgliederlisten.

Was nichts daran ändert, daß das Schicksal selbst unsichtbare Fäden zwischen verschiedenen Aspekten zu spinnen scheint. Wir haben besprochen, daß die rote Rose von Lancaster mit der von Provins identisch ist. Wir haben weiterhin festgestellt, daß die Templer in Provins großen Einfluß hatten. Genauso haben wir untersucht, daß Royston Cave in England durchaus eine Verbindung mit den Templern haben könnte.

Soviel zur Einleitung. Kommen wir nun zum springenden Punkt. Historiker geben zu, daß der Ort Royston früher einmal den Namen Rose Crux trug. Der Ausdruck »Rose« bedarf wohl keiner Erläuterung. Und »Crux« ist nichts anderes als das lateinische Wort für das Kreuz. Im Klartext: Royston ist identisch mit Rosenkreuz.

Damit nicht genug: Royston war einer der Orte, in denen es üblich war, an Ostern die sogenannten »hot cross buns« zu verteilen, wörtlich »heiße Kreuzbrötchen«: Gebäck, das mit einem Kreuz gekennzeichnet ist. Historiker sind der Meinung, daß es sich bei dieser Sitte um ein Relikt aus der Zeit der Römer oder Angelsachsen handelt. Die Römer hatten eine ähnliche Art von Gebäck der Göttin Diana geweiht. Und es ist nachgewiesen, daß in Royston ein Altar der Diana stand.

Dieser Ort verbindet also auf geradezu einmalige Weise den Altar einer weiblichen Gottheit und ein unterirdisches Heiligtum unbekannten Ursprungs mit einer geheimnisvollen Lady Roysia und dem Rosenkreuz auf der einen und den Templern auf der anderen.

Eine fast unglaubliche Übereinstimmung. Aber sie kann nicht weggeleugnet werden.

Die Freimaurer – Erben der Templer?

Wir haben bereits in der Einleitung gesagt, daß ein Folgeband zu einem bestimmten Thema immer eine kritische Angelegenheit darstellt. Weil der Autor auf der einen Seite die Leser des ersten Buches nicht langweilen möchte, aber auch nicht voraussetzen darf, daß alle seine Leser das erste Buch kennen oder auf andere Weise bereits mit dem Thema Bekanntschaft geschlossen haben.

Wir können daher nicht umhin, auch den Begriff Freimaurer zumindest kurz zu definieren. Als Freimaurer bezeichnet man die Mitglieder von Vereinigungen, genannt Logen, die verschiedene Maximen und Lebensweisheiten in Form von Ritualen weitergeben. Diese Rituale arbeiten mit den Werkzeugen des Bauhandwerks, daher der Ausdruck »Maurer«. Sie berufen sich auf die Erbauer der mittelalterlichen Kathedralen.

Daß diese ein immenses Wissen verwalteten, ist unbestreitbar. Und als mit der Renaissance dieser Kathedralenbau langsam zum Erliegen kam, hätten die Bauhütten auch Mitglieder aus anderen Bereichen des Lebens aufgenommen: Wissenschaftler und Philosophen. Und irgendwann waren dann aus den »operativen« Logen »spekulative« geworden.

Aber die eigentliche Geburtsstunde dessen, was wir heute als Freimaurertum bezeichnen, war der 24. Juni 1717, als sich vier Logen in London zur sogenannten Großloge vereinigten, der sich in kurzer Zeit immer mehr anschlossen. Allerdings nicht alle.

Teilweise ist dies auf politische Gründe zurückzuführen. Um diese zu erläutern, müssen wir etwas ausholen. 1688 hatte in England ein Wechsel der Dynastie stattgefunden. Jakob II. (1633–1701) aus dem Hause Stuart war auf den Kontinent geflohen, sein Nachfolger auf dem Thron von England wurde sein Schwiegersohn Wilhelm von Oranien (1650–1702), der Gemahl von Jakobs ältester Tochter Maria. Im Exil brachte Jakobs zweite Gattin, Maria von Modena, jedoch einen Sohn zur Welt. Und für diejenigen, welche dem Hause Stuart treu blieben, waren dieser männliche Stuart-Erbe sowie seine Nachfahren die wahren Könige Englands. In Anlehnung an den Vornamen des Königs, Jakob, werden diese Stuart-Anhänger Jakobiter genannt.

Nach dem Tod des kinderlosen Wilhelm von Oranien bestieg seine Schwägerin Anna (1665–1714), die jüngere Tochter Jakobs II., den englischen Thron. Allerdings hinterließ sie gleichfalls keinen Erben. Aber bereits 1701 hatte das Parlament beschlossen, daß in diesem Fall der Kurfürst von Hannover die Thronfolge antreten sollte. Es handelt sich um den Nachfahren einer Stuart-Prinzessin, die 1613 den Grafen von der Pfalz geheiratet hatte.

Jedoch war dieser Nachfahre, der 1714 als Georg I. (1660–1727) den Thron von England bestieg, bei seinen englischen Untertanen nicht sehr beliebt. Dafür bei seinem Parlament in London. Denn da er sich nun einmal mehr für die Belange von Hannover als die von England interessierte, ließ er dieses Parlament in England schalten und walten, wie es wollte.

Aber die Anhänger der Stuarts im Exil intrigierten laufend gegen die Hannoveraner. Unter anderem tarnten sie sich als Freimaurer. Experten sind deshalb der Meinung, daß die Gründung der Großloge 1717 in erster Linie ein Gegengewicht zu den von den Partisanen der Stuarts gegründeten Logen darstellen sollte.

Es sieht so aus, als hätten die jakobitischen Logen 1736 zum Gegenschlag ausgeholt: mit dem berühmten »Diskurs« des schottischen Chevaliers Ramsay, zeitweise Erzieher des Stuart-

Prinzen Charles Edward. Denn Ramsay stellt darin eine Querverbindung zwischen den Freimaurern und den Kreuzrittern her. Zugegeben: eher mit den Johannitern, weniger mit den Templern.

Allerdings muß diese Verbindung unterschwellig vorhanden gewesen sein. Denn kurze Zeit später behauptete der deutsche Freimaurer Karl Gotthelf von Hund (1722–1776), daß der Orden der Tempelritter in Schottland weitergelebt habe und er selbst 1742 in diesen Orden initiiert worden sei. Er habe zudem das Recht, weitere Mitglieder in den Templerorden aufzunehmen.

Dieser freimaurerische Templerorden fand ungeheuren Anklang. Eine Verbindung zu den Erbauern der gotischen Kathedralen war zwar gut und recht, aber mit dem Nimbus des Templerordens nicht zu vergleichen. Nur ließen von Hunds schottische Templer anschließend nichts mehr von sich hören.

Manche halten ihn für einen Betrüger, andere glauben, er wurde hinters Licht geführt. Neuere Forschungen lassen es nicht unmöglich erscheinen, daß die Einweihung, auf die er sich berief, tatsächlich stattfand und ernst gemeint war. Schließlich stammte die Dynastie der Stuarts aus Schottland. Aber 1745, also kurz nach dieser Einweihung, schlug das englische Heer den letzten militärischen Aufstand der Jakobiter nieder. Sie verloren die entscheidende Schlacht bei Culloden in Schottland. Die letzten Jakobiter wurden hingerichtet, wenn ihnen nicht die Flucht gelang.

Das könnte der Grund dafür sein, daß sich die schottischen Tempelritter von Hunds, entgegen ihren Versprechungen, nicht mehr meldeten. Die Diskussion jedoch, ob die Freimaurer die Erben der Tempelritter sind oder nicht, zog sich durch das gesamte 18. Jahrhundert. Immer neue und noch phantastischere System tauchten auf. 1782, beim Konvent von Wilhelmsbad, gaben die Freimaurer – zumindest die dort vereinigten – den Anspruch einer direkten Verbindung mit den Templern auf.

Was blieb, sind verschiedene Gemeinsamkeiten. Zum Beispiel die Vorrangstellung, welche die Freimaurer den beiden Johannisfesten einräumen, dem des Täufers am 24. Juni und dem des Evangelisten am 27. Dezember. Genauso ist bezeichnend, daß die Rituale hervorheben, daß der Royal-Arch-Grad, der nur Freimaurer aufnimmt, welche bereits die drei »unteren« Grade von Lehrling, Geselle und Meister durchlaufen haben, ausgerechnet neun Würdenträger umfaßt: die Anzahl der ersten Templer, zumindest der Überlieferung nach.

Dennoch gibt es inzwischen wieder freimaurerische Tempelritter. Ironischerweise unterstehen sie der Großloge, als deren »Konkurrenz« die ersten freimaurerischen Templerlogen gegründet worden waren. Wobei sich die Großloge jedoch nicht auf eine direkte Filiation beruft. Sie wolle lediglich die Ideale des christlichen Rittertums wieder aufgreifen.

Rituale und Abzeichen der Freimaurer

Soviel zur Entstehung und Entwicklung des Freimaurertums und seiner legendären Abstammung von den Templern. Wir wollen nicht weiter darauf eingehen. Beschränken wir uns auch hier auf den Aspekt, der direkt mit unserem Thema zu tun hat: die Templer und das weibliche Element. Wenn die Freimaurer eine wie auch immer geartete Verbindung mit den Templern haben, dann müßte sich dies auch in der Manifestation eines weiblichen Aspektes äußern.

Auf den ersten Blick erscheint diese Vorstellung als ein Widerspruch in sich. Denn wenn es inzwischen auch freimaurerische Tendenzen – man nennt sie Obödienzen – gibt, welche Frauen aufnehmen: Gerade die 1717 gegründete Großloge, die sich selbst als einzig reguläre bezeichnet, besteht nach wie vor ausschließlich aus Männern.

Allerdings hatte diese neugegründete Großloge von 1717 eine ihrer ersten Aufgaben darin gesehen, einheitliche Rituale auszuarbeiten. Vorher waren diese nicht festgehalten worden. Und wenn wir diese Rituale genau untersuchen, stellen wir fest, daß dieser erste Eindruck, der einer männlich dominierten Vereinigung, trügt. Das gleiche trifft auf die Ausstattung einer Loge und die darin verwendeten Ornamente zu.

Manche dieser Anspielungen sind so versteckt, daß man sie als zufällige Übereinstimmung betrachten könnte, würden sie nicht durch andere, wesentlich deutlichere, bestätigt. Allein betrachtet, hat der schwarz und weiß gemusterte Bodenbelag einer Loge nicht viel zu besagen. Aber mit allen anderen Anspielungen zusammen wird er nicht nur zum Hinweis auf den Beauséant, die Kriegsstandarte der Templer, sondern gleichzeitig auf das Schachspiel, in dem eine weibliche Figur, nämlich die Königin, absolut dominierend ist. Nur sie kann sich eine beliebige Anzahl von Feldern waagrecht und senkrecht sowie diagonal fortbewegen, vorwärts und rückwärts.

Einige Autoren haben auch bereits darauf hingewiesen, daß die beiden wichtigsten Symbole der Freimaurer, das Winkelmaß und der geöffnete Zirkel, während der Logenarbeit so positioniert werden, daß sie zusammen eine Raute bilden, eine sogenannte Mandorla. Verschiedene Künstler pflegten den auferstandenen Jesus in einer solchen Mandorla darzustellen. Aber das Wort an sich bedeutet Mandel, und die Mandorla ist gleichzeitig ein Symbol der weiblichen Vulva. Vielleicht ist an dieser Stelle der Hinweis angebracht, daß diese Angaben nicht von eingefleischten Feministinnen, sondern von einem Kritiker der Freimaurer stammen.

Bezeichnend ist auch, daß Zirkel und Winkel zwar in diesem Zusammenhang beinahe die gleiche Form annehmen, jedoch unterschiedliche Funktionen haben. Das Winkelmaß wird zum Ziehen gerader Striche verwendet, der Zirkel zeichnet Kreise – und, wie wir inzwischen wissen: Kreise gehören zu den weiblichen Symbolen.

Als weiteres Symbol für das weibliche Geschlechtsorgan haben wir bereits die Muschel kennengelernt. Das über sie Gesagte trifft auch auf die Schnecke zu, aufgrund ihres suggestiven Aussehens. Analog hierzu betrachtet die Symbolik das Schneckenhaus und damit die gewundene Struktur gleichfalls als weiblich. Und aus unbekannten Gründen betont das Ritual des zweiten Grades, des

Gesellen die im Prinzip völlig irrelevante Tatsache, daß im Tempel Salomons eine Wendeltreppe in die mittlere Kammer geführt habe (1[3] Klön 6/8).

Neben diesen generell weiblichen Symbolen erscheinen in den Ritualen verschiedene Hinweise auf Fruchtbarkeit und Fülle. Zum Beispiel die Erwähnung der Granatäpfel, welche die beiden Säulen vor Salomons Tempel geschmückt haben sollen. Nicht nur, daß der Granatapfel tatsächlich schon immer ein Symbol der Fruchtbarkeit war, aufgrund seiner vielen Kerne, das Ritual gibt dies unumwunden zu.

Und wiederholt diese Verbindung bei der Erklärung des Paßwortes im zweiten Grad: »Sebboleth« bedeute Fülle. Illustriert wird dieses Paßwort durch eine Ähre neben einem Wasserfall. Im Altertum war die Ähre das Symbol der Mysterien der Erdgöttin Demeter in Eleusis.

Ein weiteres Symbol in den Logen scheint auf sie beziehungsweise eine ihrer archaischen Formen direkt Bezug zu nehmen. Die offizielle Erklärung für den Buchstaben »G«, der sich in allen Logen wiederfindet, interpretiert ihn als Abkürzung für Geometrie. Nur wird der Buchstabe »G« als »ge« ausgesprochen, erinnert also verdächtig an Gäa, die griechische Bezeichnung für die Erde und damit einen der ältesten Namen für die Erdgöttin, weit älter als der Göttervater Zeus.

Wem diese Interpretation als zu weit hergeholt erscheint, der sei darauf hingewiesen, daß das Ritual des zweiten Grades wörtlich den Artemistempel von Ephesus erwähnt, eines der sieben Weltwunder der Antike. Vergessen wir nicht, daß die Artemis von Ephesus alle Attribute einer Fruchtbarkeitsgöttin aufweist.

Ein weiterer bezeichnender Hinweis auf die griechische Mythologie sind die sieben Sterne, welche im Ritual für die Aufnahme des Lehrlings erwähnt, aber nicht genau spezifiziert werden. Zwei Erklärungen bieten sich an. Auf der einen Seite das Sternbild des Großen Bären. Nur ist dieser, wie wir inzwischen festgestellt haben, eine Bärin: Kallisto. Auf der anderen Seite gibt es einen Sternhaufen, den die Astronomie tatsächlich als Siebengestirn bezeichnet: die Plejaden. Allerdings sind die Plejaden genauso weiblich: Der Mythologie nach handelt es sich um die sieben Töchter des Atlas. Atlas wiederum war, zumindest einer Überlieferung nach, der Gemahl der Hesperus, die ebenfalls als Stern an den Himmel versetzt wurde. Und die Hesperus ist identisch mit der Venus als Abendstern. Die Plejaden wären somit Schwestern der Hesperiden.

Abgesehen davon ist die Venus in den Ritualen sowieso allgegenwärtig. Bereits das des ersten Grades erwähnt den sogenannten Flammenstern, ein Attribut, das ebenfalls zu den festen Bestandteilen jeder Loge gehört. Wenn er auch bisweilen verfremdet und mit mehr als fünf Zacken dargestellt wird: Der eigentliche Flammenstern ist ein Pentagramm. Bei der Erhebung in den dritten Grad, den des Meisters, wird die Loge verdunkelt. Es brennt nur ein Licht im Osten. Die Vermutung, daß es sich dabei um den Morgenstern handelt, bestätigt das Ritual selbst einige Seiten später, indem es diesen wörtlich erwähnt. Der »Royal Arch« hingegen erwähnt ein Licht im Westen. Sprich: den Abendstern.

Neben der Venus gibt es noch eine weitere Frau, der nicht nur Zutritt in die Loge gestattet wurde, sondern die sogar ihre Geheimnisse kennengelernt hat. Das Ritual für die Amtseinführung eines neuen Meisters, welcher der Loge vorsteht, betont ausdrücklich, daß die Gesten und Paßworte, welche der alte und der neue Meister wechseln, einst in Gegenwart der Königin von Saba stattfanden. Und genau diese Frau weist zudem eine körperliche Besonderheit auf, welche sie mit den Schwarzen Madonnen der Templer und Eschenbachs Königin Belakam verbindet: sie soll nämlich dunkelhäutig gewesen sein. Die Könige von Äthiopien betrachteten sich als ihre Nachfahren.

Wir haben hier die verschiedenen Hinweise auf das weibliche Element nicht chronologisch, wie sie nach und nach in den Ritualen auftauchen, sondern thematisch aufgelistet. Dem Kandidaten der Freimaurer hingegen werden sie schrittweise nahegebracht. Weil er die Erkenntnis, die wir vorausgesetzt haben, allmählich machen soll. Immer wieder werden Symbole wiederholt oder durch andere ergänzt und erläutert.

So zum Beispiel das Symbol der Ähre. Dem Kandidaten wird erklärt, daß das Paßwort »Sebboleth« durch eine Ähre neben einem Wasserfall dargestellt wird. Bestimmt stellt er auch irgendwann fest, daß das Muster der Schrittfolgen, die ihm vorgeschrieben werden, gleichfalls verblüffend einer Ähre gleichen würde, wenn man sie auf einem Blatt Papier festhalten würde. Und wenn er einen Zweig des Baumes betrachtet, der in den Ritualen auftaucht, nämlich die Akazie, wird er merken, daß auch dieser von der Anordnung her einer Ähre ähnelt.

Ein weiteres markantes Beispiel ist der Strick, mit dem der Kandidat bei der Einweihung des ersten Grades in die Loge geführt wird, während ein Dolch seine nackte Brust berührt. Man erklärt ihm, dies solle seine Geschwindigkeit bestimmen. Wenn er vorwärtsstürme, stoße er sich den Dolch selbst in die Brust, der Strick hingegen solle ihn daran erinnern, daß eine Umkehr nicht möglich sei.

Falls der Kandidat sich mit der Geschichte des Templerordens beschäftigt hat, wird ihm auffallen, daß er bei dieser Aufnahme in genau dem gleichen Aufzug erscheint, in dem ein Templer aus dem Orden ausgeschlossen wurde: nur in eine Hose gekleidet beziehungsweise mit nackter Brust – und mit einem Strick um den Hals. Hatten die Freimaurer, welche die Rituale ausarbeiteten, an dieses Vorbild gedacht? Wollten sie eine Art Kontinuität herstellen: der Kandidat verläßt den Templerorden, weil er nicht mehr existiert, um umgehend in eine Freimaurer-Loge aufgenommen zu werden? Wir wissen es nicht.

Aber bestimmt erinnert dieser Strick den einen oder anderen Kandidaten an die Nabelschnur. Angesichts der Tatsache, daß die Freimaurer selbst die Loge, die sie aufgenommen hat, als ihre »Mutter« bezeichnen, liegt dieser Gedanke sogar sehr nahe. Damit nicht genug, bezeichnen sie den Tag ihrer Aufnahme als den Tag, an dem sie nicht das Licht der Welt, aber das Licht des Freimaurertums erblickten. Im dritten Grad findet ein Ritual um Tod und Wiedergeburt statt. Und der Freimaurer, der den einmal eingeschlagenen Weg weiterverfolgt und sich bis in den Royal-Arch-Grad vorarbeitet, begegnet diesem Strick nochmals.

Allerdings trägt er ihn hier um die Hüfte, also tatsächlich in der Nabelgegend.

Seltsamerweise werden auch die Templer mit einem ähnlichen Ritual assoziiert. Denn laut den Prozeßakten pflegten sie bei der Aufnahme in den Orden solche Schnüre um den Baphomet zu legen und dann um ihre Hüften zu schlingen.

Genauso seltsam ist, daß eines der wichtigsten Abzeichen dieses Royal-Arch-Grades ein T-Kreuz ist. Sprich: das spezifische Kreuz der Antoniter, Zeitgenossen der Templer und, zumindest von den spanischen Autoren, mit diesen in Verbindung gebracht.

Denken wir daran: Die Besonderheit des T-Kreuzes ist jedoch, daß es ergänzt werden kann. Verlängert man den Längsbalken nach oben, erhält man ein ganz gewöhnliches Kruzifix. Setzt man statt dieses Längsbalkens eine Schlaufe, ist das Ergebnis das Henkelkreuz der Isis.

Ein kurioser Zufall? Aber warum bezeichnen sich die Freimaurer intern ausgerechnet als »Söhne der Witwe«? Isis war nämlich Witwe. Und Mutter eines Sohnes.

Die »Compagnons«

Vielleicht wird sich mancher Leser wundern, hier nur den französischen Compagnonnages zu begegnen. Denn sind diese schließlich nicht nur eine nationale Form der Gesellenbünde, wie sie auch im Handwerk der anderen Länder entstanden waren, zum Beispiel in Deutschland?

Das stimmt. Nur beschäftigt sich unsere Abhandlung mit den Gruppen, welche einerseits eine wie auch immer geartete Verbindung mit den Templern haben und andererseits in ihrer Ideologie einen weiblichen Aspekt aufweisen. Und in den Berichten über die Gesellenbünde in Deutschland und in der Schweiz findet sich weder das eine noch das andere Element wieder, nur in denen über die Compagnons.

Wann entstanden die »Compagnonnages«? Man weiß es nicht genau. Die einen sagen, sie ließen sich zurückführen bis Mitte des 12. Jahrhunderts – und damit lange vor die offiziellen Rosenkreuzer und Freimaurer. Andere gehen davon aus, daß sich Anfang des 16. Jahrhunderts die eigentlichen Arbeiter von den Bauhütten trennten und die Compagnonnages gründeten, während die Bauhütten immer mehr »spekulative« Mitglieder aufnahmen und sich zu den Freimaurern entwickelten.

Einige Jahrhunderte lang hatten die Compagnons beziehungsweise auch die Gesellenbünde außerhalb Frankreichs eine wichtige Funktion. Nach Abschluß der Lehrzeit mußten die Handwerksgesellen nämlich eine mehrjährige Wanderschaft absolvieren, um ihre Kenntnisse zu erweitern. Wer einem der Gesellenbünde angehörte, hatte es wesentlich leichter, in anderen Städten ein Nachtquartier und Arbeit zu finden. Um sich als Mitglied auszuweisen, hatten die Gesellen – Compagnons ist nichts anderes als die französische Übersetzung – geheime Kennworte und Erkennungszeichen vereinbart, ähnlich wie die Freimaurer.

Und wie diese berufen sich auch die drei wichtigsten Gruppen der französischen Compagnons auf den Tempelbau Salomons. Allerdings ist nachweisbar, daß die Compagnons Mitte des 19. Jahrhunderts diese Rituale von den Freimaurern übernahmen. Natürlich könnte es sein, daß ihre eigenen irgendwann verlorengingen. Und es ist nachweisbar, daß sich auch Rosenkreuzer und Freimaurer auf solche Art gegenseitig »befruchteten«.

Wobei jedoch nicht alle Berufe Compagnonnages bildeten oder bilden durften. Es ist auch seltsam, daß sowohl in Frankreich als auch in Deutschland gerade die Compagnonnages beziehungsweise Gesellenbünde noch existieren, die mit dem Bauhandwerk zu tun haben. Es sind die Mitglieder der Compagnonnages, welche die alten Kathedralen renovieren. Und in Deutschland begegnet man heute noch wandernden Zimmermannsgesellen, schon an ihrer seltsamen Gewandung zu erkennen: schwarze Cordsamthosen mit ungeheuer weiten Schlägen, ebensolchen Westen, weißen Hemden, einer schmalen schwarzen Krawatte und einem breitkrempigen schwarzen Hut.

Die französischen Compagnons teilen sich in drei Gruppen,

die einander spinnefeind sind.[35] Ihre Überlieferungen widersprechen einander gegenseitig; wir wollen darauf nicht im Detail eingehen. Interessant für unser Thema ist, daß sich zumindest eine der drei Gruppen, die sogenannten »Enfants de Maître Jacques« bereits seit Mitte des 18. Jahrhunderts auf die Templer beruft. Denn dieser »Meister Jakob« wird nicht nur mit einem Architekten Salomons, sondern auch mit Jacques de Molay, dem letzten Großmeister der Templer, identifiziert.

Und da unser Thema der Zusammenhang der Templer mit einem weiblichen Prinzip ist, müssen wir dieses Prinzip auch in der Ideologie der Compagnons suchen. Um es zu finden, brauchen wir gar nicht sehr tief zu schürfen. Denn während sich die Freimaurer als die »Söhne der Witwe« bezeichnen, nennen sich die Compagnons »die Söhne der Jungfrau«. Ähnlich wie die Freimaurer, führen auch die Compagnons eine Art Wiedergeburtsritual aus. Sie führen ab dem Zeitpunkt sogar einen besonderen Phantasienamen, in einer äußerst blumenreichen Sprache gehalten.

Daneben stellen die Compagnons jedoch noch eine direkte Verbindung zum gleichen weiblichen Prinzip her, das auch die Templer verehrten. Die sogenannten »Compagnons du Devoir«, zu denen die »Enfants de Maître Jacques« gehören, haben die Grotte von Sainte-Baume zu ihrem Wallfahrtsziel erkoren: just der Ort, wo Maria Magdalena die letzten Jahre ihres Lebens verbracht haben soll und starb. Laut den Überlieferungen dieser »Enfants de Maître Jacques« war besagter Meister Jakob an diesem Ort ermordet worden. Sie vermischten seine Legende mit der Hagiographie der Maria Magdalena.

Und gerade die Compagnons, welche diese Wallfahrt nach

35 Die drei Gruppen nennen sich:
- Les Enfants de Salomon oder Compagnons du Devoir de Liberté (die Kinder Salomons oder Compagnons der Pflicht zur Freiheit);
- Les Enfants de Maître Jacques (die Kinder von Meister Jakob);
- Les Enfants du Père Soubise (die Kinder von Vater Soubise).

Obwohl die letzten beiden auch unter »Compagnons du Devoir«, die Compagnons der Pflicht, zusammengefaßt werden und ursprünglich auch zusammengehörten, werfen die Kinder Jakobs denen Soubises die Ermordung des besagten Meister Jakob durch Anhänger von Soubise vor.

Sainte-Baume für ihre Mitglieder mehr oder weniger obligatorisch machten, gingen davon aus, daß ihr Maître Jacques ausgerechnet in Begleitung von *dreizehn* Compagnons nach dieser Gegend aufbrach – und daß ihn dort ausgerechnet *fünf* Verschwörer ermordeten, vier Jahre und neun (also drei mal drei) Tage (was insgesamt dreizehn ergibt), nachdem er Jerusalem verlassen hatte. Sie wiederholen somit die Zahlen, welche wir als die weiblichsten überhaupt kennengelernt haben.

Frauen haben in den Compagnonnages genausowenig Zutritt wie in den »regulären« Freimaurerlogen. Allerdings machen auch die Compagnons Ausnahmen: für die sogenannten »Mütter«, die häufig einer speziellen Einweihungszeremonie unterzogen werden. Dabei handelt es sich um Frauen, welche wandernden Compagnons in ihrem Haus Zuflucht gewähren. Im übertragenen Sinne betrachten die Compagnons dann sogar ihr Haus beziehungsweise den Ort selbst als ihre »Mutter«. Sie haben also zu ihr ein ähnliches Verhältnis wie die Freimaurer zu ihrer »Mutterloge«. Wobei dieser Ausdruck, »Mutter« dokumentarisch zurückverfolgt werden kann bis ins Jahr 1540 – was bei den Freimaurern nicht der Fall ist.

SCHLUSSWORT

Zwei Reiter auf einem Pferd

Mancher Leser – ich spreche hier bewußt in erster Linie von männlichen Lesern – hat vielleicht beim Lesen des Titels oder Vorworts dieses Buches ein Schmunzeln – oder sogar ein verächtliches Schulterzucken – nicht unterdrücken können: der Zusammenhang zwischen den Templern und dem Kult der Magna Mater – dargestellt von einer Frau. Vielleicht hat er sich den Gedanken nicht verkneifen können, das dies wohl typisch sei. Emanzen-Gehabe. Weiber. Können nicht einmal die Templer in Ruhe lassen. Nachdem manche unter ihnen schon Gott selbst zur Frau gemacht haben.

Ganz ehrlich: Ich selbst habe mich auch bisweilen gefragt, ob ich nicht einer fixen Idee hinterherjage. Und Hinweise auf ein weibliches Element auch dort suche, wo es gar nicht sein kann.

Aber auf der anderen Seite stammt eine ganze Reihe von Hinweisen gar nicht von mir. Zum Beispiel die Identifizierung des Baphomet mit Sophia, der – weiblichen – Verkörperung der Weisheit. Ich habe sie lediglich aufgegriffen. Auf der anderen Seite gibt es – wohlgemerkt männliche – Autoren, die sogar noch weiter gegangen sind als ich und den Gral nicht nur abstrakt als weibliches Prinzip, sondern konkret als den Schoß der Maria Magdalena interpretieren. Der Heilige Gral, auf Französisch *saint gral*, bedeute in Wirklichkeit *sang royal*, das königliche Blut: Maria Magdalena habe ein Kind von Jesus in ihrem Schoß getragen.

Nach der Veröffentlichung von »Der Mythos der Templer« hielt ich meine Recherchen zu diesem Thema eigentlich für abgeschlossen. Und beschäftigte mich mit anderen Dingen, die mit den Templern nichts, aber auch gar nichts zu tun hatten – oder haben sollten.

Nur hatte ich bei der Lektüre verschiedener Texte zu völlig unterschiedlichen Themen immer wieder eine Art *déjà-vu*-Erlebnis. Zwei Beispiele hierfür.

Ich wußte, daß der Baphomet auf der einen Seite mit dem Kopf eines Bockes und auf der anderen mit der griechischen Verkörperung der Weisheit, Sophia, assoziiert wird. Und plötzlich stieß ich in einem völlig anderen Kontext auf die Information, daß die Ziege eines der Totemtiere weiblicher Gottheiten war, speziell der Athene, der griechischen Göttin der Gelehrsamkeit. Der Gedanken zum Baphomet drängte sich geradezu auf.

Denn warum müssen bocksähnliche Züge immer männlich sein? Bezeichnenderweise stammt das sogenannte Füllhorn, mit dem zum Beispiel die Göttin Fortuna ihre Gaben verteilt, von einer Ziege, genannt Amalthea, welche als Amme des Gottes Zeus fungierte. Und, wie wir bereits besprochen haben, das Sternzeichen Stier ist in der Astrologie dem Planeten Venus zugeordnet. So ist der Monat Mai, in dem dieses Sternzeichen herrscht, der Jungfrau Maria geweiht. Genauso haben wir erklärt, daß bezeichnenderweise bei vielen frommen Legenden über die Entdeckung einer Marienstatue ein Stier die Hauptrolle spielt. Das bedeutet konkret, daß der Stier, beinahe zu einer Art Wappentier des Männlichkeitswahns geworden – man denke nur an die Assoziation Stier – Stierkampf – Spanien – *Machismo* – äußerst weibliche Aspekte hat.

Wir sehen: bisweilen ist es nötig, die Symbole ihrer modernen Assoziationen zu entkleiden, um ihre ursprüngliche Bedeutung herauszufinden. Oder aber alles in Frage zu stellen, um vom Punkt Null wieder anzufangen. Soviel zum ersten Beispiel.

Kommen wir nun zum zweiten. Obwohl wir über die Religion der alten Kelten beklagenswert wenig wissen, erwähnen alle Bücher hierüber eine Göttin namens Epona. Vermutlich ist sie identisch mit der Göttin, welche als Riannon auf den Britischen Inseln verehrt wurde. Ihr besonderes Attribut ist das Pferd. Diese Göttin war so populär, daß sich ihr Kult sogar unter den römischen Legionären verbreitete, die England erobert hatten, speziell unter der Kavallerie. Denn der klassische römische Kriegsgott Mars ist ein Fußsoldat. Einer Theorie nach repräsentiert das berühmte weiße Pferd von Uffington im englischen Berkshire die Epona beziehungsweise ihr Totemtier. Es handelt sich um die stilisierte Abbildung eines über hundert Meter langen Pferdes. Um seine Umrisse darzustellen, wurde die Grasnabe auf einem Kalksteinhügel abgetragen. Vermutlich gehörte es zu dem nahegelegenen Fort aus der Eisenzeit und entstand ca. 50 v. Chr.

Unter Umständen hatten diese römischen Soldaten auch bereits Bekanntschaft mit einer ähnlichen Göttin gemacht. Denn in Griechenland, genauer: in einer Höhle bei Phigalia, in der Landschaft Arkadien, wurde die Göttin Demeter in Gestalt einer Frau mit einem Pferdekopf verehrt. Allerdings waren sowohl die Demeter als auch die Epona nicht nur Kriegsgöttinnen. Beide weisen auch eindeutig die Züge von Mutter- und Fruchtbarkeitsgöttinnen auf.

Irgendwie ging mir bei Lektüre dieser Art das kontroverse Siegel der Templer, das zwei Reiter auf einem Pferd zeigt, nicht aus dem Sinn. Und auf einmal kam mir die Erleuchtung. Über den Gedanken ob sich mir diese Assoziation auch aufgedrängt hätte, wenn auf diesem Pferd nicht zwei Reiter sitzen würden, sondern nur einer. Das Ergebnis dieser Überlegung war, daß ein Siegel, das einen Ritter auf seinem Pferd zeigt, für einen Ritterorden so »normal«, um nicht zu sagen trivial wäre, daß ich es achtlos übersehen hätte.

Wir haben erläutert, daß der Baphomet, Symbol der Weisheit, Fragen provozieren will, wie der Heilige Gral. Hat dieses Siegel eventuell gleichfalls diesen Zweck? Denn es ist unbestritten, daß es Neugier erweckt.

Die erste Frage drängt sich auf: Warum zwei Reiter auf einem Pferd? Verschiedene Autoren haben unterschiedliche Antworten angeboten – und bisweilen an den Haaren herbeigezogen. Und wenn die richtige Antwort nun lauten würde: um auf das Pferd aufmerksam zu machen? Und das, was hinter diesem Symbol steht?

Angeregt von diesen seltsamen Verbindungen zu den alten Erd- und Muttergöttinnen begann ich, die gesamte Problematik des Templerordens unter diesem Aspekt neu aufzuarbeiten. Der Erfolg war verblüffend. Bislang traute ich meinen eigenen Augen nicht. So versuchte ich wiederum, meine Analysen per Computer zu ordnen und zusammenzufassen. Das Ergebnis ist dieses Buch. Vielleicht bin ich bisweilen über das Ziel hinausgeschossen. Für diesbezügliche Kritik bin ich offen. Und auch für neue Anregungen.

BIBLIOGRAPHIE

Alarcón, Rafael Herrera: A la sombra de los Templarios
Ediciones Martínez Roca S.A., Barcelona (Spanien), 1986

Alarcón, Rafael Herrera: La otra España del Temple
Ediciones Martínez Roca S.A., Barcelona (Spanien), 1988

Alarcón, Rafael Herrera: La última Virgen Negra del Temple
Ediciones Martínez Roca S.A., Barcelona (Spanien), 1991

Anonym: El Libro Magno de la Cruz de Caravaca
Ediciones Karma.7, Barcelona (Spanien), 1995

Aretz, Erich u. a.: Der Heilige Rock zu Trier
Paulinus Verlag, Trier, 1996

Atienza, Juan G.: El legado templario
Ediciones Robinbook SL., Barcelona (Spanien), 1991

Atienza, Juan G.: En busca de Gaia
Ediciones Robinbook SL., Barcelona (Spanien), 1993

Atienza, Juan G.: La mística solar de los Templarios
Ediciones Martínez Roca S.A., Barcelona (Spanien), 1983

Atienza, Juan G.: Los secretos de la alquimia. Ediciones Temas de Hoy, S.A., Madrid, 1994

Atienza, Juan G.: Nuestra Señora de Lucifer
Ediciones Martínez Roca S.A., Barcelona (Spanien), 1991

Baigent, Michael und Leigh, Richard: Des Templiers aux Franc-Maçons
Editions du Rocher, 1991

Baigent, Michael und Leigh, Richard: The Elixir and the Stone
Viking/Penguin Group, London, 1997

Baigent, Michal, Leigh, Richard, Lincoln, Henry: The Holy Blood and the Holy Grail
Corgi Books, London, 1983

Baigent, Michal, Leigh, Richard, Lincoln, Henry: The Messianic Legacy
Corgi Books, London, 1991

Barber, Richard: The Knight and Chivalry
The Boydell Press, Woodbridge (England), 1995

Barret/Gurgand: Ils voyageaient la France
Hachette, 1980

Beamon, Sylvia P. (MA): The Royston Cave
Cortney Publications, Baldock (England), 1992

Begg, Ean: The Cult of the Black Virgin
Penguin Books, London, 1996

Bentley, James: Ossa senza pace
SugarCo Edizioni, Mailand, 1985

Bethencourt, Emiliano und Rojas, Félix: El legado del Temple
Etiqueta Oculta, Ediciones Júcar, Madrid, 1991

Bitschnau, P. Otto: Das Leben der Heiligen Gottes
Benziger & Co., Einsiedeln (Schweiz), ca. 1890

Bulfinch, Thomas: Edad dorada del mito y la leyenda
M. E. Editores S.L, Madrid

Carandell, Luis: Ultreia
Ediciones El País, Madrid, 1998

Clébert, Jean-Paul (Herausgeber): Histoires et légendes de la Provence mystérieuse
Editions Sand, 1986

Cortada, Francisco Castillon: El castillo de Monzón
Herausgeber: Stadtverwaltung von Monzón, Provinz Huesca (Spanien)

Costoya, Carlos García: El camino mágico de Santiago
Ediciones Martínez Roca, Barcelona (Spanien), 1998

Davidson, Hilda Ellis: The lost beliefs of northern Europe
Routledge, London, 1993

Davidson, Hilda Ellis: Roles of the Northern Goddess, Routledge, London, 1998

Delcor, Mathias: Les vierges romanes de Cerdagne et Conflent dans l'Histoire et dans l'Art
Raphael Dalmaur Editeur, Barcelona (Spanien), 1970

Demurger, Alain: Vie et mort de l'Ordre du Temple
Editions du Seuil, Paris, 1989

Desgris, Alain: L'Ordre des Templiers et la chevalerie maçonnique templière
Guy Trédaniel, Paris, 1995

Duchet-Suchaux, Gaston und Monique: Les ordres réligieux
Flammarion, Paris, 1993

Dufourcq, Charles-Emmanuel: La vida cotidiana de los arabes en la Europa medieval
Temas de hoy, S.A., Madrid, 1994

Ebbutt, M. I.: Los Británicos
M. E. Editores S.L., Madrid, 1995

Eco, Umberto: Il pendolo di Foucault
Gruppo Editoriale Fabbri, Bompiani, Sonzogno, Etas S.p.A., Mailand, 1989

Eschenbach, Wolfram von: Parzival
Philipp Reclam jun. GmbH & Co., Stuttgart, 1992

Eusebius: The History of The Church
Barnes & Noble, New York, 1995

Fontana, David: The Secret Language of Symbols
Pavillon Books Ltd., London, 1993

Girard-Augry, Pierre: Aux origines de l'Ordre du Temple
Editions Opéra, Nantes (Frankreich), 1992

Goethe, Johann Wolfrang: Faust
Philipp Reclam Jun., Stuttgart, 1977

Gordon, Stuart: The encyclopedia of Myths and Legends
Headline Book Publishing, London, 1994

Grouvelle, Philippe: Mémoires historiques sur les Templiers
Jean de Bonnot, Paris, 1994

Guscin, Mark: The Oviedo Cloth
The Lutterworth Press, Cambridge (England), 1998

Hauf, Monika: Der Mythos der Templer
Walter-Verlag AG, Solothurn (Schweiz), 1995

Herodoto: Los nueve libros de la historia
Editorial EDAF S.A., Madrid, 1989

Hervás, Ramón: Jesús, el héroe solar
Ediciones Robinbook SL., Barcelona (Spanien), 1993

Kelly, J. N. D.: Early Christian Creeds
Longman Group UK Ltd., Harlow (England), 1986

Krebs, Werner: Alte Handwerksbräuche
Helbing & Lichtenhahn Verlagsbuchhandlung, Basel (Schweiz), 1933

Lawrence, Thomas Edward: Los siete pilares de la sabiduría

Ediciones Libertarias/Prodhufi S.A., Madrid, 1993
McLynn, Frank: The Jacobites
Routledge & Kegan Paul plc, London, 1985
Melchers, Erna und Hans: Das große Buch der Heiligen
Südwest Verlag München, 1978
Melville, Marion: La vida secreta de los templarios
Tikal Ediciones, Girona (Spanien), 1995
Merz, Blanche: Pirámides, catedrales y monasterios
Ediciones Martínez Roca S.A., Barcelona (Spanien), 1987
Nola, Alfonso di: Der Teufel
dtv Deutscher Taschenbuch Verlag, München, 1993
Phillips, Graham: En busca del Santo Grial
Edhasa, Barcelona (Spanien), 1996
Phillips, Graham und Keatman, Martin: Robin Hood
Ediciones Temas de Hoy. S.A., Madrid, 1995
Poe, Edgar Allan: The Fall of the House of Usher and Other Tales
The New American Library Inc., New York
Régier-Bohler, Danielle (Herausgeberin): La légende arthurienne
Robert Laffont, Paris, 1989
Ribon, Pierre: Pierres qui guérissent
Editions Horvath, Lyon (Frankreich)
Rodríguez, Pepe: Dios nació mujer
Ediciones B, S.A., Barcelona (Spanien), 1999
Ross, Anne: Pagan Celtic Britain
Academy Chicago Publishers, Chicago (USA), 1996
Runciman, Steven: A History of the Crusades
Penguin Books, London, 1990
Schonfield, Hugh: El enigma de los esenios
Editorial EDAF, Madrid, 1995
Schonfield, Hugh: The Passover Plot
Element Books Ltd., Shaftesbury (England), 1993
Short, Martin: Inside the Brotherhood
Grafton, London, 1990
Schreyer, Alexandra und Tarade, Guy: La champagne mystérieuse
Editions Dervy, Paris, 1993
Scot, Sir Walter: Ivanhoe
A. & Co. Black, Edinburgh
Sède, Gérard de: Le secret des Cathares
Editions J'ai lu, Paris, 1974
Sède, Gérard de: Les Templiers sont parmi nous
René Julliard, 1962
Shahar, Shulamith: Die Frau im Mittelalter
Fischer Taschenbuch Verlag, Frankfurt, 1983
Shuel, Brian: Guide to Traditional Customs in Britain
Webb & Bower, Exeter (England), 1985
Sinclair, Andrew: La espada y el Grial
EDAF, Madrid, 1994
Upton-Ward, J. M.: The Rule of the Templars. The Boydell Press, Woolbridge (England), 1998
Velikovsky, Immanuel: Welten im Zusammenstoß
Europa Verlag, Zürich, 1952
The Koran (Alkoran of Mohammed)
Frederick Warne, London
Biblia Sacra (Vulgata)
Deutsche Bibelgesellschaft Stuttgart, 1969/1983
Dix Mille Saints, dictionnaire hagiographique
zusammengestellt von der englischen Benediktinerabtei St. Augustin in Ramsgate
französischsprachige Ausgabe: Brepols, Belgien, 1991